Vollkasko-Ökonomie

Falk Illing

Vollkasko-Ökonomie

Angriff auf die Marktwirtschaft?

Falk Illing
Technische Universität
Chemnitz, Deutschland

ISBN 978-3-658-03667-6   ISBN 978-3-658-03668-3 (eBook)
DOI 10.1007/978-3-658-03668-3

Die Deutsche Nationalbibliothek verzeichnet diese Publikation in der Deutschen Nationalbibliografie; detaillierte bibliografische Daten sind im Internet über http://dnb.d-nb.de abrufbar.

Springer VS
© Springer Fachmedien Wiesbaden 2014
Das Werk einschließlich aller seiner Teile ist urheberrechtlich geschützt. Jede Verwertung, die nicht ausdrücklich vom Urheberrechtsgesetz zugelassen ist, bedarf der vorherigen Zustimmung des Verlags. Das gilt insbesondere für Vervielfältigungen, Bearbeitungen, Übersetzungen, Mikroverfilmungen und die Einspeicherung und Verarbeitung in elektronischen Systemen.

Die Wiedergabe von Gebrauchsnamen, Handelsnamen, Warenbezeichnungen usw. in diesem Werk berechtigt auch ohne besondere Kennzeichnung nicht zu der Annahme, dass solche Namen im Sinne der Warenzeichen- und Markenschutz-Gesetzgebung als frei zu betrachten wären und daher von jedermann benutzt werden dürften.

Gedruckt auf säurefreiem und chlorfrei gebleichtem Papier

Springer VS ist eine Marke von Springer DE. Springer DE ist Teil der Fachverlagsgruppe Springer Science+Business Media.
www.springer-vs.de

In Schottland, am Fuße des Castle Rock, unweit der Denkmäler der Zerstörer der alten Welt – Smith und Hume – führten wir eines Abends ein fruchtbares Streitgespräch. Dieses Buch hält davon eine Position fest – und wartet auf die Erwiderung.

Inhalt

Abkürzungsverzeichnis 9

I. **Einleitung** 11

II. **Begriffe und Beziehungen** 19
   1. Beziehungen zwischen Kapitalismus und Marktwirtschaft 19
   2. Kredite und Geldmenge in der Finanz- und Marktwirtschaft 27
   3. Staatsfinanzierung zwischen Markt- und Zentralverwaltungswirtschaft 40
   4. Von der Markt- zur Zentralverwaltungswirtschaft 44

III. **Entwicklungsschritte von der Marktwirtschaft zur Vollkasko-Ökonomie** 47
   1. Kapitalistische Marktwirtschaft 47
      1.1 Eigenschaften und Merkmale 47
      1.2 Instabilitäten als Ursache für den staatlichen Eingriff 51
   2. Konjunkturpolitik (deficit spending) 54
   3. Künstliches Wachstum (artificial spending) 57
   4. Vollkasko-Ökonomie (unlimited spending) 67

IV. **Ursachen der Vollkasko-Ökonomie** 87
   1. Wirtschaftsumbau durch die Politik 87
   2. Überforderte Staaten 92
   3. Die Wirtschafts- und Finanzkrisen als Beschleuniger 95
   4. Das Geld der Zentralbank als Heilmittel der Politik 100

V. Folgen der Vollkasko-Ökonomie 107

1. Zerstörung der Marktwirtschaft 107
2. Zins ohne Signalwirkung / Fehlsteuerung der Investitionen 112
3. VEB Banken 117
4. Umverteilung der Lasten durch Kaufkraftverlust / Inflation 125
5. Neue Blasen 134
6. Vom Markt abgekoppelte und subventionierte Staaten 136
7. Target im Lichte der Vollkasko-Ökonomie, oder: Warum Target nur zu Inflation führt 141

VI. Abgrenzungen – eine kurze theoretische Debatte 147

1. Das Verhältnis von Vollkasko-Ökonomie zu Sozialismus 147
2. Staatsmonopolistischer und „organisierter" Kapitalismus 152

VII. Fazit: Die Wirtschaft und der Systemkonstrukteur Mensch 155

VIII. Bibliographie 159

1. Primärliteratur 159
2. Sekundärliteratur 1613

IX. Register 163

Abkürzungsverzeichnis

AdR	Archiv des öffentlichen Rechts
AEUV	Vertrag über die Arbeitsweise der Europäischen Union
Art.	Artikel
APuZ	Aus Politik und Zeitgeschichte
BIP	Bruttoinlandsprodukt
BMF	Bundesministerium der Finanzen
BR	Bundesrat
BT	Bundestag
CDU	Christlich Demokratische Union
CSU	Christlich-Soziale Union
Drs.	Drucksache
EFSF	Europäische Finanzstabilisierungsfazilität
EGKS	Europäische Gemeinschaft für Kohle und Stahl
ESM	Europäischer Stabilitätsmechanismus
ESRB	Europäischer Ausschuss für Systemrisiken
EU	Europäische Union
EuGH	Europäischer Gerichtshof
EZB	Europäische Zentralbank
FAZ	Frankfurter Allgemeine Zeitung
FDP	Freie Demokratische Partei
Fed	Federal Reserve System (Zentralbankensystem der USA)
FMS	Finanzmarktstabilisierungsfonds
FR	Frankfurter Rundschau
FTD	Financial Times Deutschland
G8	Gruppe der Acht (größten Industrienationen der Welt)
G20	Gruppe der zwanzig wichtigsten Industrie- und Schwellenländer
GG	Grundgesetz
GIPS	Griechenland, Italien, Portugal, Spanien
HRE	Hypo Real Estate Holding
IIF	Institute of Internationale Finance
IWF	Internationaler Währungsfonds
KfW	Kreditanstalt für Wiederaufbau
Mrd.	Milliarden
NJW	Neue Juristische Wochenschrift
NZZ	Neue Zürcher Zeitung
OECD	Organisation for Economic Cooperation and Development

PlPr.	Plenarprotokoll
SKS-Vertrag	Vertrag über Stabilität, Koordinierung und Steuerung in der Wirtschafts- und Währungsunion
SPD	Sozialdemokratische Partei Deutschlands
SVR	Sachverständigenrat zur Begutachtung der gesamtwirtschaftlichen Entwicklung
SWP	Stiftung Wissenschaft und Politik
SZ	Süddeutsche Zeitung
VEB	Volkseigener Betrieb
ZSE	Zeitschrift für Staats- und Europawissenschaften

I. Einleitung

Was haben Peer Steinbrück, Wolfgang Schäuble, Jens Weidmann und konservative oder linksorientierte Wirtschaftstheoretiker gemeinsam? Außer ihren divergierenden politischen und wirtschaftspolitischen Ansichten auf den ersten Blick Nichts. Doch sie alle verbindet die Ablehnung des neuen Wirtschaftssystems, das sich ebenso unauffällig wie unaufhaltsam in den Ländern Europas etabliert. Von der Peripherie Europas breitet es sich in Richtung des Kerns aus. Dieses Wirtschaftssystem lässt sich treffend als „Vollkasko-Ökonomie" charakterisieren.

In den letzten Jahren wurden wirtschaftspolitische Entscheidungen gefällt, die keinen Bezug mehr zur traditionellen Marktwirtschaft haben. Sie höhlen sie aus, entleeren sie und missbrauchen sie als Hülse für neue Inhalte. Als griffige Parole könnte dieser Prozess beschrieben werden als „Auflösung der Beziehung von Rendite und Risiko" – er führt zum Umbau der Marktwirtschaft zur Vollkasko-Ökonomie. Hinter diesem Credo versteckt sich die Deformation marktwirtschaftlicher Indikatoren durch die Politik und damit das Abschalten der Marktwirtschaft als Entscheidungssystem in der Ökonomie. Kommentatoren bescheinigen der Marktwirtschaft, sie sei bis zur Unkenntlichkeit verformt und ihr Innerstes unterläge einer Wesensveränderung: „Adaption, Variation und natürliche Selektion kennzeichnen nicht nur die Entwicklung von Pflanzen-, Tier- und Menschenwelt, sondern auch die Art und Weise, wie unser Wirtschaftsorganismus sich fortentwickelt."[1] Interessanterweise ist dieser Vorgang unerwünscht von den Sozialdemokraten und den Linken, die Konservativen lehnen ihn ebenso ab wie die Liberalen, obwohl ihn die Politik durch jede Entscheidung weiter vorantreibt. Der FDP-Abgeordnete Frank Schäffler befindet sich mit seiner Kritik an dieser – bei ihm Bubble-Ökonomie bezeichneten[2] – Wirtschaftsform in einer Linie mit Sahra Wagenknecht, welche die Liquiditätsschwemme der Blasenökonomie ebenfalls kritisiert[3]. Mögen beide unterschiedliche Aspekte und Teilbereiche

---
1 Vgl. Entflechtet Euch, in: Der Spiegel 16/2013.
2 Frank Schäffler/Norbert F. Tofall: Währungswettbewerb als Evolutionsverfahren, in: Altmiks 2010, S. 135-155.
3 Vgl. Sahra Wagenknecht: Wahnsinn mit Methode. Finanzcrash und Weltwirtschaft, Berlin 2009, S. 95.

kritisieren, so eint sie trotz ihrer divergierenden politischen Grundpositionen die Ablehnung dieser neuen Wirtschaftsform. In jüngster Vergangenheit entstanden Strukturen, die keinem genehm sind und die doch notwendig scheinen: Obwohl sie niemand ideologisch vertritt, sind sie trotzdem das Ergebnis aller wirtschaftspolitischen Entscheidungen. Diese Evolution ist im Kontext mit den derzeitigen Systemverwerfungen zu bewerten und entsprechend finden Aspekte der letzten Banken- und Wirtschaftskrise Eingang in diese Betrachtung. Es wurde bereits auf die vielfältigen staatlichen Eingriffe im Rahmen der Ordnungs- und Steuerpolitik hingewiesen, die zu einer Aushöhlung der Marktgesetze führten. Diese Interventionen fallen jedoch chronologisch vor die neuen Mechanismen der Vollkasko-Ökonomie, deren Ordnungsmodell über geldpolitische Maßnahmen allmählich im Rahmen des aktuellen Krisenmanagements verfestigt wird.

In der Vollkasko-Ökonomie nimmt die politisch instruierte staatliche Zentralverwaltung Einfluss auf das Preissystem, indem sie die Kaufkraft aller Geldbesitzer abschöpft, um sie auf andere Wirtschaftsteilnehmer umzuverteilen. Diese Art des Eingriffs der Zentralverwaltung besitzt einen monetären Charakter – doch er soll nicht darüber hinwegtäuschen, dass er das Markt- und Preissystem umgestaltet. Die Vollkasko-Ökonomie ist eine Zentralverwaltungswirtschaft, die auf einer demokratischen Regierungsform fußt, weshalb sie den Leuten nicht vorschreibt, was sie zu kaufen haben. Aber sie nimmt Einfluss darauf, über wie viel Kaufkraft die Geldbesitzer verfügen und wie diese verteilt wird. Diese Kaufkraft ist aufgrund der staatlichen Eingriffe geringer, als wenn ein marktwirtschaftliches Geldsystem bestünde und intakt wäre. Die von der Zentralverwaltung abgeschöpfte Kaufkraft fließt an die Empfänger, welche die Zentralbank und die Staats- und Regierungschefs mit ihren geldpolitischen Entscheidungen und dem Krisenmanagement privilegieren. Nutznießer können Finanzinstitute, Staaten oder Volkswirtschaften sein, denn innerhalb eines Währungsraumes obliegt es den Regierungen über die Verteilung der Kaufkraft zu entscheiden.

Dieses Phänomen rückt mehr und mehr in den Blickpunkt des Interesses. Es scheinen aber die Begrifflichkeiten zu fehlen, um es korrekt zu beschreiben. Schäffler und Wagenknecht würden es als Bubble-Ökonomie bezeichnen. Andere Beobachter sprechen von einem „Feldversuch"[4], oder von der „Bastard-Ökonomie": „Aus hybriden Verhältnissen schlüpfte ein Bastard – halb markt- und halb Staatswirtschaft –, der in der klassischen Volkswirtschaft so nicht vorgesehen ist."[5] Aus der Analyse wird aber ersichtlich, dass keine Mischung aus Markt- und

---

4 Vgl. Was nun, Europa? Kapitalismus ohne Demokratie oder Demokratie ohne Kapitalismus, in: Blätter, H. 4, Jg. 58 (2013), S. 57. (S. 57-68)
5 Entflechtet Euch, in : Der Spiegel 16/2013.

I. Einleitung

Staatswirtschaft vorliegt, sondern dass gerade der Markt weitgehend an Bedeutung verliert. In Sinns Buch über Target-Salden finden sich ebenfalls Ausführungen, wie die marktwirtschaftliche Ordnung ausgehöhlt wird.[6] Allerdings beschränken sich die Ausführungen auf die Umlenkung der Kapitalflüsse durch die Kredite der EZB. Die hier vorliegenden Überlegungen schließen an ein gleichlautendes Kapitel einer Untersuchung der europäischen Strukturkrise an.[7] Die These der Untersuchung lautet, dass die Wirtschaftspolitik die Mechanismen der Marktwirtschaft aufhebt und durch neue ersetzt. Dadurch hervorgerufene Verluste gleicht die Politik durch eine zwangsverordnete Umverteilung der Kaufkraft aus und daraus resultierende Effizienzverluste führen zu Kaufkraftverlust. Die Zentralbank ist das Instrument, mit dem die Politik die marktwirtschaftlichen Elemente sukzessive aus der Wirtschaftsordnung entfernt. Anfang Mai 2013 senkte die Europäische Zentralbank den Leitzins, mit dem sich Geschäftsbanken bei ihr Geld leihen können, auf den historischen Tiefststand von 0,5 Prozent. Mario Draghi zeigte sich entschlossen in seinem Kampf gegen die „Krise". Gleichzeitig deutete er die Effekte an, die mit dieser geldpolitischen Krisenpolitik einhergehen: „Es gibt vielfältige unbeabsichtigte Konsequenzen, die aus diesen Maßnahmen folgen können." Er ließ offen, welche das sein könnten. Eine davon scheint die Zerstörung der Marktwirtschaft zu sein.

Das Ordnungsmodell der Vollkasko-Ökonomie ist das Ergebnis eines wirtschaftspolitischen Umbaus traditioneller Strukturen, der dem Ziel folgt, sich jenen Notwendigkeiten zu entziehen, die eine konsequente Anwendung des Modells der Marktwirtschaft fordern würde. Die seit 2007 wiederkehrenden krisenhaften Erscheinungen könnten durch die strikte Anwendung marktwirtschaftlicher Prozesse überwunden werden. Der daraus resultierenden Arbeitslosigkeit und Entwertung des volkswirtschaftlichen Kapitalstocks steht die Politik skeptisch gegenüber, weswegen sie sich gegen die Bereinigung zur Wehr setzt. Sie vertraut nicht jener Rezeptur, die sie den Staaten der südlichen Hemisphäre über ihre internationalen Institutionen IWF und Weltbank bei deren Krisen als Heilmittel verordnet hat: „Wenn den politischen Entscheidungsträgern in Schwellenländern gesagt wurde, dass sie erhebliche Sparmaßnahmen umsetzen und viele Bankenschließungen vornehmen mussten, um die Wirtschaft nach einer Krise zu reinigen, protestierten sie nicht, trotz der Aussicht auf viele Jahre mit hoher Arbeitslosigkeit. Als die Krise sie selbst traf, waren die westlichen Ökonomen in wesentlich geringe-

---

6 Vgl. Hans-Werner Sinn: Die Target-Falle. Gefahren für unser Geld und unsere Kinder, München 2012, S. 333-338.
7 Vgl. Falk Illing: Die Euro-Krise. Analyse der europäischen Strukturkrise, Wiesbaden 2013, S. 147-163.

rem Maße bereit, die notwendigen Einschnitte hinzunehmen."[8] Daraus folgt eine Ablehnung der von linken Theoretikern vertretenen These, die Märkte würden die Politik dominieren. Das Gegenteil ist der Fall: Die Vollkasko-Ökonomie ist Ausdruck des Sieges der Politik über die Märkte. Die Ruhe, die seit 2013 auf die beinahe ekstatischen Zuckungen der Euro-Krise folgte, ist ein Indiz der gewonnenen Schlacht. Mag es auch ein Pyrrhussieg sein.

Um die Entwicklung zur Vollkasko-Ökonomie nachzuzeichnen, erfolgt die analytische Trennung des Wirtschaftsgeschehens in die Verkehrs- und die Produktionsform. Während die Produktionsform die Art und Weise der Herstellung der Güter regelt, bestimmt die Verkehrsform die Prozesse der Verteilung der Güter. Was sich derzeit beobachten lässt, ist der Umbau der Marktwirtschaft in der Verkehrssphäre unter Beibehaltung der bekannten kapitalistischen Strukturen. Inwiefern sich marktwirtschaftliche Prozesse ausschalten lassen, ohne die Eigentumsform anzugreifen, und dass darüber hinaus die Eigentumsform der Produktionsmittel gar nicht relevant ist, um marktwirtschaftliche Prozesse zu initiieren, wird im ersten Teil über Begriffe und Beziehungen dargelegt. Die Marktwirtschaft stellt ein System dar, dessen Funktionalität der Staat garantieren muss. Sofern er andere Modelle bevorzugt, steht es ihm allerdings frei, die Systemmerkmale entsprechend zu adjustieren. Davon wurde in den letzten Jahren vielfältig Gebrauch gemacht. Das Kapitel über Kredite und Geldmenge in der Finanz- und Marktwirtschaft bildet den Kernpunkt der Argumentation. Darin finden sich die Unterschiede zwischen der Ausdehnung der Geldmenge in der Zentralverwaltungs- und der Marktwirtschaft und die Ursachen für die Vergrößerung der Geldmenge beim außer Kraft setzen des marktwirtschaftlichen Regelwerks. Zum vorherigen Abschnitt besteht die Parallelität, dass die konkrete Eigentumsform bei der Ausdehnung der Geldmenge etwa über private Geschäftsbanken oder Zentralbanken irrelevant ist und nur die Ausgestaltung der Verkehrssphäre Einfluss auf den Umfang der Geldmenge besitzt.

Ein kurzer Pfad entlang wirtschaftspolitischer Entscheidungen soll dazu dienen, die Grundlagen für die aktuellen politischen Interventionen aufzuzeigen: Die Politik drängt seit Jahren in Richtung Vollkasko-Ökonomie und damit fort von der Marktwirtschaft. Dabei rückt die Theorie des Wirtschaftslebens und politischer Eingriffe nicht zu sehr in den Vordergrund, da sie nur dazu dient, das wirtschaftspolitische Instrumentarium der Regierungen besser einordnen zu können.

Der aktuellen Entwicklung liegen vielfältige Ursachen zugrunde, die sich im vierten Kapitel finden. Die Wirtschaft dient der Bedürfnisbefriedigung der Menschen, allerdings findet eine Abwägung statt zwischen den wünschenswerten

---

8 Ein Schritt ins Dunkle, in: Handelsblatt vom 4. Juli 2013.

Bedürfnissen, die es zu befriedigen gilt, und den damit einhergehenden Zwängen der Wirtschaftsform. Knapp formuliert: Die Marktwirtschaft mag zwar die höchste Effizienz des Wirtschaftens gewährleisten, allerdings birgt sie ebenso Nachteile in sich. Wenn die Wähler und damit das politische System ihre Nachteile als schwerwiegender einschätzen als die mit der marktwirtschaftlichen Verkehrsform einhergehenden Vorteile, neigt die Politik dazu, sich der marktwirtschaftlichen Spielregeln zu entledigen.

Das fünfte Kapitel dient der Abgrenzung der Vollkasko-Ökonomie von anderen Wirtschaftsformen, in denen der Staat auf die Verteilung von Gütern Einfluss nimmt und die damit – ebenso wie die Vollkasko-Ökonomie – keine kapitalistische Marktwirtschaft darstellen. Die Abgrenzung zeigt die Einzigartigkeit dieses neuen Systems sui generis, gleichzeitig widerlegt sie andere Interpretationen der neuen Wirtschaftsform. Es liegt zwar ein neues Ordnungsmodell vor, doch dies ist weder „Bankenrettungssozialismus"[9], noch „Geldsozialismus"[10] und auch kein „Zinssozialismus"[11].

Die zu Beginn genannten höchsten Entscheidungsträger Deutschlands haben alle ihr eigenes Verhältnis zur Vollkasko-Ökonomie. Während die Finanzminister Steinbrück und Schäuble ihren Teil zur Etablierung des neuen Ordnungsmodells beitrugen – obwohl sie beide dieses Modell ablehnen – kommt Weidmann die Rolle des geldpolitischen Konterparts zu. Steinbrück wirkte an der Ausschaltung marktwirtschaftlicher Mechanismen in der deutschen Bankenkrise von 2009 mit. Schäuble vermag es trotz aller deutschen Bemühungen nicht, die durch Rettungsschirme und EZB forcierte Etablierung der Vollkasko-Ökonomie zu stoppen. Dies vor allem, weil er die Meinung vertritt, die Politik müsse negative Effekte der Märkte verhindern – letztlich praktiziert er damit ebenfalls den Umbau, den er doch ablehnt. Dabei ist zu betonen, dass die Initiative für den Umbau und der politische Druck von den Staats- und Regierungschefs ausgeht.

Die Bundesbank stellt das letzte Bollwerk gegen den ordnungspolitischen Umbau der Marktwirtschaft dar, doch sie vermag den Wandel der Wirtschaftsform ebenfalls nicht zu stoppen. Die Position Weidmanns in der von Hans-Werner Sinn entfachten Debatte um Verluste Deutschlands durch Target-Salden[12] deutet auf das traditionelle Bekenntnis der Bundesbank zur marktwirtschaftlichen Theorie von Verlust und Risiko. Doch diese Verluste werden nie eintreten: Die gesamte Target-Problematik entpuppt sich nun im Lichte der neuen Struktu-

---

9 Vgl. Christian Felber: Retten wir den Euro, Bonn 2012.
10 Vgl. Roland Baader: Geldsozialismus. Die wirklichen Ursachen der neuen globalen Depression, Zürich 2010.
11 Vgl. Rainer Brüderle im Bundestag, BT PlPr. 17/198, S. 23823.
12 Vgl. Sinn 2012.

ren als Scheindebatte. Es wird nie zu monetären Verlusten für Deutschland kommen: Das einzige, was verloren geht, ist die Marktwirtschaft. Hat Weidmann diese Entwicklung geahnt und wollte er sie bloß nicht äußern? Hat er sich gescheut, den Deutschen zu sagen, dass ihre Waren durch gedrucktes Geld gekauft werden? Geld, das letzten Endes zu Inflation führen kann, sodass die Deutschen mit dem Verlust ihrer eigenen Kaufkraft dafür bezahlen, dass andere Länder über eine zu geringe Wettbewerbsfähigkeit verfügen?

Diese Untersuchung findet im Grenzbereich von Politik und Wirtschaft statt und muss zum besseren Verständnis stark verallgemeinern. Dies kann von Nachteil sein, und kritisch zu werten ist sicher die stark abstrahierende Darstellung wirtschaftlicher Prozesse – so ist die Verkürzung monetärer Entscheidungsmuster auf „den" Zins nicht unproblematisch, weil es nicht nur einen Zins gibt. Andererseits birgt diese Vereinfachung den Vorteil, Prozesse aufzudecken, die sich in den komplexen Strukturen unserer modernen Gesellschaft verstecken. Schließlich scheint die Zusammenfassung der Akteure des politischen Systems auf die „Politik" ebenfalls eine unzulässige Straffung. Deutschland wirkte in vielen Fällen des Krisenmanagements als Gegenspieler zu seinen europäischen Nachbarn. Mag die Bundesregierung in vielen Konflikten eine andere Position als Frankreich und Italien vertreten haben, so war sie final aber stets bereit, die prägenden Entscheidungen mitzutragen und der Vollkasko-Ökonomie Vorschub zu leisten. Den unbegrenzten Anleiheankäufen Draghis stellte sie sich zum Erstaunen Weidmanns ebenso wenig in den Weg wie den zahlreichen Rettungsaktionen zuvor.

Die Lösungsansätze und das analytische Werkzeug, um den derzeitigen Krisen entgegenzutreten, liegen alle bereits vor. In den endlosen Hallen der volkswirtschaftlichen Bibliothek verstauben die Werke all jener Klassiker, die die Probleme unserer Zeit entweder bereits in ihrer Epoche erlebt oder schon theoretisch erkannt hatten. Unsere Gesellschaft wurde in den letzten Jahrhunderten durch die Geistesmacht der Universitäten und ihrer Denker geprägt. Es liegt nahe, dass die Systemkonstrukteure auch wussten, wie sich unser Habitat verändert, wenn auf die Parameter der zugrunde liegenden Modelle Einfluss genommen wird. Die westliche Zivilisation ist ein Produkt des Geistes. Ebenso wie sich andeuten lässt, welche Rezepte die „Krisen" beheben könnten, lässt sich prognostizieren, was passiert, wenn die Marktwirtschaft und unser Wirtschaftssystem weiter transformiert werden.

Die Debatte um den Markt besitzt in Deutschland wie so häufig und wie bei anderen Themen einen ideologischen Charakter. Vorschub leisten hier Analysen, welche den Markt als Kampfbegriff deuten: „Die Theorie des Marktes kann als bewusst entworfenes (und finanziertes) Propaganda-Produkt einflussrei-

I. Einleitung

cher Kreise gedeutet werden, mit dem Ziel das politische und soziale Denken zu beeinflussen."[13] Mit der hier aufgezeigten Entwicklung der Marktwirtschaft zur Vollkasko-Ökonomie wird kein Plädoyer für den Markt gesprochen. Der Markt besitzt ebenso seine Vor- und Nachteile wie die Zentralverwaltungswirtschaft. Das letzte Kapitel widmet sich der Frage um die Bedeutung des Marktes, und ob der Mensch daran festhalten muss.

---

13   Walter Otto Ötsch: Mythos Markt. Marktradikale Propaganda und ökonomische Theorie, Marburg 2009, S. 16.

II. Begriffe und Beziehungen

1. Beziehungen zwischen Kapitalismus und Marktwirtschaft

Für die Antwort auf die Frage, wohin sich unsere Wirtschaft bewegt, ist eine Unterscheidung zu treffen, die im alltäglichen Sprachgebrauch verloren ging. Es gilt zu unterscheiden zwischen kapitalistischen und marktwirtschaftlichen Strukturen. Beide können zusammentreffen – doch dieser Fall ist nicht zwingend notwendig. Die Koinzidenz von Kapitalismus und Marktwirtschaft scheint vielmehr eine historische Form der Wirtschaftsentwicklung zu sein, deren Ära allmählich endet.

Kapitalismus ist eine Produktionsform: In einer kapitalistischen Wirtschaftsform werden Kapital und Arbeit eingesetzt, um einen größeren Wert an Waren zu erzeugen, als für die Reproduktion notwendig wäre. Die Marktwirtschaft hingegen ist eine Verkehrsform: In marktwirtschaftlichen Systemen erfolgt die Preisbildung über Märkte, die eine vollständige Transparenz gewährleisten sollen und auf denen Angebot und Nachfrage den Gleichgewichtspreis bestimmen. Es erklärt sich aus diesen Definitionen, wie Kapitalismus und Marktwirtschaft jeweils unterschiedliche Sphären und Prozesse einer Ökonomie beschreiben. Zwar besteht die Möglichkeit einer Koinzidenz der Verkehrsform Marktwirtschaft und der Produktionsform des Kapitalismus. Ebenso ist es aber möglich, dass sie nicht gemeinsam in Erscheinung treten. Dann liegt die Produktionsform des Kapitalismus ohne die Verkehrsform Marktwirtschaft vor. Durch die Trennung der ökonomischen Prozesse in Produktions- und Verkehrsform zeigt sich der unterschiedliche Charakter der verschiedenen Sphären.

An den Kapitalismus als Produktionsform heften sich Fragen der Eigentumsordnung, Machtverhältnisse und Ausgestaltung der Sozialordnung. Jeweils der historischen Phase des Kapitalismus zugehörige spezifische Eigenheiten ändern nichts an seinen Grundzügen und können außen vor bleiben. Was sind die Bausteine des Kapitalismus als Produktionsform? In der kapitalistischen Wirtschaft schafft der Einsatz von Kapital und Arbeit einen Überschuss. Der Beginn eines kapitalistischen Produktionsprozesses ist abhängig von vorgeschossenem Kapital. Im vorkapitalistischen Produktionsregime führten der Einsatz des Bodens und seiner Reichtümer und dem Faktor Arbeit zum Produkt, welches gegen

Geld getauscht wurde. Im Kapitalismus hingegen beginnt der Produktionsprozess mit Geld, um an dessen Ende mehr Geld zu schaffen. Eng verbunden ist die kapitalistische Produktionsform mit dem technischen Fortschritt, der eine Steigerung des produzierten Überschusses bei einer Minimierung des Einsatzes des Faktors Arbeit ermöglicht. Wie der Überschuss bezeichnet wird, soll nicht stören: Die einen nennen ihn Mehrwert, die anderen Gewinn oder Surplus.[14] Dieser Gewinn ist ausreichend, um den Zins für das Kapital, den Lohn für den Faktor Arbeit und schließlich, drittens das Entgelt für das unternehmerische Kalkül zu tragen. Der Streit über das wirklich produktive Element in diesem Prozess – also wer von den dreien den Überschuss letztlich erwirtschaftet – soll hier keinen Eingang finden. Während Marx und Engels unterstellten, das Kapital wäre das produktive Element[15], schrieb Sraffa[16] sowohl dem Kapital als auch der Arbeit Bedeutung für die Produktion des Überschusses zu. Verfechter der Arbeitswertlehre sehen allein den Faktor Arbeit als Ursache und Ursprung des Überschusses im Produktionsprozess. Der Kapitalismus akkumuliert – die Akkumulation kann als eine weitere Grundeigenschaft verstanden werden. Durch beständigen zusätzlichen Einsatz des Gewinns für die Ausdehnung der Produktionsstrukturen wachsen die Kapitale und produzierten Güter an.

Die Marktwirtschaft – in Abgrenzung zum Produktionssystem Kapitalismus – beschreibt nicht die Herstellung der Güter, sondern ihre Verteilung. In der Marktwirtschaft werden die wie auch immer produzierten Güter über freie Märkte und Marktpreise verteilt. Schumpeter trennt klar die Marktwirtschaft vom Kapitalismus, zumal er auch die „vorkapitalistische Verkehrswirtschaft" von der kapitalistischen abgrenzt[17]: „Ein Kapitalist verfügt über eine Summe von ökonomischen Werten (Kapital), die er planmäßig dazu einsetzt, um eine größere Summe als zuvor eingesetzt zurückzuerhalten."[18] Aus dieser Differenzierung folgt die Trennung von Unternehmern und Kapitalisten.[19] Dem Unternehmer kommt die Aufgabe zu, neue Kombinationen zusammenzuführen, um im Wettbewerb mehr Marktanteile zu erobern, währenddessen der Kapitalist im Kreislauf der Wirtschaft für die Produktion zuständig ist. Beides kann zusammenfallen, es muss aber nicht: „Deshalb ist es auch der Nationalökonomie schwer gefallen, im Fa-

---

14 Der von marxistischer Seite nun getätigte Einwand, der Mehrwert wäre – semantisch korrekt – die Grundlage anderer Einkommensformen wie Rente, Gewinn und Zins führt bereits in die politisch-gesellschaftskritische Debatte.
15 Vgl. Karl Marx: Das Kapital. Bd. 3, Berlin 1983.
16 Pierro Sraffa: Production of commodities by means of commodities, Cambridge 1960.
17 Schumpeter 1952, S. 300.
18 Joseph A. Schumpeter: Konjunkturzyklen. Eine theoretische, historische und statistische Analyse des kapitalistischen Prozesses. Bd. 1, Göttingen 1961, S. 112.
19 Vgl. Schumpeter 1952, S. 112.

brikherren von vor hundert Jahren den Kapitalisten und den Unternehmer auseinander zu halten."[20] Bei Schumpeter stellt der Unternehmer auf Elemente des Marktes ab, der sich durch Anpassung, Innovation und Wettbewerb auszeichnet. Das kapitalistische Element hingegen zielt auf die Form der Reproduktion.

Wettbewerb stellt in der Marktwirtschaft ein bedeutendes Element dar, denn indem die Preise als Entscheidungskriterium dienen, stehen Anbieter aber auch die Nachfrage in ständiger Konkurrenz um Geld und Güter. Kapitalismus kommt grundsätzlich ohne Wettbewerb aus und er hat aufgrund der Akkumulation bereits eine ihm inne wohnende Tendenz zum Monopol. Es obliegt der Politik, die gesellschaftlich unerwünschten Effekte der kapitalistischen Wirtschaftsform zu beseitigen. Die Wirtschaftstheorie hat ihr mit Begriffen wie der Wohlfahrt die Instrumente für die Regulierung in die Hand gegeben. Einer der Väter der Sozialen Marktwirtschaft, Walter Eucken, grenzt das der Produktionsform zugehörige Eigentum vom Wettbewerb auf den Märkten ab. Privateigentum in einer monopolistischen Wirtschaftsform endet in ungezügelter Macht, die zwar dem Eigentümer Nutzen stiftet, aber keine Wohlfahrtseffekte für die Allgemeinheit zeitigt: „Die Wettbewerbsordnung [ist] eine Voraussetzung dafür, dass das Privateigentum an Produktionsmitteln nicht zu wirtschaftlichen und sozialen Missständen führt."[21] In dieser Ausführung Euckens findet sich implizit die Trennung von Verkehrs- und Produktionssphäre wieder.

Ob, wie Galbraith ausführt, die Marktwirtschaft in einer bestimmten historischen Epoche alle Strukturmerkmale des Kapitalismus beinhaltet, ist für die Trennung der Begriffe Marktwirtschaft und Kapitalismus nicht relevant. Was für einen bestimmten Zeitraum und historische Begebenheiten zutrifft, muss keineswegs für eine andere Ära zutreffend sein. Daher bietet sich die konkretisierende Begrifflichkeit „kapitalistische Marktwirtschaft" an. Braudel vertritt die Ansicht, die Marktwirtschaft habe bereits vor dem Kapitalismus existiert.[22]

Bei stärkerer Abstraktion lässt sich die zwingende Verbindung zwischen Marktwirtschaft und Kapitalismus nicht halten. Ein Blick auf den Weltmarkt des letzten Jahrhunderts verdeutlicht, wie auf dem Markt unterschiedliche Produktionsregime aufeinander treffen können. Es konkurrierten Güter der kapitalistischen Produktionsweise mit Waren, die in sozialistischen Ländern gefertigt wurden. Staatlich gestützte subventionierte Exporte aufstrebender Schwellenländer finden sich auf Märkten ebenso wie die von Händlern vertriebenen Produkte aus

---

20   Schumpeter 1952, S. 116.
21   Vgl. Walter Eucken: Die Politik der Wettbewerbsordnung – Die konstituierenden Prinzipien, in: Depenheuer 2009, S. 60.
22   Vgl. Luc Boltanski/Ève Chiapello: Der neue Geist des Kapitalismus, Konstanz 2003, S. 40.

Naturalwirtschaften. Der Markt dient einzig dem Tausch und dem Wettbewerb – er ist jedoch nicht an eine bestimmte Produktionsform gebunden.

Der Begriff Marktwirtschaft beschreibt den Modus der Verteilung der Güter und definiert eine Verkehrsform. Sie ist von der Produktionsform zu trennen. Die Effizienz der Marktwirtschaft resultiert aus der schnellen Anpassung der Produktions- und Konsumentscheidungen durch den dezentralen Preismechanismus. Ihr gegenüber findet sich die Zentralverwaltungswirtschaft. Per bürokratisch oder politisch verordneter Preise können Güter durch eine Zentralverwaltung verteilt werden: Die Zentralverwaltung stellt eine Form des Gegensatzes zur Marktwirtschaft dar.

Es steht dem politischen System frei, die Marktwirtschaft als Verkehrsform zu installieren. Prinzipiell kann die Politik aber marktwirtschaftliche Mechanismen wie Insolvenzen mit staatlichen Zentralverwaltungsprozessen stets verhindern. Der Staat kann bei Betrieben in gesellschaftlichem Eigentum ebenso eingreifen wie bei Unternehmen in Privateigentum. Die Frage, wem Betriebe gehören und wer die Entscheidungen in den Unternehmen trifft, ist eine Frage der Produktionsform. Die Frage hingegen, ob die Betriebe rentabel arbeiten müssen, ist eine Frage der Verkehrsform. Die These lautet, dass es für die Effizienz irrelevant ist, ob sich der Betrieb in der Produktionssphäre im kapitalistischen oder gesellschaftlichen Eigentum befindet, und dass das Schicksal der Unternehmungen und die Frage, ob sie aufgrund von Verlusten aus dem Wirtschaftsprozess ausscheiden müssen von der markt- oder zentralverwaltungswirtschaftlichen Gestaltung der Verkehrssphäre abhängt. Mit anderen Worten: Es gibt ebenso gewinnträchtige Staatsbetriebe, die am Markt bestehen, wie es verlustreiche Privatunternehmen gibt, die auf Staatshilfen angewiesen sind. Ob eine Firma Pleite geht, ist einzig davon abhängig, ob sich der Staat bereit zeigt, marktwirtschaftliche Prozesse gewähren zu lassen. Wenn der Staat wiederum marktwirtschaftliche Prozesse verhindert, ist es egal, ob das Unternehmen eine private oder gesellschaftliche Eigentumsform aufweist. Häufig wird privat geführten Unternehmungen eine höhere Rentabilität unterstellt, da sie aufgrund des Gewinnstrebens und der Insolvenzgefahr eine höhere Effizienz besäßen. Aus der Größe und systemischen Bedeutung einiger Unternehmungen resultierende Unzerstörbarkeit („too big to fail") und daraus entstammender „moral hazard" haben die Limitierungen dieser These bewiesen.

Die Vorstellung eines zentral verwalteten Kapitalismus bereitet viel weniger gedankliche Hürden als eine Marktwirtschaft mit gesellschaftlichem Eigentum. Die Umgangsform mit gesellschaftlichem Eigentum an Produktionsmitteln ist vorerst völlig offen. Erst wenn das gesellschaftliche Eigentum mit einer Diktatur zusammenfällt, die sich anmaßt, den Menschen Konsum- und Produktionspläne vorzuschreiben, entwickelt sich der aus der Geschichte bekannte Zwang und daraus resultierende Ineffizienz. Gesellschaftliches Eigentum kann aber ebenso marktwirtschaftlich genutzt werden. Die Produktionsentscheidung in gesellschaftlichen Unternehmen fällen gesellschaftliche Institutionen bzw. Gremien: Der Unterschied zwischen kapitalistischem und gesellschaftlichem Eigentum findet sich nur in den mit den Eigentumsrechten verbundenen Entscheidungsrechten. Bei der kapitalistischen Unternehmung ist es der Eigentümer oder beauftragte Manager, das Konsortium oder der Magnat. Bei der gesellschaftlich-staatlichen Unternehmung sind es die Kommunen per Beschluss, die Staatsbetriebsleitungen oder die vom Land beauftragten Bevollmächtigten, welche die Leitung innehaben. Die Entscheidungsträger in Betrieben gesellschaftlichen Eigentums können ebenso an ihrer Effizienz gemessen und bei Verlusten gegen kompetenteres Personal ausgetauscht werden.

In gesellschaftlichem Eigentum befindliche Betriebe wären – theoretisch – im Stande insolvent zu gehen: Ob Betriebe Pleite gehen und Verluste zum Ende des Geschäftsmodells führen, ist gar nicht von der Eigentumsform abhängig. Natürlich könnte auch ein Staatsbetrieb insolvent gehen und ebenso könnte er von einem anderen Staatsbetrieb übernommen werden. Dass es selten passiert, bedeutet nicht, dass es nicht geht: „Auch bei juristischen Personen des öffentlichen Rechts kann die typische Insolvenzsituation auftreten, dass eine unzureichende Haftungsmasse unter Beachtung des Grundsatzes der Gläubigergleichbehandlung auf mehrere Gläubiger aufgeteilt werden muss, zu deren voller Befriedigung sie nicht ausreicht. Insofern ging bereits der historische Gesetzgeber des 19. Jahrhunderts von der Konkursfähigkeit juristischer Personen des öffentlichen Rechts aus."[23] Kommunale Betriebe könnten unter dieser Prämisse insolvent gehen: „Die Kommunen sind hinsichtlich ihrer in privater Rechtsform betriebenen Unternehmen durch Bundes- oder Landesrecht nicht zur Insolvenzabkehr verpflichtet."[24] Ein insolventes Stadtwerk kann bspw. von einem Verbund anderer potenter kommunaler Unternehmen übernommen werden. Es gibt ebenso gewinnträchtige Staatsbetriebe, wie es insolvente gibt.

Die Frage, ob ein Betrieb aus dem Markt scheidet, hängt von der Verkehrsform ab. Der Staat kann zentral eingreifen und Geld nachschießen oder er kann die Unternehmen insolvent gehen lassen. Allerdings heißt dieser Vorgang bei Staatseigentum, dass er den „Geschäftsbetrieb einstellt". Im Zuge der Finanzkrise ging die Sächsische Landesbank Pleite, Reste von ihr wurden mit der Lan-

---

23 Vgl. BT Drs. 15/5095, S. 3.
24 Ebenda.

desbank Baden-Württemberg verschmolzen. Staatliche Betriebe können ebenso privatisiert werden, was bedeutet, dass der Staat nicht mehr genug Geld hat, für die Verluste aufzukommen, aber auch in diesem Fall geht das gesellschaftliche Eigentum verloren.

Per Zentralverwaltungswirtschaft kann jeder Betrieb gestützt werden, wobei es bedeutungslos ist, ob er privat-kapitalistisch oder gesellschaftlich-öffentlich strukturiert ist. Das Debakel um den Berliner Flughafen wäre schlicht beendet, wenn sich die Landesregierungen und der Bund nicht entschieden hätten, den Betrieb zu stützen. Es könnte durchaus sein, dass der Berliner Flughafen ein weiteres öffentliches Unternehmen ist, das Pleite geht. Andersherum können ebenso in Privateigentum befindliche kapitalistische Unternehmen per Zentralverwaltung subventioniert werden. Die bei einzelnen Unternehmen immer wieder vom Staat gewährten Finanzhilfen sind Zentralverwaltungsmaßnahmen und schützen vor marktwirtschaftlichen Bereinigungsprozessen. Die HRE ist ein kapitalistisches Unternehmen, dem mit Milliarden geholfen wurde. Schlecker hätte vom Staat ebenso gestützt werden können wie zuvor Opel etc.

Die Flucht von der kapitalistischen zur gesellschaftlichen Betriebsform in der Produktionssphäre bringt aber nichts: Verlustreiche Staatsbetriebe werden privatisiert, während insolvente Privatbetriebe verstaatlicht werden. Das Schicksal entscheidet sich in der Verkehrssphäre und am Ende werden die Unternehmen mit Steuergeld und damit durch Entscheidungen der Zentralverwaltung gerettet.

Die Worte sind vorsichtig gewählt, denn sie sollen dem analytisch-ideologischen Trugschluss der Kapitalismus-Sozialismus-Debatte entgehen. In dieser politischen Debatte sind Produktions- und Verkehrssystem bereits präjudiziert. Sie sind per definitionem miteinander verkettet und lassen sich gar nicht mehr heuristisch trennen. Die Vergatterung beider Sphären auf jeweils eine bestimmte Form ist der politischen Auseinandersetzung des 20. Jahrhunderts geschuldet und verschleiert mehr als sie Nutzen stiftet. Im Ost-West-Konflikt standen sich semantisch korrekt nicht Kapitalismus und Sozialismus gegenüber, sondern kapitalistische Marktwirtschaft und auf gesellschaftlichem Eigentum basierende Zentralverwaltungswirtschaft. Diese Differenzierung lässt Raum für insgesamt vier Kombinationen von Verkehrs- und Produktionssphäre. Es können sich kapitalistische Marktwirtschaft oder kapitalistische Zentralverwaltungswirtschaft ebenso ausprägen wie eine auf gesellschaftlichen Eigentum basierende Markt- oder Zentralverwaltungswirtschaft. Der Sozialismus ist eine spezifische Form der auf gesellschaftlichem Eigentum basierenden Zentralverwaltungswirtschaft.[25] Aber er ist nicht die einzige.

---

25   Vgl. hierzu Kapitel VI.1.

Für die weitere Argumentation sind diese historischen Beispiele nicht wichtig. Sie besitzen nur insoweit Relevanz, als dass sie unterstreichen, dass Produktions- und Verkehrssphäre getrennte Ebenen des Wirtschaftssystems darstellen. Es gibt darüber hinaus weitere Kombinationen von Produktions- und Verkehrssphäre. Die Differenzierung soll nur verdeutlichen, dass der Kapitalismus nicht an die Marktwirtschaft gebunden ist. Trotzdem vermag ein kurzer Blick in die Geschichte die Plausibilität der Trennung von Produktions- und Verkehrssphäre und den Unterschied von Kapitalismus und Marktwirtschaft erhärten. Im Deutschland der 1930er Jahre, während des Nationalsozialismus, lag eine kapitalistische Produktionsweise vor, allerdings erfolgte die Verteilung nicht über eine Marktwirtschaft, sondern über marktfreie Preise, die der Staat über aufgestaute Inflation steuerte. Am Vorabend des Durchbruchs der kapitalistischen Produktionsweise fand die Herstellung der Güter in Manufakturen statt. Die Verteilung in der Verkehrssphäre erfolgte bereits über Märkte, allerdings war in der Produktionssphäre noch nicht das kapitalistische Regime etabliert. Dysfunktional mutete die sozialistische Marktwirtschaft an, die im ehemaligen Herrschaftsgebiet der Sowjetunion eher ein Experiment darstellte ohne sich zu einem praktikablen Ordnungsmodell zu entwickeln. Alle diese Kombinationen führen jeweils zu einem bestimmten Effizienzniveau. Prinzipiell sind sie alle als Wirtschaftsmodelle denkbar und bereits erprobt, allerdings gehen sie einher mit spezifischen Wohlfahrtsgewinnen oder -verlusten für die Gesellschaft. Vor dem Hintergrund ihrer Effizienz setzten sich einige durch, während andere auf den „Müllhaufen der Geschichte" landeten – ironischerweise jene, die von ihren Initiatoren als Sperrspitze des Fortschritts konzipiert wurden.

Nach diesem Rekurs, der einzig der Unterlegung der Trennung von Produktions- und Verkehrssphäre und damit dem Kapitalismus und der Marktwirtschaft diente, soll der Gedanke der Alternativen zur Marktwirtschaft erneut aufgegriffen werden. Es zeigt sich, dass der Kapitalismus nicht mit der Marktwirtschaft zusammenfallen muss. Prinzipiell sind Verkehrsformen möglich, die zu marktfreien Preisen führen. Die Entwicklung der Volkswirtschaften von der kapitalistischen Marktwirtschaft hin zur Vollkasko-Ökonomie wird zeigen, dass die Politik zwar den Markt ausschaltet, aber die Produktionsform des Kapitalismus nicht berührt.

2. Kredite und Geldmenge in der Finanz- und Marktwirtschaft

Im nächsten Schritt findet das Geld Eingang in die Betrachtung, wobei im Mittelpunkt die Geldmenge einer Volkswirtschaft und die Frage nach der marktwirtschaftlichen Gestaltung der Kreditvergabe und der Geldschöpfung stehen. In der

Warenwirtschaft wird eine Ware gegen Geld getauscht, um damit wieder eine Ware zu kaufen. Dieses Schema wurde definiert als W-G-W. In der Produktionsform des Kapitalismus hingegen wird Kapital vorgeschossen, um im Produktionsprozess einen Überschuss zu erwirtschaften: Das Prinzip lautet nun: G-W-G'. Geld ist im Kapitalismus notwendige Voraussetzung, um den Produktionsprozess zu starten. Es stellt den Ausgangspunkt eines Prozesses dar, der dazu dient, mehr Geld zu schaffen. Mit dem Überschuss bedient der Unternehmer den Zins für das geborgte Kapital, aber auch den Lohn für die Arbeitnehmer und sein eigenes Auskommen.

Für diese Funktionsweise des Kapitalismus stellt die Finanzsphäre ein wichtiges Element dar. Sie bietet dem Produzenten jenes Kapital, das er benötigt, um den Wirtschaftsprozess zu initiieren. Wesentliches Element des Kapitalismus ist eben – nomen est omen – der Einsatz von Kapital für den Produktionsprozess. In der Übergangsphase zum Kapitalismus verfügten die ehemaligen Manufaktur- und schließlich Fabrikeigentümer selbst über das notwendige Kapital, um den Produktionsprozess zu starten. Inzwischen ist die Ressource Geld weitgehend in den Händen des Finanzsystems und damit bei den Finanzinstituten konzentriert. Das Finanzsystem setzt sich aus den beiden Komponenten Zentral- und Geschäftsbanken zusammen. Die Zentralbank stellt Zentralbankgeld für das Geschäftsbankensystem zur Verfügung.

Um die Eigenheiten der Entwicklung der Marktwirtschaft zur Vollkasko-Ökonomie darzustellen, muss in den nächsten Absätzen kurz die Entwicklung des Finanzsystems dargelegt werden, bevor die Probleme der Ausdehnung der Papiergeldmenge in den Mittelpunkt rücken. Geld entwickelte sich in vier Stufen, wobei derzeit mit ungedecktem Papiergeld gezahlt wird. Zu Beginn der Entwicklung des Geldes stand das den einfachen Warentausch ermöglichende Warengeld. Warengeld war Geld, dessen Wert durch ein Güterbündel definiert wurde. Am Beginn stand der einfache Warentausch, in dem die Güter in dem Maße getauscht wurden, wie es Arbeit gekostet hat, sie zu fertigen. Statt die Waren direkt zu tauschen, konnte auch das Warengeld als Tauschmittel dienen. Es bestand aus Dingen, die allgemein einen hohen Nutzen aufwiesen, was seine Verwendung in weiten Kreisen gewährleistete. „Um irgendeinem Gute die Bedeutung des Geldes zu geben, ist nur erforderlich, dass die allgemeine Annahme damit verknüpft ist. An der Landesgrenze gelten manchmal Goldstaub oder Goldklumpen als Geld ohne irgendwelche gesetzliche Sanktionen. In der Kolonie Virginia war es Tabak. Bei den Indianern in New England galt der Wampum als Geld."[26]

---

26 Irving Fisher: Die Kaufkraft des Geldes. Ihre Bestimmung und ihre Beziehung zu Kredit, Zins und Krisen, Berlin 1916, S. 7.

2. Kredite und Geldmenge in der Finanz- und Marktwirtschaft

Mit der Einführung der Metalle als Tauschmittel veränderte sich der Charakter des Geldes weg von einem Gut mit Gebrauchs- hin zu einer Ware mit reinem Tauschwert. Die Münze diente nunmehr als Speicher eines gewissen Quantums Wert, der sie zum Tausch gegen andere Güter befähigt. Der Wert der Münze kann daher nicht absolut sein, sondern ist gebunden an die Bedingungen der Herstellung. Sinken die Kosten oder der Aufwand für die Gewinnung der Metalle, verliert die Münze entsprechend an Wert. Beim Geld auf Metallbasis lässt sich wie bei allen Dingen ein Wertverfall bei starker Vergrößerung der Menge feststellen. Der Metallgehalt des Geldes besitzt zwei Funktionen. Einerseits ist es der Gradmesser der Arbeitsleistung, die den „objektiv" bestimmbaren Wert der Münze definiert. Er ist andererseits ebenso der Maßstab, nach dem sich der Mensch in seiner subjektiven Wertschätzung des Geldes richtet – der Metallgehalt ist jener Transportcontainer, der als Tauschmittel dient, aber nur, weil alle Menschen ihm gegenüber diese subjektive Wertschätzung teilen. Er kann daher nicht absolut sein, sondern ist abhängig vom Wert, dem ihm der Mensch entgegenbringt. Münzen hatten den Vorteil der Zähl- und Rechenbarkeit. Die ersten Münzen besaßen noch keine Prägung, sodass Qualitätsprüfungen und Wiegen notwendig waren. In der nächsten Stufe folgte die Münzprägung, welche die Prüfung des Geldes weitgehend überflüssig machte und den Umgang vereinfachte.[27]

Welche Form dem Datenträger als Rechnungseinheit für den Warentausch dient, besitzt keine Relevanz, solange er seiner Funktion als Wertträger gerecht wird. „Buchungstechnisch gesehen sind Zahlungsmittel lediglich Datenträger. Ihr Materialwert kann beliebig gering sein. Worauf es ankommt, ist ihre Funktionstüchtigkeit."[28] Es ist bedeutungslos, ob die Münze physisch vorliegt, oder ob ein Papierschein den Anspruch darauf verkörpert, solange ein Koordinator garantiert, das Papier in entsprechende Münzen – und damit das Quantum Arbeit mit entsprechenden Güteranspruch – zu tauschen. Die Entwicklung vom Metall- zum Papiergeld im Geldsystem findet seinen entsprechenden „Vollzug" im Bankensystem. Bei einem Geldsystem von Girobanken mit enger Bindung an das Warengeld, bei dem in den Banken so viel Edelmetalle lagern müssen, wie die Anleger eingezahlt haben, kann nur so viel Geld verliehen werden, wie real an Geldbeständen vorhanden ist. „Die Transferbanken [...] stellen jedoch noch reine Depositenstellen dar, da die bei ihnen verzeichneten Guthaben vollständig durch Warengeld gesichert sind. Die Entstehung von Guthaben bei solchen Banken bedeutet keine Schaffung von Kreditgeld oder eine Geldschöpfung."[29] Im nächsten

---

27 Rudolf Richter, Geldtheorie: Vorlesung auf der Grundlage der allgemeinen Gleichgewichtstheorie und der Institutionenökonomik, Berlin 1990, S. 107.
28 Richter 1990, S. 108.
29 Vgl. Paul Terres Die Logik einer wettbewerblichen Geldordnung, Tübingen 1999, S. 170.

Schritt begannen die Banken Wechsel auf den Hartwährungsbestand auszustellen: Verallgemeinert begab jede Bank ihr eigenes Papiergeld. Die Hartwährung – das Metall – wird bei der Bank deponiert. Weil sich der Zahlungsvorgang mit Schecks oder Wechseln einfacher gestaltet, gibt die Bank bei der Kreditvergabe Papiergeld in Höhe der Hartwährung heraus. Nach einem Zahlungsvorgang wird der Scheck bzw. das Papiergeld wieder bei der jeweiligen Bank gegen das entsprechende Hartgeld eingetauscht. Da durch die reine Aufbewahrung von Metall große Mengen an Kapital brach lagen, gingen die Banken dazu über, Geld zu verborgen, das noch auf den Konten der Anleger liegt. Weil die Kontoinhaber nur einen gewissen Teil überhaupt abheben, muss auch nur dieser Teil wirklich physisch vorhanden sein. Die Banken begannen, mehr Geld zu verleihen, als an Bargeld in ihren Tresoren lagerte.

Solange Geld an ein nicht beliebig reproduzierbares Metall wie Gold gebunden ist, kann eine Bank zwar mehr Kredit gewähren kann, als sie über Hartgeldbestände und somit real vorhandenen Sparguthaben ihrer Kunden verfügt. Solange das Papiergeld an Hartgeld gebunden ist, muss sie aber eine gewisse Vorsicht walten lassen, denn wenn die Kunden mehr Geld zurückfordern, als die Bank insgesamt noch in den Tresoren hat, ist sie pleite.[30] Das Kreditinstitut wird Geld nur an solvente Kreditnehmer verleihen und durch Diversifikation und hohe Zinsen darauf achten, stets einen ausreichenden Mittelrückfluss zu garantieren. Die Entwicklung des Geldes ist in dieser Stufe an der Stelle angelangt, an der der Goldstandard scheiterte, der sich noch im Bretton-Woods-System der festen Wechselkurse von 1952 manifestierte. Das System gestaltete sich mehr und mehr dysfunktional und wurde in den 1970er Jahren abgeschaltet. Seit diesem Zeitpunkt gibt es das ungedeckte Papiergeld. Der Grund der Umstellung findet sich in den Exportüberschüssen, welche einige exportstarke Länder gegenüber den USA realisierten. Weil die USA mehr kauften als sie über Importe verdienten, dehnten sie die Dollarmenge aus und mussten beständig die von den Exportländern verdienten Dollar zu einem festen Kurs gegen Gold tauschen – bis sie keins mehr hatten und das System im August 1971 den Dienst einstellte. Es folgte der Übergang zum ungedeckten Papiergeld. Von nun an ist das Papier der Wertspeicher und der Anspruch auf Güter zugleich. Es erfolgt mit dem ungedeckten Papiergeld nunmehr keine Chiffrierung in eine Geldform, die selbst Wert besitzt, sondern das Papiergeld stellt einen unmittelbaren Anspruch auf Güter dar. Marx: „Während das Gold zirkuliert, weil es Wert hat, hat das Papier Wert, weil es zirkuliert."[31]

---

30 Vgl. Selgin, in: Altmiks, S. 88f.
31 O.V.: Chrestomathie zur Politischen Ökonomie, Berlin 1964, S. 63.

2. Kredite und Geldmenge in der Finanz- und Marktwirtschaft 29

Der kurze historische Abriss zeigt, dass es nicht der Staat sein muss, der die Grundzüge des Geldwesens prägt. Menger vertritt die Auffassung, Geld bedarf überhaupt keinem staatlichen Eingriff, sondern entstehe quasi aus dem gesellschaftlichen Bedürfnis des Warentausches. Mit der Entwicklung hin zum Papiergeld ohne Bindung an Metalle wie Gold erhielten die Zentralbanken mehr Macht. Eine Zentralbank unterliegt bei der Tätigkeit der Geldschöpfung prinzipiell keinen Restriktionen, sondern kann die Geschäftsbanken unbegrenzt mit finanziellen Mitteln ausstatten. „Sie ist im Grund eine Bank, die das nationale Monopol inne hat [...], Papiergeldwährung herauszugeben und in Umlauf zu bringen."[32] Sofern keine Bindung des Papiergeldes an Edelmetalle erfolgt, ist es leichter mehr Geld zu schaffen. Es ist nicht notwendig das Metall aus fernen Kontinenten einzuschiffen oder aus der Erde zu bergen. „Die öffentlichen Banken, die später vollwertige Zentralbanken wurden, waren nur zu dem Zwecke gegründet worden, sich um die finanziellen Bedürfnisse ihrer Regierungen zu kümmern [...], insbesondere kurzfristigen Kreditbedarf abzudecken."[33] Die Geldordnung wird hierbei nicht nur von den Ökonomen, sondern gerade von der Politik nicht als Domäne des Wettbewerbs erachtet, sondern als öffentlich-rechtliche und staatliche Veranstaltung verstanden.[34] Allerdings unterliegt die Geldpolitik keiner Kontrolle, sondern allein dem Zugriff der Regierungen und ihrer Zentralbank, die das Monopol auf die Gelderzeugung innehat. Dieses Monopol ermöglicht es der Politik, ihre Macht einzusetzen, um durch den Einsatz von Geld ihre Ziele zu verfolgen, wodurch sie einen Wertverlust der Währung provoziert.[35]

An diesem Punkt stellt sich eine für diese Analyse wichtige Frage. Es gilt zu beantworten, was eine marktwirtschaftliche Form der Ausdehnung der Geldmenge darstellt. Welchen Restriktionen unterliegen die Papiergeldkredite in einer Wirtschaft, sodass weiterhin von einer marktwirtschaftlichen Form der Geldvergabe gesprochen werden kann? Ab welchem Zeitpunkt hingegen nimmt die Kreditvergabe einen marktwirtschaftswidrigen Charakter an? Folgende Prämissen sollen hierfür Beachtung finden. Bei einer marktwirtschaftlichen Kreditvergabe muss der Zins die Knappheitsverhältnisse widerspiegeln, weshalb die Geldmenge als Grundlage der Zinshöhe nicht unendlich sein darf. Weil das Geld nach dem Opportunitätskostenprinzip nicht verborgt werden muss, sondern stets in andere Anlageformen fließen könnte und da es zumindest einen Inflationsausgleich ge-

---

32 Vgl. George Selgin: Zentralbanken als Ursache finanzieller Instabilität, in: Peter Altmiks (Hrsg.): Im Schatten der Finanzkrise. Muss das staatliche Zentralbankwesen abgeschafft werden, München 2010, S. 84.
33 Ebenda, S. 85.
34 Vgl. Paul Terres, Die Logik einer wettbewerblichen Geldordnung, Tübingen 1999, S. 3.
35 Vgl. Terres 1999, S. 4.

ben muss, kann für eine marktwirtschaftliche Kreditvergabe ein positiver Zins unterstellt werden. Eine marktwirtschaftliche Kreditvergabe fordert prinzipiell einen positiven Zins, weil der Bankier sonst bei jedem Geschäft Verluste machen würde. Die marktwirtschaftliche Kreditvergabe muss zum Ausscheiden der Kreditanbieter vom Markt führen können. Finanzinstitute stellen Unternehmen dar und wenn sie falsch investieren, müssen diese Fehler zur Insolvenz führen: Die Rendite muss an das Risiko gebunden sein. Ein gegebener positiver Zins und eine beschränkte Geldmenge führen zu einem beschränktem Kreditangebot, um das sich Konkurrenz entwickelt, bei dem der den Zuschlag erhält, der den höchsten Zins für den Kredit zahlen kann: „Sofern dabei die zu jedem gegebenen Zinssatz erhältliche Geldmenge beschränkt ist, wird die Konkurrenz sogar dazu führen, dass nur die rentabelsten der überhaupt in Frage kommenden Verwendungen Berücksichtigung finden werden."[36] Mit diesen Kriterien der Kreditvergabe entwickeln sich die marktwirtschaftlichen Strukturen, die zu einer Kanalisierung des Kapitals in die rentabelsten Geldanlagen und zur effizienten Allokation mit dem höchsten volkswirtschaftlichen Nutzen führen. „Nach Eucken hat sie [die Marktwirtschaft] drei konkrete Aufgaben: die Selektion von rentablen Unternehmen und fähigen Personen, die Erschwerung der Unternehmenskonzentration und die sorgsame Allokation des Kapitals."[37]

Geschäfts- und Zentralbanken können beide die Geldmenge ausdehnen. Die Zentralbank kann die Zentralbankgeldmenge beliebig und unbegrenzt ausdehnen, während die Geschäftsbanken durch ihre Kreditvergabe das Buchgeld vermehren. Entsprechend der Mindestreserve müssen die Geschäftsbanken Zentralbankgeld bei der Zentralbank hinterlegen, darüber hinaus steht es ihnen frei, das Buchgeld fast beliebig auszudehnen. In der Debatte um die Ausweitung der Geldmenge und den Konsequenzen richtet sich das Augenmerk auf die Zentral- auf die Geschäftsbanken. Zwar haben die Kreditschöpfung der Geschäftsbanken und die Geldschöpfung der Zentralbanken ihren strengen Zusammenhang verloren. Weil die Banken für ihre Geschäfte aber eine gewisse Menge an Zentralbankgeld vorhalten müssen, können die Zentralbanken auf die Ausdehnung der insgesamt vorhandenen Geldmenge Einfluss nehmen.[38]

Die Frage nach der Kreditvergabe in marktwirtschaftlicher Form bezieht sich auf das Geldsystem auf Basis des ungedeckten Papiergeldes. Sofern sich die Geldmenge nicht beliebig ausdehnen lässt, weil sie an ein Edelmetall gebunden ist oder nur vorhandene Kaufkraft verliehen wird, zeigen sich deutlich die markt-

---

36 Friedrich A. Hayek: Geldtheorie und Konjunkturtheorie, Salzburg 1976, S. 117.
37 Cordelius Ilgmann/Ulrich van Suntum: Marktwirtschaft in der Kritik? Die Finanzkrise in historischer Perspektive, Nr. 471 / Februar 2009, S. 39.
38 Vgl. hierzu die Überlegungen, Kredite zu 100 Prozent mit Zentralbankgeld zu unterlegen,

2. Kredite und Geldmenge in der Finanz- und Marktwirtschaft

wirtschaftlichen Restriktionen des Kredits. Der Grenznutzentheorie entsprechend bildet sich am Markt der Zins, den der unrentabelste Unternehmer verlangen würde, wenn er seine Unternehmung aufgibt und stattdessen sein Geld einem anderen Unternehmer zur Verfügung stellen würde. Jede rentablere Unternehmung würde einen höheren Zins verlangen.[39] Der Marktzins entspricht zumindest dem geringsten vorhandenen Unternehmergewinn. Wäre er geringer, würde der unrentabelste Unternehmer seine eigene Produktion aufrechterhalten und das Geld nicht verborgen. Mit dieser marktkonformen Geldvergabe findet eine Auslese und Verbesserung der Produktion statt, weil der Unternehmer mit dem geringsten Gewinn sein Unternehmen liquidiert und das Kapital am Markt zur Verfügung stellt, wodurch er den gleichen Zinsgewinn aus dem Kapital zieht. Dieses Geld steht dann für einen Unternehmer zur Verfügung, der daraus einen höheren Produktionsertrag erzielt. Hier findet gar keine Kreditschöpfung statt, denn es wird nur vorhandenes Geld verliehen, aber kein neues geschaffen.

Bei einem Geldsystem mit ungedecktem Papiergeld ist diese Auslese und damit verknüpfte Untergrenze des Zinses nicht mehr so einfach zu bestimmen. Wie gestaltet sich hier die marktwirtschaftliche Kreditvergabe? Mit Schumpeter und Hayek stehen sich zwei Lehrmeinungen gegenüber, die diese Frage konträr beantworten. Schumpeter sieht im Kredit eine wesentliche Triebkraft der Neuerung in der Ökonomie, so „dass das Talent im Wirtschaftsleben auf seinen Schulden zum Erfolg reite".[40] In diesem Prozess sollen sich die Banken nicht darauf beschränken, nur vorhandene Sparbestände zu tauschen. Schumpeter spricht von einer stationären Wirtschaft, wenn das Geld „nur" aus dem Sparstrumpf des einen in die Hände des anderen wandert. Für ein Mehr an Gütern und Produktion reicht es nicht, weil irgendwo gleichzeitig ein Verzicht stattfindet. Die Kreditschöpfung durch die Banken ist aber nicht allein ein Transfer von bereits existenter Kaufkraft, sondern die Schaffung neuer Kaufkraft aus dem Nichts.[41] Gerade diese Finanzierung aus dem Nichts ist für Schumpeter die Quelle, aus der sich die Durchsetzung neuer Kombinationen – also der technologische Fortschritt – finanziert.[42] „Nirgends [...] gibt es in diesem [...] Kreditgeben [...], dass irgendwer auf den Gegenwert seiner Leistung warten [...] müsste."[43] Die Notwendigkeit zur Kaufkraftschöpfung ergibt sich aus den Abhängigkeiten zwischen den Ersparnissen und den Investitionen einer Volkswirtschaft. Weil die Unternehmer die Sparguthaben benötigen, um die Kapazitätsausdehnung zu finanzieren, führt jede Ver-

---
39 Vgl. Schumpeter 1952, S. 293.
40 Schumpeter 1952, S. 105.
41 Vgl. Schumpeter 1952, S. 109.
42 Vgl. ebenda.
43 Ebenda.

ringerung zu entsprechenden Einbußen für die Investitionsnachfrage. „Wenn das Publikum einen Teil dieser Guthaben kündigt, um sich eine zusätzliche Kaufkraft zu verschaffen, dann muss eine entsprechende Menge Geldmittel aus dem Erwerbsleben gezogen werden. Dadurch wird die Kaufkraft der Unternehmer und letzten Endes auch die der Arbeitnehmer geringer, so dass eine Steigerung der Gesamtkaufkraft, über welche die betreffende Wirtschaft verfügt, nicht eintritt."[44]

Hayek gibt an dieser Stelle zu bedenken, die Banken dürften bei einer mit der marktwirtschaftlichen Ordnung vereinbaren Kreditvergabe unter Sicherung eines Geldwertes die Geldschöpfung nicht übermäßig ausdehnen. Eine beliebige Geldschöpfung durch Banken entspräche nicht diesen Ansprüchen. Ganz im Gegensatz zu Schumpeter argumentiert Hayek, es müsse ein System gefunden werden, welches verhindere, dass „die zusätzliche Kreditvergabe nicht auf einer entsprechenden Ausdehnung der Spartätigkeit beruht".[45] Die Ausdehnung der Geldmenge führt zu einer künstlichen Senkung des Zinses, wodurch die Kapitalgüternachfrage steigt, Investitionsentscheidungen auf eine falsche Grundlage gestellt werden und Produktionsentscheidungen nicht mehr auf dem Preissignal des Marktes beruhen. Auf die „Verfälschung" des Preissignals durch die Manipulation der Geldmenge hat Hayek eindringlich hingewiesen und er hat sie zu einer der wesentlichen Ursachen von Fehlentscheidungen in der Marktwirtschaft gemacht.[46] Die Banken dürften in seiner Theorie einzig über die Ersparnisse verfügen, die sie von ihren Kunden in den Tresoren lagern. Die Investitionstätigkeit in der Wirtschaft wäre dann beschränkt auf die vorhandene gesamtgesellschaftliche Spartätigkeit. Der Zins gliche in diesem Fall die Zeit und das Konsumverhalten auf den Märkten aus: Wenn gespart wird, steht in einer Ökonomie Geld in Form der Sparguthaben zur Verfügung, die in der Zukunft konsumiert werden sollen. Der Zins an den Kapitalmärkten ist das Signal, das über die Investitionen entscheidet. Wenn heute weniger konsumiert und mehr gespart wird, um es in der Zukunft auszugeben, steht viel Geld zur Verfügung und der Zins ist gering. Die Unternehmen fragen dieses Geld dann preisgünstig für ihre Investitionen nach, weil es ein Signal liefert, dass sich die Investitionen lohnen, denn es wird deswegen gespart, um in der Zukunft mehr zu konsumieren. In der Zukunft stehen die Sparguthaben dann für den Konsum zur Verfügung, sodass die Investitionen rentabel sind. Wenn die Banken in diesen Prozess eingreifen und den Zins „künstlich" senken, investieren die Unternehmer mehr, obwohl in der Zukunft gar nicht genügend Ersparnisse zur Verfügung stehen, um die Produk-

---

44 Gustav Cassel, zitiert nach Knut Wicksell: Das Valuta-Problem in den skandinavischen Ländern, in: Friedrich v. Hayek (Hrsg.): Beiträge zur Geldtheorie, Berlin 2007, S. 491.
45 Friedrich A. Hayek: Entnationalisierung des Geldes, Tübingen 1977, S. 49.
46 Friedrich A. Hayek: Geldtheorie und Konjunkturtheorie, Salzburg 1976, S. 76-83.

2. Kredite und Geldmenge in der Finanz- und Marktwirtschaft

tionskapazitäten auszulasten. Während bei Schumpeter die Kreditschöpfung aus dem Nichts zu Innovationen und Wachstum führt, sieht Hayek die Ausweitung der Geldmenge als Ursache für Rezessionen.

Im Zuge der Ausdehnung der Geldmenge durch Eingriffe der Notenbanken während der Banken-, Finanz- und Eurokrise rückte die marktwirtschaftliche Gestaltung der Ausdehnung der Geldmenge in den Mittelpunkt der gesellschaftlichen Debatte um die Konformität von Rettungsmaßnahmen. Der Gesellschaftskritiker Flassbeck nimmt die Argumentation Schumpeters zum Anlass, um der Wirtschaft über die Notenpresse Geld zur Verfügung zu stellen.[47] Seiner Meinung nach kann die alleinige Verwendung gesparter Guthaben die Auslastung des Produktionsapparates nicht gewährleisten. Selbst wenn die gesparten Mittel ausreichen würden, um die Investitionen zu finanzieren, stünde nicht ausreichend Liquidität zum Kauf der zusätzlichen Güter nach der Produktionsausweitung zur Verfügung. Für Flassbeck ist die Kreditschöpfung aus dem Nichts durch das Papiergeld der Zentralbank daher ein notwendiger Vorgang in der Marktwirtschaft, weil vorhandene Einkommen stets mit bestimmten Produktionskapazitäten übereinstimmen. Wenn gespart wird, lassen sich diese Kapazitäten nicht mehr auslasten und erst Recht nicht erweitern. „Diese inhärente Tendenz eines marktwirtschaftlichen Systems, sich selbst zu strangulieren, kann allerdings in einer Papiergeldwirtschaft mit geeigneter Geldpolitik prinzipiell überwunden werden."[48] Doch diese Analyse ist umstritten und Verfechter eines Goldstandards oder anderer Geldkonzepte wie Hayeks konkurrierender Privatwährungen lehnen die beliebige Ausdehnung von Papiergeld ab. Der FDP-Bundestagsabgeordnete Schäffler argumentiert: „Inwieweit in einer marktwirtschaftlichen Geldordnung gedeckte Währungen dominieren werden, lässt sich ex ante nicht bemessen, weil die einzelnen Menschen die freie Wahl haben, sowohl gedeckte als auch ungedeckte Währungen zu produzieren oder nachzufragen. [...] Inwieweit in einer marktwirtschaftlichen Geldordnung Kredite, die nicht durch reale Ersparnisse gedeckt sind, vergeben werden können, hängt vom Verhältnis von Angebot und Nachfrage nach ungedeckten Währungen ab. Da niemand freiwillig auf Dauer schlechtes Geld nachfragt, ist jedoch zu vermuten, dass sich der Anteil der Kredite, die nicht durch reale Ersparnisse gedeckt sind, Schritt für Schritt verringern wird."[49]

Die Ausdehnung des Geldes korrespondiert mit dem Zuwachs der Güter, Waren und des Kapitals der Wirtschaft. Das Geldsystem hat dieses realwirtschaftliche Wachstum der Ökonomie zu gewährleisten. Verfechter des Goldstandards

---
47 Vgl. Das Geld aus der Druckmaschine und die Marktwirtschaft, in: Börsenzeitung vom 28. September 2012.
48 Ebenda.
49 Schäffler/Tofall, in Altmiks 2010, S. 152.

oder anderer an Metall gebundener Währungen müssen sich den Vorwurf gefallen lassen, dass keineswegs ausgemacht ist, ob die Ausdehnung des Metalls mit der Ausdehnung der Güter konform geht. Behrens gibt zu bedenken, dass Metallgeld keineswegs zwingend die Menge an neuem Geld vorgibt, die den Geldbedarf decken muss.[50] Das Metallgeld kann eine retardierende Wirkung für die Entwicklung und das Wachstum der Wirtschaft entfalten: Vermag die Vermehrung des Goldes und eine an ein Metall gebundene Ausdehnung der Geldmenge dem Zuwachs an Gütern und der Produktion in der Wirtschaft akkurat folgen? Die Kritiker eines entkoppelten und verselbstständigten Geldsystems fordern eine Rückkehr zu Finanzen, die den realwirtschaftlichen Ansprüchen genügen. Doch vor dieser Forderung erscheint es als ein Widerspruch, die Ausdehnung der Gütermenge an die Ausdehnung der Goldmenge zu koppeln. In diesem Falle wäre die Entwicklung der Realwirtschaft erneut an das Geldsystem gebunden. In der Forderung des Goldstandards spiegelt sich die romantisch-rückwärtsgewandte Vorstellung einer Beschränkung der kapitalistischen Produktionskraft wider. Weniger Gold und Geld verringern die Produktion, während das ungedeckte Papiergeld eine ungebremste Ausdehnung des Produktionsapparats erlaubt.

Die Frage, ob die Wirtschaft nur wachsen kann, wenn sie über die vorhandene Kaufkraft hinaus zusätzliches Geld einsetzt, ob sie also nur durch die Kreditschöpfung aus dem Nichts wachsen kann, ist aber für die Marktwirtschaft gar kein konstituierendes Problem, weil die Marktwirtschaft als Verkehrssphäre nicht dazu dient, die Steigerung der Produktionsleistung zu gewährleisten. Die Marktwirtschaft ist ein Verteilungssystem, dessen Aufgabe nicht darin besteht, die Kapitalakkumulation voranzutreiben und die gesellschaftlichen Kapitale zu vergrößern. Diese Aufgabe kommt dem kapitalistischen Produktionssystem zu, das durch Einsatz von Geld im Produktionsprozess mehr Geld schafft. Das Problem der Kreditvergabe und inwiefern diese marktwirtschaftlichen Kriterien genügt, führt ohne die Trennung von Marktwirtschaft und Kapitalismus zu falschen Ergebnissen. Flassbeck vermengt Produktions- und Verkehrssphäre und damit Marktwirtschaft und Kapitalismus, wenn er ausführt, das Papiergeld gehöre zur Marktwirtschaft, da ohne Papiergeld und Kreditschöpfung keine Ausweitung der Produktionskapazitäten möglich wäre. Das Wesenselement der Marktwirtschaft ist der Wettbewerb mit dem Ziel der Anpassung der Produktion, der Herstellung neuer Güter und der Gewährleistung von Innovationen, was in einer ständigen Verbesserung der wohlfeilen Waren mündet. Es ist möglich, eine bestehende Produktion umzugestalten, ohne dafür mehr Kapital und entsprechend mehr Geld einzusetzen. Die Produktionsfaktoren werden dafür nur neu arrangiert – eine Aus-

---

50 Walter G. Behrens: Das Geldschöpfungsproblem, Paderborn 2011, S. 92.

weitung der Produktionskapazitäten ist dafür nicht notwendig. Die Umgestaltung der Produktion, Anpassung der Faktoren und Veränderung der Marktanteile benötigen keine Ausdehnung des Markt- oder Produktionsvolumens.

Die Ausweitung der Produktionskapazitäten fällt in die Produktionssphäre einer Wirtschaft und ist ein Element der kapitalistischen Produktionsstruktur. Entsprechend gehört die Ausdehnung der Geldmenge als Element und Notwendigkeit zur kapitalistischen Güterproduktion. „Es entspricht der Eigenart der arbeitsteiligen kapitalistischen Wirtschaft, dass das Geld als solches der Zirkulation der Genussgüter dient und seine Vermehrung an Produktionsakte anknüpft, die [...] die Genussgütermenge als Ganzes vermehren."[51] Geldschöpfung gehört zum Kapitalismus, da sie mit einer der kapitalistischen Produktionsform zugehörigen Ausweitung der Kapazitäten korrespondiert. Mag also die Geldschöpfung aus dem Nichts für den Kapitalismus notwendig sein, so ist über ihren marktwirtschaftlichen Charakter noch nichts gesagt. Von der Ausdehnung der Geldmenge allein kann noch nicht auf nicht-marktwirtschaftliche Prozesse geschlossen werden. Andererseits darf sich die Geldmenge auch nicht unproportional oder übermäßig vergrößern, da der Überfluss des Geldes sonst das Preissystem der Marktwirtschaft außer Kraft setzt. Aus der Bedeutung des Gütertauschs und der dafür notwendigen Preisrelationen folgt die Absolutheit des Geldwertes, der diese Tauschverhältnisse nicht verzerren darf. Daraus folgt eine mit der Marktwirtschaft zusammengehende Geldmenge, „da sonst, worauf Cassel z. B. hinweist, jeder beliebige Preis in diesen Zahlungsmitteln gezahlt werden könnte, eine Annahme, die sich mit dem Bestehen fester Austauschrelationen zwischen den Gütern nicht verträgt"[52].

Wenn die Geldschöpfung notwendig ist, schließt sich das Problem an, wie sich das beliebig vermehrbare ungedeckte Papiergeld der Zentralbanken und das ausdehnbare Buchgeld der Banken in dieses System einordnen. Ob in einer Marktwirtschaft Geld gedruckt werden darf, oder ob der Einsatz von ungedecktem Papiergeld zur Aushöhlung marktwirtschaftlicher Prinzipien führt, lässt sich aufgrund der Prämissen nicht pauschal beantworten. Bei Differenzierung der Herkunft und der Verwendungszwecke des Geldes offenbaren sich die verschiedenen Modalitäten der Geld- und Kreditschöpfung und die mit ihnen verbundenen marktwirtschaftlichen oder nicht-marktwirtschaftlichen Charakterzüge. Die Eigenschaften lassen sich durch das Trennschema des vorherigen Kapitels konturieren. Zu unterscheiden ist zwischen Marktwirtschaft und Zentralverwaltung in der Verkehrssphäre sowie kapitalistischer und gesellschaftlicher Ausprägung des

---

51 Behrens 2011, S. 297.
52 Behrens 2011, S. 232.

Geldsystems, das den Unternehmen das Kapital für den Produktionsprozess bereitstellt. Bei Anwendung des Trennschemas zeigt sich, dass die Kreditvergabe über vorhandene Ersparnisse hinaus zwar zur kapitalistischen Produktionsweise gehört, ihr marktwirtschaftlicher Charakter aber von der Ausgestaltung abhängig ist. Die Ausdehnung der Geldmenge kann marktwirtschaftskonform sein, sie muss es aber nicht – es kommt darauf an, wie der Staat das System gestaltet und ob er mit der Zentralverwaltung eingreift. Rein theoretisch liegt gar kein Unterschied darin, ob die Geldschöpfung von privater oder staatlicher Hand erfolgt.[53] Die Praxis beweist ebenso, dass es bei der Geldvergabe prinzipiell egal ist, ob eine Zentralbank oder private Kreditinstitute die Geldmenge ausdehnen – dass es folglich egal ist, wie konkret die Kreditschöpfung in der Produktionssphäre vonstatten geht. Es kommt auf die Ausgestaltung der Verkehrssphäre und ihre marktwirtschaftliche oder zentralverwaltungswirtschaftliche Struktur an, welche auf die Geldmenge Einfluss nimmt.

Es gibt Institute im kapitalistischen Privatbesitz, die durch Vergabe von Geld Zinsgewinne erwirtschaften – das sind die traditionellen Geschäftsbanken. Daneben oder in der Hierarchie darüber siedeln die Zentralbanken in gesellschaftlichem Besitz. Beide Institutsformen können das Geld jeweils auf marktwirtschaftliche Weise verborgen oder per Anweisung der Zentralverwaltung anbieten. Aus der Matrix entwickeln sich vier verschiedene Formen der Geldvergabe. Im ersten Fall erfolgt die Geldvergabe auf eine marktwirtschaftliche Art und Weise, was bedeutet, dass ein positiver Zins gefordert wird und das Kreditinstitut bei Verlust der Kredite insolvent geht und daraufhin aus dem Markt scheidet. Das private Kreditinstitut verleiht in diesem Fall nur so viel Geld, wie es von den Schuldnern entsprechende Sicherheiten erhält, die es am Markt wieder zu Geld machen kann. Weitet das Institut die Geldschöpfung über dieses Niveau hinaus aus und nimmt minderwertige Sicherheiten entgegen, begibt es sich in die Gefahr, dass es diese Sicherheiten mit schlechter Qualität nicht mehr liquidieren kann und Verluste macht. Langfristig birgt diese erhöhte Kreditschöpfung das Risiko des Ausfalls der Kredite, der Schmälerung des Eigenkapitals und schließlich der Pleite in sich. Das Kreditinstitut wird darauf bedacht sein, die Kredite nicht übermäßig auszudehnen – das Geldmengenwachstum findet eine Schranke. Die Zentralbank kann dieses Modell prinzipiell imitieren, indem sie nur Geld verleiht, wenn die entsprechenden Sicherheiten eine Qualität aufweisen, die es ihr erlauben, sie am Markt wieder gegen Geld zu tauschen. Die Geldmenge durch Kreditvergabe der Zentralbank weitet sich nicht stärker aus als wenn die Geschäftsbanken die Geldschöpfung betreiben, weil sie nicht mehr Kredite verleiht als es Geschäfts-

---

53 Vgl. Behrens 2011, S. 234.

2. Kredite und Geldmenge in der Finanz- und Marktwirtschaft 37

banken mit den gleichen Sicherheiten machen würden. Es zeigt sich, dass zwischen dem Modell der Zentral- und Geschäftsbanken kein Unterschied besteht, sofern marktwirtschaftliche Restriktionen für die Geldgeschäfte Anwendung finden, die zu einer Auslese der Kreditoren, strenger und restriktiver Kreditvergabe und einer effizienten Verteilung des Kapitals führen.

Im Gegensatz dazu kann die Kreditvergabe ebenso durch die Zentralverwaltung erfolgen, sodass die Politik die marktwirtschaftlichen Gesetze außer Kraft setzt. Sobald die Zentralverwaltung die Regeln der Kreditschöpfung setzt, ist es wieder bedeutungslos, ob Privat- oder Zentralbanken die Geldmenge ausdehnen, denn das Ergebnis ist das gleiche. Wenn sich die Politik bereit erklärt, Geschäftsbanken zu retten und ihnen mit Notfallkrediten unter die Arme zu greifen, vergeben sie mehr Kredite. Sie können auch schlechte Sicherheiten entgegennehmen, wodurch mehr Geld verliehen wird. Das Geld der Geschäftsbanken fließt bei Sicherheitsmaßnahmen der Politik in Unternehmen und Investitionsprojekte, deren Marktwert geringer ist und deren Sicherheiten bei Gefahr der Insolvenz des Kreditnehmers eventuell nicht mehr liquidiert werden können. Die Geschäftsbanken können diese Ausdehnung der Kreditmenge trotzdem zulassen, weil sie nicht dem Risiko ausgesetzt sind, bei Verlust der Gelder insolvent zu gehen, denn der Staat bürgt notfalls. Der gleiche Prozess findet bei den Zentralbanken statt. Sie müssen sich nicht darauf beschränken nur hochwertige Sicherheiten anzunehmen, die sie am Markt wieder zu Geld machen können. Wenn es die Politik anordnet, nehmen Zentralbanken schlechte Sicherheiten für ihre Kredite entgegen, wodurch sie die Geldmenge – wie als würden es die Geschäftsbanken machen – über das marktwirtschaftliche Niveau hinaus ausdehnen. Sofern Zentralverwaltungseingriffe in der Kreditvergabe vorliegen ist es nicht von Bedeutung, ob Geschäftsbanken oder Zentralbanken die Kredite vergeben. Es ist einzig von Bedeutung, dass in der Verkehrssphäre marktwirtschaftliche Strukturen Anwendung finden, nicht aber, welche Unternehmensformen in der Produktionssphäre vorherrschen.

Übermäßige Geld- und Kreditschöpfung entstammen der Aufhebung marktwirtschaftlicher Prinzipien. Wie viel Geld letztlich verliehen werden soll und notwendig ist, damit die Wirtschaft über die für die Ausweitung ihrer kapitalistischen Strukturen notwendige Liquidität verfügen kann, können nur die Entscheidungsträger in der Wirtschaft beantworten. Bedingung für eine Funktionalität und Wertstabilität der Währung ist der Zusammenhang von Risiko und Haftung. Verleihen die Banken zu viel Geld an Unternehmen mit schlechtem Geschäftsmodell und schaffen damit nicht tragbare Wirtschaftsstrukturen, so würden die Insolvenz der Unternehmen, abgeschriebene Kredite und der Verlust der Bankeneinlagen die übermäßige Kreditvergabe bereinigen. Indem die Politik Banken subventioniert, bleibt das Geld in der Zirkulation und die nicht tragfähigen Strukturen werden gestützt. Die von der Politik verhinderte Vernichtung der Einlagen und aufgeschobene Insolvenz der Banken – der politische Eingriff in die Marktwirtschaft – verzerrt die Geldmenge. Es ist eine inhärente Wirkungsweise der Marktwirtschaft, ineffiziente Strukturen durch Konkurrenz und Auslese zu straffen und unrentable Unternehmen aus dem Markt scheiden zu lassen. Die Frage ist, ob der Mensch dies wünscht. Vor die Wahl gestellt würde sich niemand für eine Partei entscheiden, die offen ankündigt, sie wolle jegliche konjunkturelle Stützung und alle monetären Eingriffe abschaffen mit der Folge, eine Rezession mit einer Schärfe hervorzurufen, die jener der 1930er Jahre gliche.

Eucken verwies auf die Bedeutung des Geldes für marktwirtschaftliche Prozesse, denn in einem System, in dem Preise das Signal für Entscheidungen senden, muss das Geld als „Signalträger" unverfälschte Informationen bieten. Es kann diese Funktion nur erfüllen, wenn die Politik es nicht durch eigene Zielsetzungen manipuliert: „Die Stabilität des Geldes als Voraussetzung für die Funktionsfähigkeit einer wettbewerblich organisierten Wirtschaft spiegelt sich wider im ‚Primat der Währungspolitik'."[54] Von einem Primat der Währungspolitik und geldpolitischen Entscheidungen, die von politischen Zwängen emanzipiert und autonom getroffen werden, haben sich die Zentralbanken mit dem Übergang in den Krisenmodus mehr und mehr entfernt. Es wirkt vielmehr so, als dass die Eingriffe der Politik die Preissignale längst derart verstellt haben, sodass eine Rückkehr zu einer marktwirtschaftlichen Frequenz kaum noch möglich erscheint. Der Preis, der für eine Rückkehr zur Marktwirtschaft zu zahlen wäre, ist schlicht zu hoch. Auch die Wähler in ihren Rollen als Geldbesitzer und Arbeitnehmer wollen ihn nicht zahlen.

Verfechter marktwirtschaftlicher Strukturen – hier vor allem die Protagonisten der Österreichischen Schule wie Mises und Hayek – sehen in ungedecktem Papiergeld einen staatlichen Eingriff, welcher die Marktwirtschaft unterläuft. Eine Rückkehr zum Goldstandard, den einige Theorien als Heilmittel gegen die übermäßige Vermehrung des Papiergeldes anbieten, wäre in ihren Augen aber nicht zielführend. Hayek löst den Konflikt übermäßiger Kreditvergabe durch Papiergeld durch eine Vielzahl an Währungen, die miteinander konkurrieren, wodurch die Zentralbank in den Wettbewerb mit Privatwährungen tritt. Von diesem Wettbewerb erwarten sich die Kritiker des staatlichen Geldmonopols eine Eindämmung der Geldmenge und eine Rückkehr zu einem stabilen Wachstum ohne Investitionsblasen, die auf Phasen mit niedrigen Zinsen folgen. Weil die Konkurrenz um die Einlagen zu steigenden Zinsen führen würde, würden die

---

54 Vgl. Terres 1999, S. 1.

2. Kredite und Geldmenge in der Finanz- und Marktwirtschaft

Anleger ihre Mittel bei Banken mit höheren Zinsen angelegen. Investitionsblasen durch niedrige Zinsen ließen sich so vermeiden. Hayeks Entdeckungsverfahren der Währungen gleicht jenem, das er für alle wirtschaftlichen Entscheidungen zu Grunde legt.[55] Zwar bietet diese Idee eine Option, allerdings stößt sie auf Widerstand an einer menschlichen Eigenschaft – dem Hang des Menschen zur Vereinfachung. Etliche Währungen stehen dem entgegen. Hayeks Konzept der „Entnationalisierung" und des Wettbewerbs verschiedener Währungen hat jedoch ein viel gewichtigeres Problem: Freie Währungswahl bedeutet nicht nur, dass eine zur Auswahl stehende Währung nicht nachgefragt wird, weil sie in den Augen des Nachfragenden nicht erwünscht ist. Diese Entscheidung wäre vom Punkt der individuellen Konsumentenentscheidung gar kein Problem. Freie Währungswahl bedeutet jedoch, dass eine Währung keine Akzeptanz findet, was darauf hinausläuft, dass jemand, der ein Kontingent dieser Währung hält, es nicht weiterreichen kann. Er bleibt auf seiner Währung sitzen und kann sie nicht wieder eintauschen. Die Auswahl von Währungen ist nur für jenen von Vorteil, der sie nachfragt, aber nicht für den, der sie anbietet. Dieser Anbieter muss keineswegs nur eine Bank sein, sondern jeder Konsument, der sie hält. Mit anderen Worten, bei freier Währungswahl kann es passieren, dass das Geld, welches eine Person besitzt, seinen „Geldcharakter" verliert und von ihr nicht mehr als Zahlungsmittel genutzt werden kann. Das wäre unfair, denn eine Arbeitsleistung, die in das System gesteckt wurde, würde mit Geld entlohnt, mit dem sich aber kein Gegenwert aus dem System ziehen lässt.

Einfach erscheint jedoch die simple Anwendung des Prinzips der Haftung für die Geldgeschäfte. Mögen die Banken die Mittel unangemessen ausdehnen und Investitionen provozieren, die nicht rentabel sind. Der Markt würde diese Strukturen ebenso wie die Kredit gewährenden Banken in die Insolvenz schicken. Dieser knappe „marktradikale" Einwurf verdeutlicht das Dilemma, in dem die Politik steckt: Sie kann die Marktwirtschaft nicht als Ordnungsmodell anwenden, wenn sie die Bürger und Konsumenten nicht die Härte des Systems spüren lassen will. Sie kann aber genauso wenig einen Systemmix fabrizieren, in dem sie die erwünschten Elemente verschiedener Wirtschaftssysteme filtert und symbiotisch vereint. Bisher übte die Politik diesen Spagat und übertünchte die daraus resultierende Dysfunktionalität mit Schulden.

---

55 Vgl. Friedrich A. Hayek: Der Wettbewerb als Entdeckungsverfahren, in: Kieler Vorträge, Nr. 56 / 1968.

3. Staatsfinanzierung zwischen Markt- und Zentralverwaltungswirtschaft

Um die Eingriffe in die Wirtschaft zu finanzieren, stehen dem Staat entsprechend dem bereits in den beiden vorherigen Kapitel angewandten Modell die Möglichkeiten der marktwirtschaftlichen und der zentralverwaltungswirtschaftlichen Finanzierung zur Verfügung. Für die Staatsfinanzierung können die Regierungen auf Staatsanleihen zugreifen, die für dieses Thema von Interesse sind. Staatseingriffe über Steueraufkommen erscheinen prinzipiell weniger problematisch, weil sie nur real vorhandene Güter umverteilen. Seit den Finanz- und Wirtschaftskrisen steht hingegen die künstliche Ausweitung der Produktion durch Schulden im Mittelpunkt der Debatte.

Die Politik kann den Staat beauftragen, die Liquidität am Finanzmarkt zu besorgen, oder sie organisiert die Finanzierung mit der Zentralbank. Wie in den beiden vorherigen Abschnitten dargelegt, besitzt es keine Relevanz, ob Geschäfts- oder Zentralbanken die Finanzierung des Staates gewährleisten. Völlig unbedeutend ist die in der Produktionssphäre angesiedelte Eigentumsform der Geldinstitute, welche das Geld zur Verfügung stellen. Einfluss auf die Staatsfinanzierung nimmt die Verkehrssphäre und ihre markt- oder zentralverwaltungswirtschaftliche Gestaltung. Es ist die marktwirtschaftliche Auslese oder aber der zentralverwaltungswirtschaftliche Eingriff, der dem Staat entweder Restriktionen für die Kreditaufnahme auferlegt oder einen unbegrenzten Zugriff auf Liquidität ermöglicht. Es ist nicht von Bedeutung, ob Geschäftsbanken per politischer Anweisung Staatsanleihen bevorzugt – ohne Einsatz von Eigenkapital – entgegennehmen und bei der Zentralbank gegen Geld tauschen können, oder ob die Staaten die Zentralbank direkt in Anspruch nehmen. Es macht auf der anderen Seite keinen Unterschied, ob Geschäftsbanken Staatsanleihen nur solange aufkaufen, wie sie durch Ratingagenturen mit einem hohen Bonitätsurteil versehen werden, oder ob die Zentralbanken die Staatsanleihen ablehnen, wenn sie einer gewissen Qualität entbehren.

Bekannt und praktiziert für die Stimulierung des Wirtschaftssystems seit Anfang des letzten Jahrhunderts ist der Einsatz staatlicher Finanzkraft, welche die Regierungen über den Verkauf von Staatsanleihen steigern. Regierungen verkaufen Staatsanleihen an die Geschäftsbanken, die ihnen dafür Geld zur Verfügung stellen. Die Geschäftsbanken wiederum können diese Staatsanleihen bei den Zentralbanken gegen Geld zurücktauschen. In diesem Prozess funktionieren die Geschäftsbanken als Bindeglied zwischen dem Staat und der Zentralbank: Sie verteilen das Zentralbankgeld, das sie mit staatlichen Sicherheiten erhalten, an die Staaten. Prinzipiell ließe sich der Vorgang auf die Beziehung Staat-Zentralbank verkürzen: Staaten erhalten Geld von den Zentralbanken. In Europa sind die

Geschäftsbanken der Umweg, den die Regierungen gehen müssen, weil die EZB Staatsanleihen nicht direkt kaufen darf. Dieser Umweg über die Geschäftsbanken und der von ihnen in Rechnung gestellten Zinsen soll die Implementierung marktwirtschaftlicher Kriterien der Kreditvergabe an die Staaten gewährleisten.

Traditionell – vor der Krise – war es üblich, dass die Zentralbank mit den Staatsanleihen in einer marktkonformen Art umging. Prinzipiell kann sich jede Geschäftsbank von der Zentralbank Geld leihen, wenn sie dafür Sicherheiten zur Verfügung stellt, welche die Zentralbank auf dem Markt wieder gegen Geld tauschen kann. Die Zentralbank sichert sich derart gegen Verluste aus ihren Geldgeschäften ab. Wenn eine Geschäftsbank Staatsanleihen gegen Zentralbankgeld eintauscht und wenn sie es im Anschluss nicht zurückerhält, kann die Zentralbank die Staatsanleihen an andere Geldhäuser oder Investoren verkaufen und bekommt ihr Geld von dort wieder. Andererseits braucht auch die Geschäftsbank nicht unbedingt bei der Zentralbank die Staatsanleihen gegen Geld tauschen, sondern sie kann die Staatsanleihen an jedes beliebige Finanzinstitut weiterreichen und erhält dafür Geld. Insgesamt ist dieses traditionelle System der Geldvergabe an Staaten marktwirtschaftlich, denn die Staatsanleihen werden auf dem Markt gehandelt und die Zentralbank ist ein Akteur unter vielen – primus inter pares. Die Konstruktion des Systems zwang die Staaten, ihre Anleihen am Markt zu platzieren und Marktgesetze zu befolgen. Die Staatsanleihen unterlagen dem Zins als Preisinstrument des Marktes, der die Entscheidungen der Marktteilnehmer aufeinander abstimmte und eine effiziente Steuerung des Kapitals gewährleistete. Anleihen von Staaten mit hohem Ausfallrisiko oder weichen Währungen bewerteten die Investoren mit höheren Zinsen, während sie Anleihen volkswirtschaftlich starker Länder, die sie als sicher einschätzten und die sich einer hohen Nachfrage gegenüber sahen, mit einem niedrigerem Zins handelten. Für Investoren war anhand des Zinses ersichtlich, welches Risiko sie mit ihren Anlageentscheidungen eingingen. Kauften sie Anleihen mit hohen Zinsen, konnten sie zwar eine höhere Rendite erzielen, aber im Zins steckte auch der Risikoaufschlag, der über eine höhere Ausfallwahrscheinlichkeit Auskunft gab. Ebenso wie die Anleger unterwarfen sich die Staaten den marktwirtschaftlichen Mechanismen. Wenn ihre Wirtschaft zu schwach war oder eine steigende Verschuldung die Zinslast für die am Finanzmarkt geliehenen Gelder erhöhte, stiegen die Risikoaufschläge. Für die Regierungen ist der steigende Zins ihrer Staatsanleihen ein Preissignal mit Handlungsempfehlung, denn indem die Kosten für die Kreditaufnahme stiegen, waren sie angehalten, die Schulden zu reduzieren, um die staatliche Handlungsfähigkeit aufrecht zu erhalten. Statt die staatlichen Ausgaben zu erhöhen, gaben die steigenden Zinsen die Empfehlung für Strukturreformen und einer Reduktion des

Ausgabenniveaus mit dem Ziel einer Stärkung der volkswirtschaftlichen Grundlage. Durch diese Maßnahmen ließ sich auf das Urteil der Märkte Einfluss nehmen, denn durch eine höhere Produktivität und geringeren Schuldenstand steigt die Nachfrage nach den Titeln erneut an, wodurch der Zins wieder sinkt und sich der Staat erneut stärker verschulden kann. Der Zins als Preissignal stimmt nicht nur die Investitionsentscheidungen zwischen Anlegern und Regierungen aufeinander ab, sondern koordiniert den Markt hin zu einem Gleichgewicht. Eine übermäßige Verschuldung hebt den Zins und führt konsekutiv zu steigenden Kosten der staatlichen Kreditaufnahme, die wiederum eine Senkung der Verschuldung anmahnt. Das Signal, welches eine übermäßige Verschuldung verhindert, bietet der über den Markt entwickelte Zins.[56]

Staaten konnten ihre Staatsanleihen nur solange am Markt platzieren, wie die Teilnehmer sie als sicher einschätzten. Die Ratingagenturen zeichneten für die Bonitätsurteile verantwortlich und schätzten ein, ab wann die Staatsanleihen eine derartig schlechte Qualität aufwiesen, dass sie nicht mehr am Markt gehandelt werden konnten. An dieses Votum hielt sich auch die Zentralbank, welche diese Staatsanleihen dann nicht mehr als Sicherheit für geldpolitische Geschäfte akzeptierte. Ein Beispiel für diese Marktkonformität bot das Verbot der Annahme von Staatsanleihen des griechischen Staates als die Ausfallwahrscheinlichkeit anstieg.

Allerdings sind die Staaten nicht auf diese marktwirtschaftliche Art der Kreditaufnahme verpflichtet. Die Politik und der Staat als mit voller Macht ausgestattete souveräne Entität haben es nicht nötig, sich an marktwirtschaftliche Gesetze zu halten. Marktwirtschaft ist eine Verkehrsform, die vom Staat gesichert werden muss, sie ist keineswegs eine Art des Warentauschs, die sich ohne politische Steuerung – quasi naturrechtlich – etablieren würde. An dieser Stelle wird wieder der Punkt erreicht, an dem die Politik dem Staat den Auftrag erteilt, Marktergebnisse zu korrigieren, wodurch sie sich über das Ergebnis des Marktes hinwegsetzt. Dass sich die Politik über den Markt hinwegsetzen kann, ist weder Vorwurf noch Wertung. Es ist eine schlichte Feststellung ihrer inhärenten Macht, welche es ihr erlaubt, die Wirtschaftsform nach ihrem Gutdünken zu gestalten. Wenn Staaten ihre Kreditaufnahme am Finanzmarkt übermäßig ausdehnen, unterliegen sie ebenso dem Urteil der Ratingagenturen – oder allgemeiner: des Marktes – wie jeder andere Investor auch. Die sukzessive Bindung von Haushaltsmitteln für Zinszahlungen, die Gefahr des Wertverlustes der Währung durch das Anwerfen der No-

---

56 Vertreter linker Theoriemodelle würden diese Kausalität ablehnen, da in nachfrageorientierten Modellen auf Grundlage des Ausgabenmultiplikators der staatliche Ausgabenverzicht zu einer Schwächung der Volkswirtschaft führt. Als Ansatz für die Überwindung dieser Diskrepanz könnte die Unterscheidung zwischen konsumtiven und investiven Ausgaben sowie die Orientierung an der Wettbewerbsfähigkeit dienen.

3. Staatsfinanzierung zwischen Markt- und Zentralverwaltungswirtschaft

tenpresse oder gar das Menetekel der Staatsinsolvenz durch Staaten ohne geldpolitische Hoheit wie in der Eurozone werden von den Marktteilnehmern eingepreist und finden ihren Ausdruck in höheren Zinsen. Wenn es für die Staaten mit Reformanstrengungen verbunden ist, den Zins wieder zu senken, oder wenn die Staaten gar in die Gefahr der Insolvenz geraten, weil sie von den Investoren keine Gelder mehr erhalten, steht der Politik die Option offen, für die Staatsfinanzierung die Zentralbank einzusetzen. Wie im vorherigen Abschnitt dargelegt, ist der Einsatz der Zentralbank keineswegs per se ein nicht-marktwirtschaftlicher Eingriff. Solange die Zentralbank Staatsanleihen mit einer Bonität handelt, die es ihr erlaubt, sie am Markt an andere Banken weiterzuveräußern, um nicht auf Verlusten sitzen zu bleiben, hält sich die Zentralbank an marktwirtschaftliche Restriktionen. Anders sieht es hingegen aus, wenn sie anfängt, Staatsanleihen mit schlechtem Rating als Sicherheit für die Kreditvergabe entgegenzunehmen. Wenn die Zentralbank Staatsanleihen kauft, die sie am Markt nicht weiter veräußern kann, geht sie das Risiko ein, auf ihren Kreditforderungen sitzen zu bleiben, falls der Staat seine Anleihen nicht auslöst. Mit dieser Strategie setzt sich die Politik über das von ihr selbst geschaffene Ordnungsmodell des Marktes hinweg, weil die Zentralbank mit ihrem Kaufverhalten die Marktpreise aufweicht. Die Staaten würden ohne den Einsatz der Zentralbank und strikter Konditionalität des Marktes entweder kein Geld oder Kredite nur zu hohen Zinsen erhalten. Mit der Zentralbank hingegen brauchen sich die Staaten nicht mehr in das Korsett des Marktes zu zwängen. Die Notenbanken können wie die deutsche mit Unabhängigkeit versehen werden, um sie vor dem Zugriff der Politik zu schützen. Wenn der oberste Währungshüter selbst die geldpolitischen Ziele aufweicht, führt selbst eine de-jure-Unabhängigkeit in eine de-facto-Staatsfinanzierung.

Es ist jedoch ebenso möglich, dass die Zentralbank die Anleihen direkt kauft. Sie verändert mit diesem Ankauf den Zins an den Märkten und kann prinzipiell alle Preise zahlen. Ihr Handeln ist keinerlei marktwirtschaftlichen Restriktionen unterworfen, weil sie über unbegrenzte Mittel verfügt und keiner Gefahr einer Insolvenz unterliegt. Die stete Forderung nach Anleihekäufen durch die Zentralbank stellt unter technischen Aspekten kein Problem dar. Anstatt die Staatsfinanzierung über Märkte zu organisieren, die über den Zins als marktwirtschaftliches Steuerungsinstrument verfügen, bevorzugen Regierungen die Finanzierung über die Zentralbank und ihre Notenpresse. Diese geldpolitische Strategie entledigt sich marktwirtschaftlicher Kriterien und deutet tendenziell auf eine Abkehr vom marktwirtschaftlichen Ordnungsmodell, denn sie „schirmt den Problemstaat gegen die Außensteuerung durch den Markt ab"[57].

---

57   Horn 2011.

Die Finanzierung über Märkte verdeutlicht den Staaten und Regierungen als Emittenten der Anleihen, dass ihre ökonomischen Grundlagen der Wettbewerbsfähigkeit entbehren. Daraus resultierende höhere Zinsen müssten zu einem geringeren Angebot von Anleihen führen, da der Staat die aus den Anleiheverkäufen resultierenden Lasten nicht mehr tragen kann. Das Defizit lässt sich nicht mehr finanzieren und zwingt Staaten, ihr Ausgabenverhalten anzupassen und einzuschränken. Bei einer Finanzierung über die Märkte finden Anpassungsprozesse hin zu einem Gleichgewicht zwischen Einnahmen und Ausgaben statt. Interveniert jedoch die Zentralbank, die prinzipiell keinen monetären Restriktionen unterliegt, unterbindet sie diese Gleichgewichtsprozesse. Der Zins verliert seine Funktion als Steuerungsinstrument. Es finden tendenziell keine Gleichgewichtsprozesse mehr statt, wodurch sich die Staaten übermäßig verschulden und der nachfolgende Anpassungsprozess mit schmerzhaften Einsparungen verbunden ist.

Die Finanzierung der Staaten per Zentralverwaltung führt anfangs kaum merklich, langfristig jedoch umso deutlicher fort von der marktwirtschaftlichen Koordinierung der Volkswirtschaft. Der Einsatz des künstlichen Geldes gibt dem Staat Ansprüche auf Güter, für die er keine Vorleistung erbracht hat und birgt damit tendenziell – nicht aber unbedingt – die Gefahr der Inflation in sich.

4. Von der Markt- zur Zentralverwaltungswirtschaft

Bei den Entwicklungsschritten einer Ökonomie weg von einer Marktwirtschaft hin zu einer anderen Ausprägung, zeigt die Trennung von Produktions- und Verkehrssphäre, dass die Eigentumsform der Unternehmen aber auch Finanzinstitute kein Hindernis für eine Entwicklung weg von der Marktwirtschaft und hin zur Zentralverwaltungswirtschaft darstellt. Die Volkswirtschaften Europas müssen keine marktwirtschaftlichen Strukturen aufweisen, obwohl Unternehmerhoheit und kapitalistisches Privateigentum an Produktionsmitteln vorliegen. Der Politik steht mit dem Staat und seiner Verwaltung ein Instrument zur Verfügung, um die Auslese durch Wettbewerb und marktwirtschaftliche Allokations- sowie Bereinigungsprozesse zu verhindern. Die Zentralverwaltung steht der Marktwirtschaft gegenüber, unabhängig davon, ob sich das Eigentumsregime durch primär private oder öffentliche Trägerschaft auszeichnet. Dieser Differenzierung folgt die herausragende Rolle der Zentralbanken in der Krise, deren Aktionen keineswegs per se einen marktwirtschaftswidrigen Charakter aufweisen müssen. Ebenso ist es für private Geschäftsbanken nicht zwingend, stets marktwirtschaftlichen Ansprüchen zu genügen, wenn die Politik per Gesetz mit Sonderregelungen, Hilfspaketen und Haftungsausschluss Ausnahmen von marktwirtschaftlichen Gesetzen gestattet.

4. Von der Markt- zur Zentralverwaltungswirtschaft

Dem Staat als Institution, der mit souveräner Rechtsetzungskompetenz und absolutem Machtanspruch den Markt außer Kraft setzen kann, steht es prinzipiell frei, sich dem marktwirtschaftlichen Verdikt zu unterwerfen oder es zu ignorieren. Spätestens in der Eurokrise wurde diese Entscheidungshoheit offensichtlich. Als sich die Staatsfinanzierung durch marktwirtschaftlich induzierte Preiserhöhungen an den Finanzmärkten verteuerte, setzte die Politik die Zentralbanken ein, um den lästigen Markt „abzuschütteln".

III. Entwicklungsschritte von der Marktwirtschaft zur Vollkasko-Ökonomie

1. Kapitalistische Marktwirtschaft

1.1 Eigenschaften und Merkmale

Im idealtypischen Ausgangszustand in Entwicklung hin zur Vollkasko-Ökonomie findet sich die kapitalistische Marktwirtschaft. Es gilt zu betonen, dass die Marktwirtschaft nie rein vorlag, und nur einen fiktive Startpunkt darstellt: „Die Verkehrswirtschaft in ihrer reinen Form ist nie probiert worden."[58] Von Unvollkommenheiten wie Marktversagen, externen Effekten und natürlichen Monopolen, welche den Wettbewerb auf den Märkten verhindern, wird hier abgesehen. Die Marktwirtschaft ist eine Verkehrs- und Wettbewerbsform, die sich nicht etabliert, wenn der Rahmen dafür nicht gesetzt wird. Mit anderen Worten: Es ist die Aufgabe des Staates einen Ordnungsrahmen zu errichten, der gleiche Start- und Wettbewerbsbedingungen ermöglicht, sodass alle am Markt teilhaben können. Die geistigen Väter der Marktwirtschaft – Armack, Eucken, Röpke – haben als Mechanismus für die Etablierung einer Wettbewerbswirtschaft den Ordoliberalismus erdacht, in dem der Staat den Rahmen für das wirtschaftliche Kräftemessen gewährleistet. Dieses Modell war für viele Jahrzehnte der Garant für die Prosperität der Bundesrepublik, auf die der kleine Bruder DDR neidisch blickte.

Als Ausgangspunkt der Entwicklung der Wirtschaftsstrukturen dient die unregulierte, reine Marktwirtschaft. In der ursprünglichen Marktwirtschaft finden sich ihre Elemente noch in ungefilterter und konturierter Form, ohne dass die Politik die gesellschaftlichen Wünsche und Zielvorstellungen über den Staat in der Wirtschaft bereits durch Regulierung umgesetzt hätte. Kritisch und zugleich polemisch sprach Lasalle vom „Nachtwächterstaat"[59], der die Wirtschaft im Sinne des laissez-faire gewähren lässt. „Laissez-faire ist in diesem Zusammenhang fast zu einem Schimpfwort geworden. Dieses Bild ist – jedenfalls was die geis-

---

58 Zitiert nach Ötsch 2009, S. 65.
59 Vgl. Jens Petersen: Wilhelm von Humboldts Rechtsphilosophie, Berlin 2007, S. 8.

tigen Väter anlangt – in vielerlei Hinsicht unzureichend."[60] Denn im Begriff der „Markt"-Wirtschaft findet sich die Abgrenzung zu dem Wirtschaftssystem, das in der Zeit vorherrschte, als Adam Smith mit seinem Buch „Wohlstand der Nationen" das theoretische Fundament der Marktwirtschaft mauerte. Als der Schotte 1776 sein Buch veröffentlichte, herrschte in Europa der Merkantilismus, dem er mit der Marktwirtschaft ein neues System gegenüberstellte. Smith stellte sich die Frage, warum die Eingeborenen-Völker so viel ärmer sind als die modernen Staaten: Die Ursache für den unermesslichen Reichtum der zivilisierten Nationen fand er in der Steigerung der Produktivkraft der Arbeit. In der darauf folgenden Epoche war diese Erkenntnis um die Erhöhung der Produktivkräfte der Dreh- und Angelpunkt der wirtschaftswissenschaftlichen, wirtschaftspolitischen und unternehmerischen Anstrengungen um die Mehrung des Wohlstands. Ursächlich für die hohe Produktivität der westlichen Gesellschaften waren für Smith die Arbeitsteilung[61], der freie Handel und Tausch als Triebkraft gesellschaftlicher und individueller Entwicklung[62] sowie ein ausreichend großer Markt, der es allen Begabungen – vom Sattler bis zum Philosophen – ermöglicht, am Tausch teilzuhaben. Oberste Maxime Smith' war der individuelle Eigennutz, der dazu führt, dass die Menschen ihr eigenes Kapital und ihre Arbeitskraft dort investieren, wo sie den größten Nutzen stiften, weil dort die höchste Effizienz und die höchste Rentabilität vorliegen. Die Orientierung an der individuellen Profitrate führt gleichzeitig zum höchsten gesamtwirtschaftlichen Güterausstoß, wodurch die individuelle auch zur gesamtgesellschaftlichen Nutzenmaximierung führt. Keine Behörde und kein Plan sind notwendig, um den Wohlstand zu mehren, sondern allein die individuellen Entscheidungen führen wie mit einer „unsichtbaren Hand"[63] zum Reichtum eines Landes: In der Marktwirtschaft lenkt der Markt das Kapital in die lohnendste Anlageform.

Welche Rolle spielt der Staat in der klassischen Marktwirtschaft? Vor dem Hintergrund der kurz skizzierten Mechanismen der Steigerung der Produktivkräfte erblickten die Vertreter des klassischen Liberalismus in den staatlichen Restriktionen des Merkantilismus die Ursache für Wohlfahrtsverluste. Der Staat, der im Merkantilismus umfangreiche Eingriffe in das Wirtschaftssystem vornahm, gilt im klassischen Liberalismus als Hemmschuh des wirtschaftlichen Fortschritts.

---

60 Otto Schlecht: Die Genesis des Konzepts der Sozialen Marktwirtschaft, in: Otmar Issing: Zukunftsprobleme der   Sozialen Marktwirtschaft. Verhandlungen auf der Jahrestagung des Vereins für Socialpolitik Gesellschaft für   Wirtschafts- und Sozialwissenschaften 1980, Berlin 1981, S. 10. (s. 9-33)
61 Adam Smith: An Inquiry into the Nature and Causes of the Wealth of Nations, Glasgow o. J., S. 14,
62 Vgl. ebenda, S. 25ff.
63 Vgl. ebenda, S. 456.

1. Kapitalistische Marktwirtschaft

Die vom Staat gewährten Monopole, Standes- und Vorrechte und Ausnahmeregelungen setzen den Marktwirtschaftsmechanismus außer Kraft und führen zur Ineffizienz des Merkantilismus. Weil individuelle Entscheidungen und der Markt mit seiner „unsichtbaren Hand" den Wohlstand mehren, führt in der funktionalen Smithschen Logik der Staat mit seinen Eingriffen und Bevormundungen zu Wohlfahrtsverlusten. Zum schmalen Grat, auf dem sich der Staat zwischen notwendigen Eingriffen und wettbewerbsverzerrenden Maßnahmen bewegt, schrieb John Stuart Mill: „Das Problem, das es zu lösen gilt, ist von besonderer Feinheit als auch von besonderer Wichtigkeit, wie man den größten Betrag an notwendiger Hilfe gibt mit dem geringsten Anreiz, dass ein ungebührliches Vertrauen darauf gesetzt wird."[64]

Diese Konfliktlinie prägt alle Merkmale des Wirtschaftskreislaufes, von den mikro- bis zu den makroökonomischen Prozessen. Der von Smith postulierte Markt soll – wie Hayek es ausdrückt – makroökonomisch als Entdeckungsverfahren dienen. Der Nobelpreisträger definiert den Wettbewerb als Institution, die vollumfänglich jene Erkenntnisse an den Tag bringt, die ohne sie nicht vorliegen würden. „Es ist nützlich, sich ins Gedächtnis zu rufen, dass überall dort, wo wir uns des Wettbewerbes bedienen, dies nur damit gerechtfertigt werden kann, dass wir die wesentlichen Umstände nicht kennen, die das Handeln der im Wettbewerb Stehenden bestimmen. [...] Daher möchte ich [...] den Wettbewerb einmal systematisch als ein Verfahren zur Entdeckung von Tatsachen betrachten, die ohne sein Bestehen entweder unbekannt bleiben oder doch zumindest nicht genutzt werden würden."[65] Erst durch das Messen der Wirtschaftskräfte, durch Konkurrenz, durch den Wettlauf um die Nachfrage der Konsumenten und Preisanpassungen kommt jenes gesamtgesellschaftliche Produktionsergebnis zutage, das die Wohlfahrt maximiert. Die unzähligen individuellen Entscheidungen der Produzenten und Konsumenten kann niemand voraussagen – auch der Staat nicht. Keine Behörde ist imstande, das gesamtgesellschaftlich erwünschte Ergebnis vorauszusagen oder aufgrund von Annahmen zu verbessern: „Dass in die Ordnung einer Marktwirtschaft viel mehr Wissen von Tatsachen eingeht, als irgendein einzelner Mensch oder selbst irgendeine Organisation wissen kann, ist der entscheidende Grund, weshalb die Marktwirtschaft mehr leistet als irgendeine andere Wirtschaftsform."[66] Ein Ergebnis, in dem sich alle Einzelinteressen ausdrücken,

---

64 Zitiert nach: Otto Schlecht: Genesis des Konzepts der Sozialen Marktwirtschaft, in: Grundtexte zur Sozialen Marktwirtschaft, Bd. 2, Das Soziale in der Sozialen Marktwirtschaft, Stuttgart 1988, S. 131-145, hier S. 133,
65 Friedrich August von Hayek: Der Wettbewerb als Entdeckungsverfahren, in: Freiburger Studien, Tübingen 1969, S. 249-265.
66 Friedrich A. v. Hayek: Freiburger Studien, Tübingen 1969, S. 11.

kann nur der Markt selbst erzeugen, weswegen der Markt als Entdeckungsverfahren dienen soll. Die Resultate des Wettbewerbs auf den Märkten können allerdings in Konflikt geraten mit den politischen Zielvorgaben darüber, was erwünscht oder wichtig sei. Hayeks Analyse des Marktgeschehens und der daraus resultierenden gesellschaftlichen Wohlfahrt schränkt das Engagement des Staates im Rahmen einer Marktwirtschaft weitgehend ein und reduziert seine Rolle auf den Gesetzesvollzug und den Erhalt der Geldwertstabilität.

David Ricardo, berühmtester Schüler von Thomas Malthus und einer der Wegbereiter der modernen Wirtschaftswissenschaft, zeigte die Vorteile für den Wohlstand auf, die aus einem Abbau staatlicher Restriktionen resultieren können. Während der Zeit steigender Getreidepreise in England setzte er sich für die Aufhebung der Schutzzölle ein, um durch vermehrte Getreideimporte gebundenes Kapital in der ineffizienten Nahrungsmittelproduktion für die effizientere Industrieproduktion freizusetzen.[67] Anstatt die Einfuhr von Getreide in ein Land zu beschränken, sollte die Politik den Handel frei gestalten. Am Kornmodell exemplifizierte er die Thesen. Das Land mit hohen Getreidepreisen kann seinen Bedarf durch billigere Einfuhren decken, wodurch der Preis für Getreide sinkt und die Arbeitnehmer und das Kapital in effizienteren Anlageformen eingesetzt werden können. Der Handelspartner zieht ebenfalls seine Vorteile daraus, denn indem das Land mit den ehemals höheren Getreidepreisen sein Kapital in andere Güter – bspw. schwere Maschinen – stecken kann, vermag es diese preiswerter anzubieten. Daraus entwickelte sich die Theorie der komparativen Kostenvorteile: Freihandel birgt stets Vorteile für die Handelspartner, wenn ein Land ein Produkt relativ zu geringeren Kosten produzieren kann als ein anderes. Ricardos Modelle legen eine staatliche Zurückhaltung nahe, um die Marktergebnisse nicht zu verfälschen.

Als Pendant zur Ausgestaltung der Rahmenbedingungen gesamtwirtschaftlicher Prozesse finden sich die in der Mikroökonomie angesiedelten Unternehmensentscheidungen. Der Markt sendet Preissignale, worauf die Unternehmer auf eigenes Risiko reagieren, um den maximalen Nutzen aus dem eingesetzten Kapital zu ziehen. Sie können mit ihren Produktionsentscheidungen Gewinne erzielen, oder aber sie verlieren das eingesetzte Kapital, wobei sie aus dem Markt scheiden. Die Insolvenzordnung ist die mikroökonomische Umsetzung des makroökonomischen Wettbewerbsgedankens. Schumpeter nannte es den Prozess der schöpferischen Zerstörung[68] – der unternehmerische Wettbewerb manifestiert sich im Kampf um Marktanteile, bei dem etablierte Anbieter aus dem Markt

---

67 David Ricardo, hrsg. von Piero Sraffa: The Works and Correspondence of David Ricardo, Bd. 9, Cambridge 1973, S. 80f.
68 Vgl. Alois Schumpeter: Theorie der wirtschaftlichen Entwicklung, a. a. O., S. 100 f.

scheiden, während neue hinzutreten. Über die mikroökonomische Insolvenz erfolgt die Lenkung der Kapitalströme in die jeweils rentabelste Verwertungsform. Dem Unternehmer kommt die Rolle zu, diese Lenkung zu gewährleisten, indem er bestehende Produktionsmethoden auf den Prüfstand stellt und gegebenenfalls durch effizientere ablöst. Durch die Prüfung bestehender Anlageformen erfolgt die permanente Adjustierung von Angebot und Nachfrage und die innovative Formung der Volkswirtschaft.

Die hier skizzierten Vorgänge der Marktwirtschaft sind keine der menschlichen Interaktion natürlichen Eigenschaften, die sich naturrechtlich von selbst einstellen. Wettbewerb und Konkurrenz sind Ergebnis eines Ordnungsmodells, welches der Staat garantieren muss. Sofern der Staat keine Schranken gegen unlauteren Wettbewerb, Monopole und Absprachen errichtet, würde sich ein wirtschaftlicher Wettstreit nicht etablieren.[69] Der Staat muss mit der Ordnungspolitik einen Rahmen schaffen, um zu den gewünschten Ergebnissen der Marktwirtschaft zu gelangen.

1.2 Instabilitäten als Ursache für den staatlichen Eingriff

Der modernen kapitalistischen Marktwirtschaft inhärent sind Krisen[70], die zu einer Zerstörung volkswirtschaftlicher Produktion, einem Einbruch der Nachfrage und Arbeitslosigkeit führen. Verschiedene Theorien beschreiben die Ursachen der konjunkturellen Schwankungen. Schmölders erwähnt in seinem prägnanten Beitrag zu den Wirtschaftskrisen, Foster und Catchings hätten insgesamt 230 in der Literatur entwickelte Krisenursachen gezählt.[71] Die Ursachen der Krisen und der zyklischen Schwankungen der Wirtschaftsentwicklung ist Forschungsgegenstand der Konjunkturtheorie, weswegen die Thematik nur insoweit angerissen werden soll, als sie für das Verständnis der Entwicklung hin zur Vollkasko-Ökonomie notwendig erscheint. Schumpeter sieht in industriellen mikroökonomischen Prozessen die Ursache für die zyklischen Schwankungen der Wirtschaft: Krisen beruhen auf dynamischen Innovationen, die in einem komplexen System von Kreditvergabe, Kapitalinvestition und Unternehmergewinn eingebettet sind. Er sieht die Gründe für die wirtschaftliche Entwicklung nicht in äußeren Umständen, etwa der Anpassung an die Bevölkerungsentwicklung, sondern als Veränderung, „die

---

69 Vgl. hierzu prägnant Oswald Lehnich: Die Wettbewerbsbeschränkung. Eine Grundlegung, Köln 1956, S. 8-51.
70 Die Theorie wird nicht umhin kommen, das „Wiesel-Wort" Krise zu packen, um ihm einen konkreten Inhalt zuzuweisen, andernfalls bildet es das Einfallstor für immer umfassendere Eingriffe in die überkommene Wirtschaftsordnung.
71 Vgl. Günter Schmölders: Konjunkturen und Krisen, Hamburg 1955, S. 17.

die Wirtschaft aus sich selbst heraus erzeugt".[72] Hayek sieht in überdehnten Kreditausweitungen und damit einhergehender Fehllenkung von Kapitalströmen die Hauptursache für die krisenhafte Wirtschaftsentwicklung. Marx erklärt die kapitalistischen Wirtschaftszyklen als Überproduktionskrisen ebenfalls endogen als der Wirtschaft inhärente Spezifika. Die Krisen beruhen darauf, dass die Arbeitnehmer zu wenig von der gesellschaftlichen Gesamtproduktion erhalten, wodurch ein Teil des volkswirtschaftlichen Gesamtprodukts nicht verkauft und der Kapitalstock vernichtet wird. „Die gesamte Warenmasse, das Gesamtprodukt, sowohl der Teil, der das konstante und variable Kapital ersetzt, wie der den Mehrwert darstellt, muss verkauft werden."[73] In Marx' Philosophie eignen sich die Produzenten – die Kapitalisten – den Mehrwert und den größten Teil der Produktion an, weshalb bei der Verteilung des Volkseinkommens die Arbeitnehmer – die Arbeiter – nicht genügend Kaufkraft besitzen, um alle Waren zu erstehen. Es tritt folgendes Problem auf: Die Produktivkräfte vermögen zwar, enorme Mengen an Waren erzeugen, aber die Gesellschaft ist aufgrund der ungleichen Verteilung des Reichtums nicht imstande, alle Güter nachzufragen. Wohl produzieren die Arbeitnehmer alle Güter, aber sie können sie aufgrund zu geringer Löhne nicht kaufen. „Die Bedingungen der unmittelbaren Exploitation [Produktion der Güter] und die ihrer Realisation [Verkauf der Güter] sind nicht identisch. Sie fallen nicht nur nach Zeit und Ort, sondern auch begrifflich auseinander. Die einen sind nur beschränkt durch die Produktivkraft der Gesellschaft, die anderen durch die Proportionalität der verschiedenen Produktionszweige und durch die Konsumtionskraft der Gesellschaft. Diese letztere ist aber bestimmt [...] durch die Konsumtionskraft auf Basis antagonistischer Distributionsverhältnisse, welche die Konsumtion der großen Masse der Gesellschaft auf ein nur innerhalb mehr oder minder enger Grenzen veränderliches Minimum reduziert." Daher seien die Produzenten bemüht, beständig den Markt auszudehnen, um neue Abnehmer ihrer Waren zu finden. In den Wirtschaftskrisen spiegele sich das Gesetz vom Fall der Profitrate wider: Die Produzenten nutzen immer größere Kapitale und investieren ihren Gewinn in immer größere Produktionsanlagen, setzen aber immer weniger Arbeiter ein, weshalb die effektive Nachfrage sinkt und Überproduktionen auftreten. Die Verteilung des Volkseinkommens stellt auch in anderen Theorien eine Krisenursache dar: Wenn die Löhne steigen, reagieren die Unternehmen mit höheren Warenpreisen, was inflationären Druck erzeugt. Steigende Preise sorgen

---

72 Vgl. Joseph A. Schumpeter: Theorie der wirtschaftlichen Entwicklung, Berlin 1952, S. 96.
73 Karl Marx/ Friedrich Engels: Werke, Band 25, Das Kapital, Bd. 3, Berlin 1983, S. 254.

1. Kapitalistische Marktwirtschaft 53

für eine sinkende Nachfrage. Fehlende Nachfrage schmälert die Gewinne und verringert die Produktion. Die Wirtschaft rutscht in eine Rezession.[74]
   Diese vier Beispiele verdeutlichen, dass die Ursachen der krisenhaften Entwicklung der Volkswirtschaften sowohl in der marktwirtschaftlichen Verkehrssphäre (Fehlleitung der Kapitalströme/ Schöpferische Zerstörung) als auch in der kapitalistischen Produktionssphäre (Ungleichverteilung der Einkommen / Dysfunktionalitäten des Kapitalismus) vermutet werden. Es ist nicht der Zweck dieser Untersuchung, herauszufinden, wo genau die Krisenursache liegt, zumal mit hoher Wahrscheinlichkeit ein Beziehungsgeflecht zur Verschlechterung der Wirtschaftslage beiträgt: „Unser Überblick über die wichtigsten Deutungsversuche hat gezeigt, dass keine „monokausale" Erklärung, die das konjunkturelle Geschehen auf nur einen einzigen oder auch nur überwiegenden Ursachenfaktor zurückführen will, der Fülle von Erscheinungen gerecht zu werden vermag."[75] Dieser Argumentation würde von der linken Seite widersprochen werden, die den Ursachen für Verteilungsprobleme implizit die kapitalistische Produktionsform zugrunde legt, und die ein qualitativ neues Wachstum fordert.
   Für das Verständnis der Entwicklung der Marktwirtschaft hin zur Vollkasko-Ökonomie besitzt nur der konkrete Eingriff der Politik Relevanz – unabhängig davon, ob die Politik damit den wirklichen Ursachen gerecht wird. Mag sie auch mit ihren Interventionen gar nicht fähig sein, die realen Krisensymptome zu bekämpfen, so schafft sie mit ihren Maßnahmen neue Strukturen und Realitäten, die hier im Mittelpunkt stehen. Die These lautet, dass die Politik wesentlich auf die Verkehrs- nicht aber auf die Produktionssphäre Einfluss nimmt. Mit anderen Worten: Es gibt eine Vielzahl von Theorien, die beschreiben, weshalb sich der Wirtschaftsprozess zyklisch in Über- und Unterproduktionsabschnitte gliedert. Es kann weiterhin unterstellt werden, dass sich die Politik in ihren Entscheidungen nicht an der Wirtschaftstheorie orientiert. Enzensberger stellt die Unwissenheit des politischen Systems treffend als Blindekuh-Ökonomie dar.[76] Bei ihrem Versuch, dem Problem der konjunkturellen Schwäche Herr zu werden, nimmt sie auf das marktwirtschaftliche Element unserer Wirtschaftsordnung Einfluss, während sie die kapitalistische Struktur unverändert lässt.

---

74 Richard Müller/Werner Röck: Konjunktur- und Stabilisierungspolitik. Theoretische Grundlagen und wirtschaftspolitische Konzepte, Stuttgart 1985, S. 255.
75 Schmölders 1955, S.
76 Vgl. Hans Magnus Enzensberger: Politische Brosamen, Frankfurt am Main 1982, S. 115f.

2. Konjunkturpolitik (deficit spending)

Die Krisenanfälligkeit der Ökonomie führt zu Eingriffen des Staates in das Wirtschaftsgeschehen. Die Unzahl an Krisenursachen lassen sich in exogene und endogene, monetäre und psychologische Kategorien unterteilen. Technischer Fortschritt, Naturkatastrophen, die Bevölkerungsentwicklung dienen ebenso als Ursache für das konjunkturelle Auf und Ab wie die übermäßige Kreditausdehnung der Banken oder die Psychologie und Erwartungshaltung der Wirtschaftsteilnehmer. Die skizzierten Probleme der wiederkehrenden konjunkturellen Schwankungen führten zur kurzfristigen keynesianischen Theorie des deficit spending. Im Gegensatz zur vorherrschenden Lehre sprach Keynes der Nachfrage und dem durch sie eingesetzten Geld für die kurzfristige Entwicklung der Ökonomie eine stärkere Bedeutung zu.[77] Die Klassiker der Wirtschaftswissenschaft verneinten einen direkten Einfluss des Geldes auf den Produktionsprozess. Indem sich die Preisrelationen zwischen den Gütern bei Schwankungen der Geldmenge langfristig anpassten, führte ihrer Ansicht nach eine Erhöhung oder Verringerung der Geldmenge einzig zu einem höheren oder niedrigerem Preisniveau ohne Auswirkungen auf die Produktionsmenge. Dieser Zustand gilt als klassische Dichotomie, bei der das Geld als „Schleier" über der Warenwelt liegt.

Keynes lehnte diese Trennung der Waren- und Geldsphäre ab und postulierte den kurzfristig wirksamen Effekt der Erhöhung oder Absenkung der Geldmenge auf den Produktionsprozess. Indem weniger ausgegeben wird, senkt sich das Produktionsniveau ab, die Nachfrage nach Arbeitskräften sinkt, woraus wiederum weniger Güter nachgefragt werden und die Wirtschaft auf eine – um einen Schillerschen Begriff zu gebrauchen – Talsohle zusteuert. Aus diesem Mechanismus entwickelte sich das Konzept des Einkommensmultiplikators, der aussagt, dass die Wirtschaft bei einer Erhöhung oder Verringerung der Konsumausgaben überproportional wächst oder schrumpft. Aus Keynes Theorie ließ sich eine prägnante wirtschaftspolitische Maxime ableiten: Wenn die Volkswirtschaft in eine Depression gerät, ersetzt der Staat die ausfallenden privaten Ausgaben und korrigiert den Nachfrageausfall durch eine verstärkte staatliche Nachfrage. In Deutschland fand der Übergang von der – natürlich nur idealtypischen – staatsfreien Marktwirtschaft zur staatlich gesteuerten Wirtschaft mit der Übernahme des Wirtschaftsressorts durch Minister Karl Schiller statt. Schiller schrieb dem Staat eine aktive Rolle im Wirtschaftsprozess zu, die sich nicht darauf beschränken sollte, nur die Geldwertstabilität und den Rahmen des Wettbewerbs zu ga-

---

77 Vgl. John Maynard Keynes: Allgemeine Theorie der Beschäftigung, des Zinses und des Geldes, Berlin 1983, S. 20-32.

2. Konjunkturpolitik (deficit spending) 55

rantieren. Schiller nannte diese Entwicklung hin zur gesteuerten Marktwirtschaft den Übergang von der „naiven zur aufgeklärten"[78] Marktwirtschaft. Mit der Wirtschaftspolitik der Konjunktursteuerung beschränkte sich der Staat nicht mehr darauf, nur den Ordnungsrahmen zu setzen, in dem sich die Wirtschaft entwickelt, sondern er greift aktiv in die Abläufe ein, um die Ökonomie in eine gewünschte Richtung zu lenken. „Wir leben in einer gemischten Wirtschaftsordnung, in der der Staat nicht nur auf die (qualitativen) Formen Einfluss nimmt, sondern auch unaufhörlich unmittelbar in den quantitativen Ablauf, den Prozess, eingreift."[79] Bricht die private Nachfrage ein und besteht die Gefahr einer Wirtschaftsflaute, interveniert der Staat, indem er seine Ausgaben erhöht und die Konjunktur wieder anschiebt. In der klassischen Marktwirtschaft kam dem Staat – um ein Bild Erhards zu nutzen – die Rolle des Schiedsrichters zu, der das Spiel kontrolliert, ohne selbst einzugreifen. Mit der Konjunktursteuerung des deficit spending wandelt er sich nun vom „Schiedsrichter zum Regenten"[80].

Der Sinn des deficit spending ist eine ausgeklügelte Konjunktursteuerung, die nicht nur den Einbruch der Wirtschaft, sondern ebenso die vorherige Überhitzung verhindert. Wenn sich die Ökonomie inflationär aufbläht, reduziert der Staat seine Ausgaben. Er legt Budgetüberschüsse still, um sie dem volkswirtschaftlichen Kreislauf zu entziehen und verringert den Nachfragedruck, wodurch er die Wirtschaft auf einen Gleichgewichtszustand einpegelt. Die krisenhaften, zyklischen Ausschläge sollten sich mit der antizyklischen Fiskalpolitik vermeiden lassen. Deficit spending sichert die konjunkturelle Glättung des Wirtschaftsprozesses.

Im Vergleich zur klassischen staatsfreien Marktwirtschaft bemächtigt sich der Staat erheblicher Eingriffsrechte und er legitimiert sie mit dem Wohlstand oder – ex negativo – durch die Gefahr der Wohlfahrtsverluste bei Passivität. Mit der Prozesssteuerung verpflichtet ihn die Regierung, ökonomische Prozesse zu stimulieren und seine eigene Budgetierung gemäß konjunkturellen Notwendigkeiten auszurichten. „Genauer müsste wohl von einem Staat gesprochen werden, der allgemein nur noch in seiner Funktion zur Gewährleistung gesellschaftlicher und ökonomischer Sekurität gebilligt wird, die beide freilich untereinander so interdependent sind, dass das, was man für gesellschaftlichen Fortschritt hält, überhaupt nur durch ökonomisches Wachstum erreichbar ist. Zwangsläufig rückt da-

---

78 Vgl. Karl Schiller: Konjunkturpolitik auf dem Wege zu einer Affluent Society, Kiel 1968, S. 24.
79 Karl Schiller: Neuere Entwicklungen in der Theorie der Wirtschaftspolitik, Tübingen 1958, S. 16.
80 Vgl. Christian Watrin: Stabilitätsgesetz, Illusion oder Realität?, in: Wirtschaftsrat der CDU/CSU (Hrsg.): Die Freiheit erhalten!, Protokolle, Wirtschaftstag der CDU/CSU Bonn 1969, Frankfurt am Main 1969, S. 84.

mit die Förderung wirtschaftlicher Stabilität und wirtschaftlichen Wachstums in die gravitätische Mitte staatlicher Aufgabenerledigung."[81]

Die Konjunktursteuerung inkorporierte nicht nur den Staat als Subjekt in die Ökonomie und veränderte das systemische Verhältnis zwischen Staat und Ökonomie, sondern sie zeitigte auch Konsequenzen für die Wirtschaftsteilnehmer. Die in Deutschland unter dem Begriff Globalsteuerung bekannte antizyklische Konjunkturpolitik begünstigte die Konzentration von Unternehmenseinheiten, die durch voranschreitende Marktbeherrschung erst in die Lage gesetzt werden, die gezielte Planung des Wirtschaftskreislaufes umzusetzen. In einer atomisierten Wirtschaft mit Preisnehmern und individuellen Wirtschaftsplänen, die entsprechend der Theorie der Klassiker keinen Einfluss auf die Preisbildung besitzen, könnte die Wirtschaftslenkung nicht funktionieren. Daher fördert die Globalsteuerung die Konzentration, auf der sie basierte: „Die Globalsteuerung, eingeführt als locker hinweisende Planung, nicht als befehlendes Setzen von gesamtwirtschaftlichen Daten, ist, soll sie nicht in völliger Irrelevanz versanden, angewiesen auf die Kooperation der potenten Gruppen in einer hochkonzentrierten Wirtschaft und muss diese Gruppen aufgrund ihrer Prädominanz an der Planstellung beteiligen."[82]

Im Zuge des deficit spending verlässt der Staat den von den Anhängern des Marktes zugeschriebenen Platz und steuert die Wirtschaft in eine Richtung, die ihm opportun erscheint. Der Markt ist nicht mehr die Institution, welche die Richtung des Wirtschaftsprozesses angibt. Neben den Markt tritt der Staat, der mit einem Prognose- und Analyseapparat die Wirtschaft auf ihre Entwicklung prüft und steuernd eingreift. „Staat und Wirtschaft sind wechselseitig integriert. Einerseits ist der Staat den übrigen Teilnehmern am Wirtschaftsleben übergeordnet [...] andererseits ist der Staat Teil eines übergreifenden wirtschaftlichen Funktionensystems – ein Konto in der volkswirtschaftlichen Gesamtrechnung. Damit gehört der Dualismus von Staat und Wirtschaft im mikroökonomischen und im makroökonomischen Bereich der Vergangenheit an."[83] Die von Keynes als relevant erachteten Faktoren für das Abrutschen einer Volkswirtschaft in die Krise sind Elemente, die aus den Strukturen der Marktwirtschaft stammen und entsprechend ist der staatliche Einfluss auf diese Faktoren ein Eingriff in die Marktwirtschaft. Drei Prämissen liegen der antizyklischen Wirtschaftspolitik zugrunde. In

---

81 Klaus Stern: Grundfragen der globalen Wirtschaftssteuerung, Vortrag gehalten vor der Berliner Juristischen Gesellschaft am 10. Januar 1969, Berlin 1969, S. 3.
82 Jörg Huffschmid: Die Politik des Kapitals, Konzentration und Wirtschaftspolitik in der Bundesrepublik, in: Frieder Naschold/Werner Väth: Politische Planungssysteme, Opladen 1973, S. 112.
83 Elmar Stachels: Das Stabilitätsgesetz im System des Regierungshandelns, Berlin 1970, S. 25.

wirtschaftlich schlechten Zeiten nimmt die Neigung zum Konsum ab, die von einer Liquiditätspräferenz begleitet wird: Die Menschen halten mehr Geld vorrätig, um sich abzusichern. Entsprechend dieser Marktlage sinkt die Bereitschaft der Unternehmen, neue Investitionen zu tätigen. All diese Prägekräfte beruhen auf subjektiven Einschätzungen der Menschen gegenüber dem Marktgeschehen. Die Entwicklung hin zu einem konjunkturellen Tief beruht auf individuellen Entscheidungen der Marktteilnehmer.

Die Verfechter einer freien Marktwirtschaft mussten diesen Eingriffen skeptisch gegenüberstehen. Die Theorie der Nachfrage und die ihr zugrunde liegenden Aggregate verdecken die individuellen Entscheidungen – das Wirtschaftssubjekt verliert die Bedeutung für die Wirtschaft. Mit dem deficit spending akzeptiert die zentrale Behörde – der Staat – zudem nicht mehr die Ergebnisse des Marktes. Im Gegenteil: Sofern individuelle private Entscheidungen kein im Sinne der politischen Zielvorgaben gewünschtes Ergebnis hervorrufen, schreitet der Staat ein und korrigiert den Markt.

3. Künstliches Wachstum (artificial spending)

Per deficit spending kann eine auf Keynes' Ausgabenmultiplikator fußende Wirtschaftspolitik zu einer Überwindung von Rezessionen und einer Glättung der konjunkturellen Zyklen führen. Die Politik muss sich jedoch nicht darauf beschränken, in Zeiten wirtschaftlicher Stagnation der Ökonomie aus der – wie es Karl Schiller ausdrückte – Talsohle zu helfen. Kredite lassen sich ebenso zur künstlichen Steigerung der Wirtschaftskraft einsetzen. Wenn die Politik die ökonomische Stärke der Volkswirtschaft mit beständig in die Zirkulation eingespeistem Geld steigert, liegt ein künstliches Wirtschaftswachstum vor. Entsprechend lässt sich dieses Wachstum auf eine Politik des „artificial spending" zurückführen. Artificial spending ist die Weiterentwicklung des Keynesschen deficit spending. Deficit spending findet Einsatz, um einen gesamtgesellschaftlichen Ausfall der Nachfrage zu kompensieren und die Ökonomie wieder auf ein Niveau zu heben, das vor dem Einbruch der Wirtschaftsleistung vorlag. Artificial spending hingegen gleicht keine konjunkturellen Flauten aus, sondern hebt die Ökonomie über ihr normales Niveau. Die Wirtschaftskraft wird mit zusätzlich in die Zirkulation eingebrachtem Geld gesteigert. Anstatt sein Budget antizyklisch in Hochphasen zu verringern und Geld aus der Ökonomie zu ziehen, stellt der Staat beständig mehr und mehr Geld als Treibstoff für die Wirtschaft zur Verfügung. Je mehr der Staat seinen Apparat aufbläht, desto größer wird auch die gesamte Ökonomie. Der Keynessche Ausgabenmultiplikator führt zu zusätzlichem Wachstum – allerdings nicht angewandt, um den stotternden Konjunkturmotor wieder zum Laufen zu bringen, sondern um ihn im oberen Drehzahlbereich zu halten. Als eine Form keynesianischer Wirtschaftspolitik ist artificial spending der zuzuordnen. Der Vorgang darf nicht wie in den volkswirtschaftlichen Analysen als von der „echten" Marktwirtschaft getrennter Vorgang betrachtet werden. Staatliche und marktwirtschaftliche Prozesse greifen ineinander und führen zu einer Ausweitung des gesamtwirtschaftlichen Volumens. Das Steueraufkommen, das an den Staat fließt, geht dem Wirtschaftsprozess nicht verloren – es ist nicht so, dass das Bruttosozialprodukt „weggesteuert" wird.[84] Durch das Angebot öffentlicher Güter kommt dem Wirtschaftskreislauf kein Geld abhanden: Aus den Ausgaben des Staates entstehen Einkommen, Erlöse und sonstige Einkommen[85], die wieder in den Wirtschaftsprozess einfließen und zu zusätzlicher Nachfrage führen. Staat und Privatwirtschaft lassen sich gar nicht korrekt voneinander trennen, denn ebenso wie die privaten Wirtschaftsentscheidungen die Grundlage des Steueraufkommens des Staates darstellen, stellen die vielfältigen Transferausgaben des Staates Teil des privaten Budgets dar. Staat und Wirtschaft sind derart miteinander verflochten, dass sich beide Sphären nur analytisch, nicht jedoch realiter voneinander trennen lassen. Den Staat als Wirtschaftsgröße von der Marktwirtschaft zu trennen und eine Wirtschaftsleistung ohne Staatsausgaben zu errechnen, stellt deswegen nur ein theoretisches Konstrukt dar.[86]

Für die wirtschaftliche Ankurbelung durch artifizielles Wachstum stehen drei Optionen zur Verfügung. Unproblematisch erscheint die Verwendung der Steuern. Hier werden real existierende Güteransprüche für Investitionen in öffentliche Zwecke zur Verfügung gestellt. Allerdings besteht für den Staat im Falle der Finanzierung über Steuern das Problem, dass Einkommensanteile des privaten Verbrauchs verloren gehen. „Empirische Schätzungen ergeben, dass die Beziehung zwischen Staatsausgaben und Wirtschaftswachstum bei einer niedrigen Abgabenlast zunächst tatsächlich positiv ist. [...] Höhere Anteile führen zu abnehmenden Wachstumsimpulsen und schließlich sogar zu Wachstumsverlusten."[87] Um die Privatausgaben der Wirtschaft nicht durch einen Transfer von privatem zum öffentlichen Sektor reduzieren und um nicht zwischen privaten oder staatlichen Ausgaben wählen zu müssen, finanzieren Regierungen den Staat und seine

---

84 Vgl. Bernhard Heitger: Wachstumswirkung von Steuern und Staatsausgaben, Kieler Diskussionspapiere (1989), Bd. 148, S. 21.
85 Vgl. Manfred O. E. Hennies: Allgemeine Volkswirtschaftslehre für Betriebswirte, Bd. 3. Geld, Konjunktur, Berlin 2003, S. 213.
86 Vgl. Bernd Rahmann: Grundlagen konjunkturbeeinflussender Haushaltspolitik. Ein Beitrag zu einer Theorie der Budgetwirkung, Berlin 1972, S. 17.
87 Heitger 1989, S. 1.

3. Künstliches Wachstum (artificial spending)

Projekte mit Schulden. Hierbei kann sich der Staat einerseits bei seinen Bürgern oder im Ausland verschulden, oder die Regierung nutzt die Zentralbank, um sich von ihr geschöpftes – also gedrucktes – Geld zu leihen. Beide Optionen der Verschuldung beruhen auf spezifischen Eigenheiten des Staates und zeigen, dass staatliches Engagement grundsätzlich nicht marktwirtschaftlich oder buchhalterisch funktioniert, ja gar nicht funktionieren kann. Im Falle der Verschuldung durch Guthaben von Bürgern und Anlegern ist der Staat in den wenigsten Fällen in der Lage, die geliehenen Gelder aus einem Überschuss zurückzuzahlen. Der Staat ist keine Unternehmung, die Gewinn erwirtschaftet. Er schreibt nicht ab und bildet keine Rückstellungen. Die Regierung bedient die Schulden bei den Bürgern und Anlegern aus dem laufenden Steueraufkommen. Der Staat kann die geliehenen Gelder für die Stimulation der Wirtschaft einsetzen, sodass er auf ein großes Steueraufkommen zugreifen kann, um die Schulden zu bedienen. Allerdings zeigt die Vergangenheit, dass er gar nicht fähig ist, durch Steuereinnahmen seinen Verpflichtungen nachzukommen. Der deutsche Gesamtstaat erwirtschaftete im Jahr 2012 einen Überschuss von 0,1 Prozent des BIP, während er 22,5 Mrd. Euro neue Schulden aufnahm. Um ein gegebenes Ausgabenniveau zu halten, kann der Staat seine Schulden nicht begleichen, ohne Haushaltslöcher zu schaffen. Er bedient seine Schulden niemals netto, sondern erhebt durch die Steuern die Mittel, die er braucht, um das bereits Geliehene zurückzuzahlen und verschuldet sich wieder neu. Ökonomisch betrachtet liegt ein Schneeballsystem vor: Der Staat ist nicht fähig, seine Gläubiger zu bedienen, ohne sich bei den Käufern seiner Anleihen erneut Geld zu leihen. Er bürdet mit jeder neuen Verschuldung der nächsten Generation die Last auf. Obwohl der Staat theoretisch in der Lage wäre, die Schulden netto zurückzuzahlen, kann er es faktisch nicht, weil er dann sein bestehendes Ausgabenniveau senken müsste. Der Sinn des artificial spending liegt aber darin, ein künstliches Wachstum aufrecht zu erhalten. Eine Netto-Kreditrückzahlung widerspricht dem Prinzip des artifiziellen Wachstums, auf das sich die Regierungen verpflichtet haben. „Letztlich werden wir der Kernfrage nicht ausweichen können, ob der Kredit überhaupt als Regelfinanzierung für Staaten und den Staatenverbund zur Verfügung steht, weil der Staat eine Kreditsumme nicht – wie ein Unternehmer – ertragsbringend investieren und dann aus den Zusatzgewinnen die Kreditschuld erfüllen kann, der Staat die Kreditsumme vielmehr zur Erfüllung staatlicher Aufgaben – in der Regel konsumierend – einsetzt."[88]

---

[88] Paul Kirchhof: Stabilität von Recht und Geldwert in der Europäischen Union, in: NJW H.1-2, Jg. 66 (2013), S. 3.

Eine zweite Option für die Kreditaufnahme besteht für die Staaten, indem sie geschöpftes Geld borgen. Der Staat begibt Anleihen, die von Geschäftsbanken gekauft und an die Zentralbank weitergereicht werden. Über die Zentralbank erhält die Geschäftsbank dann neues Geld. Im Prinzip ist die Bank nur der Durchlaufposten, der das Geld der Zentralbank zum Staat weiterleitet. Geschöpftes Geld ist gedrucktes Geld der Zentralbank, das keinen Gegenwert besitzt. Was bedeutet dieser Vorgang und wie ist er einzuschätzen? Staat und Ökonomie verfügen nach der Kreditaufnahme mit geschöpftem Geld über mehr Finanzmittel als zuvor. Der Staat gibt heute mehr Geld aus und verschuldet sich gegen sich selbst mit einem Zahlungsziel in der Zukunft. Damit der Staat diesen Kreditvertrag gegen sich selbst einlösen kann, muss er am Ende der Kreditlaufzeit sich selbst – oder seiner Zentralbank – das Geld zurückgeben. Er muss das geschöpfte Geld, das vorübergehend mehr zur Verfügung stand, wieder vernichten. Der Staat verfolgt mit dem geschöpften Geld aber das Ziel, die Ökonomie künstlich auf einem hohen Niveau zu halten. An einer Geldvernichtung durch die finalen Bedienung von Staatsanleihen ist ihm gar nicht gelegen. Das Modell des artificial spending lässt eine Geldvernichtung bzw. Neutralisation des von der Zentralbank geschöpften Geldes ebenso wenig zu wie eine Rückzahlung der bei realen Gläubigern aufgenommenen Schulden.

Die Methode der Geldschöpfung – also dem Einsatz der Notenpresse für die Staatsfinanzierung soll hier noch nicht im Mittelpunkt stehen. Ihre Rolle und Bedeutung wird im nächsten Kapitel des unlimited spending der Vollkasko-Ökonomie beleuchtet. Seit den 1970er Jahren herrschte der Monetarismus, der eine Geldmengensteuerung vorschreibt, um Inflation oder prinzipiell Veränderungen der Geldmenge zu vermeiden. Es war bspw. der deutschen Notenbank nicht erlaubt, Staatsanleihen aufzukaufen, weil dadurch zu viel Geld entstünde, welches die Preisniveaustabilität gefährden könnte. In Deutschland verpflichtete sich die Bundesbank 1975 auf eine monetaristische Steuerung der Geldmenge, was einen restriktiven Umgang mit Staatsanleihen gewährleisten sollte. Die Staaten fragen den Kredit daher auf den Finanzmärkten nach. Sofern in Deutschland die Bundesbank trotzdem Staatsanleihen kaufte[89], vollzog sie den Erwerb marktkonform und fragte das Geld selbst auf dem Markt nach.[90]

In diesem Finanzierungsmechanismus bilden Banken und Staaten eine Symbiose. Die Staaten verkaufen ihre Staatsanleihen an die Banken und erhalten entsprechende Liquidität. Weil Staatsanleihen prinzipiell notenbankfähig sind, kön-

---

89 Vgl. BMF (Hrsg.): Der Wissenschaftliche Beirat beim Bundesministerium der Finanzen. Gutachten und Stellungnahmen 1974 – 1987, Tübingen 1988, S. 230.
90 Vgl. Sinn 2012.

3. Künstliches Wachstum (artificial spending)

nen die Banken die Staatsanleihen jederzeit bei der Zentralbank wieder gegen Geld tauschen. Für die Banken ist die Investition in Staatsanleihen eine lukrative Anlageform, denn sie erhalten die Differenz zwischen dem Zins, den sie für das Geld der Zentralbank zahlen müssen und jenem, den sie dem Staat für die Anleihen in Rechnung stellen. Die Regierungen haben dieses Finanzierungssystem mit Anreizen versehen, um den Handel mit Staatsanleihen florieren zu lassen. Einen Stimulus für den Kauf von Staatsanleihen bietet die bankenrechtliche Vorschrift, kein Eigenkapital vorhalten zu müssen. Weil die Zentralbank Staatsanleihen gegen frisches Geld tauscht, besitzt dieses System eine sich selbst verstärkende Tendenz.

Mit Blick auf die Verschuldung und den Staatshaushalt Deutschlands zeigt sich, wie der Staat beständig interveniert, um die Wirtschaft immer auf Wachstumskurs zu halten. Die Staatsverschuldung steigt an, sodass stetig zusätzliches Geld in die Zirkulation eingespeist wird. Von den 1960er Jahren an hat sich die Verschuldung sukzessive erhöht, im Jahr 2008 erreichte sie einen Umfang von ca. 1.500 Mrd. Euro. Der Staat nimmt nicht nur inländische Kreditinstitute als Gläubiger in Anspruch, sondern greift ebenso auf ausländische Kredite zurück. Seit 1990 ist der Anteil ausländischer Gläubiger an der Verschuldung von 20 auf über 50 Prozent gestiegen.[91] Der Zugriff auf ausländisches Kapital birgt den Vorteil eines niedrigen Zinsniveaus im Inland in sich: Indem der Staat den internationalen Kapitalmarkt beansprucht, lässt sich ein Anstieg der Zinsen durch übermäßige Kreditnachfrage vermeiden, sodass sich die privaten Investitionen im Inland nicht reduzieren und sich der „crowding out"-Effekt minimiert.[92] Deutschlands Staat dürstet nach mehr Geld, als seine Bürger ihm bieten können, was zu ansteigender absoluter Verschuldung und einem größeren Anteil ausländischer Gläubiger führt. Einen Großteil der deutschen Staatsschuld halten inzwischen die Schweiz und China.[93]

Der konjunkturneutrale Haushalt beschreibt eine Situation, in der die Höhe der Staatsausgaben keinen Impuls hin zu einer Ausweitung der volkswirtschaftlichen Produktion freisetzt.[94] Seit den 1970er Jahren wurde in Deutschland nur 1974 und 1989 statistisch Geld aus dem Kreislauf gezogen, um die Wirtschaftsleistung zu dämpfen. Ansonsten gingen vom Staatshaushalt stets konjunkturelle Impulse aus. Grundsätzlich generiert die Haushaltsführung der Bundesrepublik

---

91 Vgl. Bundesbank Zeitreihen BBK01.BQ1720; BBK01.BG1715.
92 Vgl. Rainer Volkmann: Beschäftigungspolitik, Opladen 2001, S. 45 ff.
93 Vgl. Schweiz wohl größter deutscher Gläubiger, in FAZ vom 18.07.2012.
94 Vgl. SVR: Den Aufschwung sichern – Arbeitsplätze schaffen. Jahresgutachten 1994/95 des Sachverständigenrats zur Begutachtung der gesamtwirtschaftlichen Entwicklung, in: BT Drs. 13/26, S. 155f.

seit den 1960er Jahren immer expansive Effekte, welche die Wirtschaftsleistung ankurbeln.[95] Eine Absenkung des Ausgabenvolumens stellt für den Staat keine Option dar: „Die Politik der vollen Hände ist – keineswegs nur bei uns – zur Sache des wirtschaftlichen Gesamtinteresses – und das heißt: der Gesamtheit der Interessen – geworden. Sie glättet viele konfliktreiche Fragen, die bei schärferem Preiswettbewerb aufbrechen würden; sie lässt eine Korrektur so mancher Strukturprobleme unserer Wirtschaft als weniger dringlich erscheinen. Sie alimentiert nicht nur die ‚Großen', sondern auch die Kleinen und verlängert die ökonomische Lebensfrist vieler Angehöriger der schwächeren Wirtschaftszweige: des Handwerks, des Kleinhandels, der Landwirtschaft; sie erlaubt gleichzeitig höhere Löhne und höhere Gewinne – kurzum, sie ist zu einer Klammer unserer Wirtschaftsgesellschaft geworden."[96]

Offe sieht die Gefahr eines Funktionsverlusts des Staates, der seinen Aufgaben kaum noch nachkommen kann, zumal er seine Pflichten nicht durch Steuerausgaben, sondern durch Schulden erfüllt. „Wie Wolfgang Streeck in zahlreichen neueren Veröffentlichungen nachgewiesen hat, befinden sich die Staaten der OECD-Welt, was die Art ihrer Finanzierung angeht, auf dem Weg vom klassischen Steuerstaat zum kreditfinanzierten Schuldnerstaat – und das bei langfristig gegen null gehenden Wachstumsraten in den entwickelten kapitalistischen Demokratien! Der Staat der kapitalistischen Ökonomie ist auf dem Wege, seine für diese Ökonomie unverzichtbaren Funktionen nur noch unter künstlicher Beatmung erfüllen zu können, die wiederum von der Finanzindustrie übernommen wird."[97] Diese Ausführungen bestätigen die Überlegungen Jahndorfs, der die modernen westlichen Staaten bereits vor zehn Jahren als Schuldenstaaten charakterisierte.[98]

Diese Verschuldung des Staates und der Transfer des Geldes in die Ökonomie ist Ausdruck der Überforderung, welcher sich der Staat gegenüber sieht. Dazu gehören die Sozialsysteme und die Palette öffentlicher Leistungen ebenso wie Subventionen und neuerdings die Ausgaben des „Krisen"-Managements. Den vielfältigen Ansprüchen, die an den Staat herangetragen werden, wird er dadurch gerecht, dass er die Wirtschaft durch artificial spending aufbläht. Der Staat selbst ist mit seiner steuerbasierten Finanzkraft gar nicht mehr fähig, all seinen Verpflichtungen nachzukommen, weshalb er beständig mehr Geld nachfragt, um die

---

95 Vgl. Dieter Biehl: Budgetkonzepte als Ziel- und Messgrößen für die finanzpolitische Konjunktursteuerung. Der konjunkturneutrale und der konjunkturgerechte Haushalt, in: Hans K. Schneider/Waldemar Wittmann/Hans Würgler (Hrsg.): Stabilisierungspolitik in der Marktwirtschaft, Berlin 1975, S. 876 ff.
96 Werner Hofmann: Abschied vom Bürgertum, Frankfurt am Main 1970, S. 116f.
97 Claus Offe: Europa in der Falle, in: Blätter, H. 1, Jg. 58 (2013), S. 74.
98 Vgl. Christian Jahndorf: Grundlagen der Staatsfinanzierung durch Kredite und alternative Finanzierungsformen im Finanzverfassungs- und Europarecht, Heidelberg 2003, S. 85.

3. Künstliches Wachstum (artificial spending)

Wirtschaftskraft zu steigern und das vielfältige Aufgabenspektrum zu erfüllen. Um nicht große Anteile des Volkseinkommens mit Steuern zu belasten, fragt der Staat das Geld auf den Finanzmärkten nach. Die voranschreitende Vernetzung und Deregulierung der Finanzmärkte ermöglichte eine steigende Verschuldung, ohne höhere Steuern erheben oder auf die inländischen Depositen zugreifen zu müssen. Das private Vermögen blieb für Konsumzwecke erhalten, wodurch der staatliche Konsum den privaten ergänzte und ihn nicht ersetzte. Dass der Anteil der Einkünfte, die dem Finanzsektor durch Finanzierung von Staatsschulden zufließen, beständig zunimmt[99], bestätigt diese Entwicklung. Statt des Bildes mit der künstlichen Lunge beschreibt ein Blasebalg, der die Temperatur eines Feuers erhöht, diesen Zustand des kreditfinanzierten Staates besser.

Faktisch besteht zwischen dem Geld der Zentralbank und aus dem Ausland bezogenem Geld kein Unterschied, denn beide beruhen nicht auf Ersparnissen der Teilnehmer einer einzelnen Volkswirtschaft. Mit der vorangeschrittenen Integration und Vernetzung der Finanzmärkte wurde es für die Staaten immer einfacher, an zusätzlichen Kredit zu gelangen, ohne auf die Ersparnisse ihrer Bürger zugreifen zu müssen. Zentralbank-Geld und Kredite aus dem Ausland sind ähnlich dem Bild des Monetaristen Friedman mit dem Helikopter in die Ökonomie geworfene Scheine. In den vergangenen Jahrzehnten wuchs die Wirtschaft. Gleichzeitig nahmen die Schuldenstände der Staaten zu, weil sie dieses künstliche Wachstum beständig nährten. Die Schuldenberge sind Ausdruck der Verpflichtungen des Staates, die er irgendwann in der Zukunft mit Erspartem und folglich Konsumverzicht begleichen müsste. Weil das Modell des artificial spending sinkende Staatsausgaben und eine schrumpfende Wirtschaftsleistung nicht vorsieht, erscheint ein reduziertes staatliches Ausgabenniveau unwahrscheinlich.

Wenn der Staat seine Schuldenpolitik aufgibt und kein zusätzliches Geld in die Zirkulation einspeist, bricht die künstliche wirtschaftliche Leistung ein und die Ökonomie schrumpft zusammen. Dieser Effekt ließ sich in der Eurokrise beobachten, in der die Regierungen aufgrund der fehlenden Refinanzierung am Finanzmarkt durch staatlichen Konsumverzicht die Volkswirtschaften in die Rezession führten. Griechenland weist die gleichen Probleme auf wie Italien oder der gesamte Rest der Eurozone. „So finden sich die europäischen Krisenländer in eine Situation zurückgeworfen, die ihrer ‚eigentlichen‘ wirtschaftlichen Leistungsfähigkeit entspricht und der sie dank des [...] von [...] Finanzinvestitionen angetriebenen [...] Booms eine Zeit lang wie in einem Drogenrausch entkommen

---

99 Vgl. Offe 2013, S. 74.

waren."¹⁰⁰ Pfaller nutzt das gleiche Bild wie Weidmann, der einer Staatsfinanzierung über Anleiheankäufe der Notenbank vorwirft, sie würde süchtig machen. Treffend scheint es sich im Sinne von Dahrendorf um einen „Kapitalismus auf Pump" zu handeln. Der Staat verschuldet sich beständig, um die Ökonomie anzuheizen. Dabei ist die Bezeichnung des Pump-Kapitalismus auch dann treffend, wenn sich der Staat nicht bei privaten Gläubigern, sondern bei der Zentralbank verschuldet. Sogar im Falle des mit der Notenpresse geschöpften Geldes kann von Borgen oder einer Lebensweise auf „Pump" die Rede sein, denn der gegenwärtige Staat verschuldet sich gegen sich selbst in der Zukunft, was nichts anderes bedeutet, als das die kommende Generation die Schulden zurückzahlen muss. Selbst wenn sie die Schulden nicht begleicht, was bisher auch noch keine Generation gemacht hat, muss sie zumindest die Zinsen für die Schulden tragen. Die heutige Generation verpflichtet ihre Kinder. Es wird sich zeigen, dass diese Annahme nur für die Marktwirtschaft gilt und in der Vollkasko-Ökonomie aufgehoben wird.

Artifizielles Wirtschaftswachstum bietet viele Vorteile für die Regierungen aber auch die Bürger, weshalb es das führende Ordnungsmodell seit den 1970er Jahren ist. Prinzipiell lässt sich eine Dynamik generieren, welche eine ausgewachsene und ohne mit Krediten oder mit gedrucktem Geld befeuerte Wirtschaft nicht an den Tag legen würde. Im Gegensatz zu den Schwellenländern sind die Volkswirtschaften der westlichen Gesellschaften weitgehend gesättigt, wodurch die natürlichen Wachstumsraten schrumpfen. Die gesellschaftliche Verteilung der Güter gestaltet sich für die Politik einfacher, wenn große Teile des BIP zu vergeben sind, als wenn die Tarifparteien um einen kleinen Überschuss streiten. Ein Blick nach Deutschland soll diese Entwicklung mit Zahlen belegen. Schiller hatte einzig in der kurzen Phase der Großen Koalition von 1966 bis 1969 eine antizyklische Konjunkturpolitik etablieren können. Bereits mit der Ägide der sozialdemokratischen Kanzler kippte die nivellierende und glättende Wirtschaftspolitik. Mit Duldung der Liberalen setzte die Bundesregierung auf eine permanente Wachstumsstimulation.

Während sich bei staatlichen Investitionsprogrammen, die sich aus Krediten von Sparguthaben finanzieren, schon die Frage nach der Marktwirtschaftskonformität des Eingriffs stellt, liegt beim Einsatz neu geschöpften Geldes ein Indiz für die Abkehr von der traditionellen Wirtschaftsordnung vor. Zentralbanken mit ihren Instrumenten brauchen sich grundsätzlich keinen marktwirtschaftlichen Mechanismen unterwerfen. Das neu gedruckte Geld hat kein Waren-Äquivalent und

---

100 Alfred Pfaller: Die „Eurokrise": Wenn Wirtschaften über ihre Verhältnisse wachsen, in: Neue Gesellschaft/ Frankfurter Hefte, H. 6, Jg. 68 (2013), S. 18.

3. Künstliches Wachstum (artificial spending) 65

es verändert den Zins, der sich bei einem gegebenen Gleichgewicht von Angebot und Nachfrage vorhandener Liquidität einpendeln würde. Vom Staat für die Zwecke des artificial spending gedrucktes Geld entstammt nicht dem Wirtschaftskreislauf, wodurch es weder Ausdruck einer größeren Gütermenge, noch einem abgetretenen Güteranspruch entspricht. Es entstammt nicht dem kapitalistischen Produktionsprozess und dient nicht eo ipso der Vorfinanzierung neuer Güter.

Die zusätzliche Nachfrage erhöht die Preise und bietet damit den Anreiz für die Ausweitung der Produktion. Helmut Schmidt brachte dieses Problem und die Haltung der Politik mit seiner prägnanten Einschätzung auf den Punkt: „Lieber fünf Prozent Inflation als fünf Prozent Arbeitslosigkeit." Bei den Eingriffen des Staates besteht prinzipiell die Tendenz zu Preissteigerungen. Neu geschöpftes Geld kann den intendierten Nutzen nur bei ausreichender Aufnahmefähigkeit der Wirtschaft entfalten: Einzig bei freien Produktionskapazitäten oder ausreichenden Investitionskapazitäten und flexiblem Arbeitsmarkt mit Absorptionsfähigkeit lässt sich die ökonomische Leistung steigern. Die Wirtschaft muss fähig sein, den neuen monetären Treibstoff überhaupt zu verarbeiten. Die steigende Nachfrage und Auslastung der Produktionskapazität führt zu steigenden Preisen und einer größeren Gütermenge. Sofern der finanzielle Impuls jedoch nicht verarbeitet werden kann, führt die zusätzliche Geldmenge nur zu Preissteigerungen.

Zu jeder Theorie existiert eine Erwiderung und es liegen Studien vor, die zu einem gegenteiligen Ergebnis führen, nämlich dass steigende Staatsausgaben zu sinkenden privaten Investitionsausgaben führen. Hierfür wird der Effekt des „growding out"[101] – des Verdrängens – angeführt, der dazu führt, dass staatliche Investitionen die privaten ersetzen. Der Idee des Verdrängens privater Investitionstätigkeit durch staatliches Engagement widersprach von jeher Wolfgang Stützel mit seinem Konzept des „Springbrunnens". Es besagt, dass staatlich nachgefragtes Geld ähnlich der Fontäne eines Springbrunnens in den Gesamtkreislauf zurückfließt und erneut zur Verfügung steht.[102] Darüber hinaus kann sich der Staat eventuellen Zinssteigerungen entledigen, indem er auf ausländische Kreditmärkte ausweicht. Mit der Vernetzung der Finanzmärkte konnte der Staat auf ausländisches Kapital zugreifen, was sich in steigender Auslandsverschuldung widerspiegelt.

Im Vergleich zum deficit spending wirkt artificial spending auf einer anderen Ebene des Wirtschaftsprozesses. Deficit spending gleicht den marktwirtschaftlich-kapitalistischen Konjunkturverlauf aus. Ergebnisse der Marktprozesse, Re-

---

101 Vgl. Robert Dohm: Staatsverschuldung mit Verdrängungseffekt?, in: Diethard Simmert/Kurt Dieter Wagner (Hrsg.): Staatsverschuldung kontrovers, Köln 1981, S. 381ff.
102 Vgl. Renate Ohr: Budgetpolitik in offenen Volkswirtschaften. Eine modelltheoretische Analyse ihrer binnen- und außenwirtschaftlichen Wirkungen, Berlin 1987, S. 32.

aktionen und Anpassungsmechanismen, die auch Insolvenzen und Marktbereinigungen zu Folge hätten, werden ausgeschaltet. Artificial spending vermag diese Konjunkturglättung ebenfalls gewährleisten, es weist aber noch andere Effekte auf. Artificial spending setzt zuallererst an der Größe der Wirtschaft an. Indem der Staat seine Ausgaben erhöht und seine Substanz – der Staatskörper – wächst, wächst auch die Volkswirtschaft. Durch den beständigen Fluss des Staatsgeldes erhöht die Politik die Produktion der Gesamtwirtschaft. Durch den Ausgabenmultiplikator führt jede staatliche Ausgabe zu einer überproportionalen Ausdehnung der Gesamtausgaben. Der Staat fragt nicht nur die Güter des marktwirtschaftlichen Teils der Gesamtwirtschaft nach, sondern er handelt selbst als Unternehmer. Unternehmen auf kommunaler, Landes- und Bundesebene tragen ihren Teil zum Bruttoinlandsprodukt bei, ohne marktwirtschaftlichen Mechanismen zu unterliegen: Wenn Staatsbetriebe Verluste einfahren, werden sie durch den Staatshaushalt gestützt. Weil der Staat für seine Ausgaben gedrucktes oder aus dem Ausland geborgtes Geld einsetzt, findet kein Nullsummenspiel statt. Der Staat konsumiert nicht nur jenen Teil, den der Steuerzahler abtritt. Er bringt noch etwas mehr mit, wodurch die Wirtschaft zusätzlich zum Einkommensmultiplikator wächst. Dieser Prozess funktioniert nur solange das Produktionspotential der Gesamtwirtschaft wächst. Bei Auslastung der Kapazitäten und fehlenden Investitionen in den Produktionsapparat mündet das zusätzliche Geld in der Inflation.

Der Staat vermag mit seinen Ausgaben die Marktwirtschaft über das natürliche Wachstumsniveau hinaus anzuheben. Er kann die Investitionstätigkeit über die Grenze, die durch die gesamtgesellschaftliche Spartätigkeit vorgegeben ist, überwinden. In diesem Prozess flößt der Staat nicht nur beständig neues Geld in den marktwirtschaftlichen geordneten Teil der Gesamtwirtschaft, sondern diese Wirtschaftspolitik schafft neben der Marktwirtschaft einen ausgedehnten öffentlichen Sektor. Die Institutionen und Angestellten des öffentlichen Sektors dienen als Ausgabenkanäle der Haushaltsmittel. Diese parallelen Strukturen, mit ihren beständigen, sicheren Einkommen und entsprechenden Ausgaben ergänzen und stabilisieren die volatile, durch konjunkturelle Zyklen gekennzeichnete Marktwirtschaft. Artificial spending verzerrt marktwirtschaftliche Prozesse und wirkt auf das Preissystem ein. Zwar muss der Steuerzahler auch das gedruckte oder geborgte Geld, mit dem das artificial spending der öffentlichen Hand finanziert wird, irgendwann zurückzahlen. Doch erstens verhindert die Politik durch beständige neue Aufnahme von Schulden die endgültige Rückzahlung. Andererseits spart niemand heute mehr, weil er in der Zukunft aufgrund der staatlichen Verschuldung Steuererhöhungen erwartet – diese Annahme ist realitätsfern. Aus diesem Grund verringern höhere Staatsausgaben im öffentlichen Sektor nicht die Ausgaben in der – fiktiv abgegrenzten – Marktwirtschaft, wodurch die Gesamtwirtschaft beständig wächst.

Neben diesen makroökonomischen Beziehungen greift der Staat in die mikroökonomischen Systeme ein. Sozialleistungen können das Preisniveau verzerren und den Preismechanismus, der Angebot und Nachfrage in Einklang bringt, außer Kraft setzen.[103] Überhöhte Arbeitslosenhilfe führt zu einer Einschränkung des Arbeitskräfteangebots. Gruppenspezifische Staatsausgaben wie Subventionen verletzen den Marktmechanismus vollends, da sie strukturelle Anpassungsprozesse verhindern.

4. Vollkasko-Ökonomie (unlimited spending)

Der bisherige Weg von der freien Marktwirtschaft über das deficit hin zum artificial spending wird durch einen weiteren letzten Schritt komplettiert, der die Marktwirtschaft zur Vollkasko-Ökonomie transformiert. Es zwingt sich förmlich in die Logik, dass die Vollendung dieser Entwicklung im unlimited spending zu suchen ist. Die Elemente dafür sind alle vorhanden und finden sich in Ansätzen bereits entlang des bisherigen Weges. In der ursprünglichen Marktwirtschaft bestimmen Konjunkturzyklen das Auf und Ab der Wirtschaftsbewegung, woraus volkswirtschaftliche Verluste und Arbeitslosigkeit entstehen. Beim deficit spending gibt der Staat in konjunkturellen Schwächephasen mehr Geld aus, um die Wirtschaft wieder auf den Wachstumskurs zu führen und Arbeitslosigkeit aus zyklischen Schwankungen zu verhindern. Beim artificial spending behält der Staat diese Ausgaben bei, sodass die Wirtschaft über ihre reguläres Niveau angehoben wird und ein höheres Produktionspotenzial besitzt, als es der Fall wäre, wenn sich der Staat konjunkturneutral verhielte. Mit diesem Ausgabenverhalten vermag die Volkswirtschaft einen zusätzlichen Überschuss zu erwirtschaften, der für sozialpolitische Zwecke verteilt werden kann und den der Staat nutzt, um die Zinsverbindlichkeiten zu bedienen.

Unlimited spending setzt die Entwicklung hin zu einer Glättung konjunktureller Zyklen fort, allerdings zeichnet sich unlimited spending durch einen stärker monetären Faktor aus, der sie von den vorherigen Entwicklungsstufen der Metamorphose der Marktwirtschaft unterscheidet. Statt eines stärkeren Eingriffs des Staates mit fiskalpolitischen Maßnahmen – also Markteingriffen über sein

---

103 Vgl. Kurt Schmidt: Zur ordnungspolitischen Problematik wachsender Staatsausgaben, in: Herbert Timm/Heinz Haller (Hrsg.): Beiträge zur Theorie der öffentlichen Ausgaben, Berlin 1967, S. 160.

Ausgabenverhalten – tritt die Geldpolitik in den Vordergrund. Aufgrund dieser neuen Strukturen verliert das alte Ordnungsmodell der Marktwirtschaft weiter an Bedeutung und wird schrittweise durch ein neues System ersetzt. Zu den wesentlichen Charakteristika dieser neuen Wirtschaftsordnung gehören das Ausschalten des Risikos und der damit verbundene Insolvenzmechanismus. Die zur Marktwirtschaft gehörigen privatwirtschaftlichen Entscheidungen aufgrund der Abwägung von Rentabilität und Risiko einer Investition werden durch neue Entscheidungsprozesse ersetzt. Die Verteilung des Kapitals und der Arbeit – die Allokation – erfolgt nicht mehr unter Effizienzkriterien. Das politische System interveniert mit der Geldpolitik umfassend in die marktwirtschaftlichen Strukturen, wodurch die Marktgesetze ihre Gültigkeit verlieren. Als Ausdruck für unlimited spending markiert der Überfluss des zur Verfügung stehenden Geldes den Verlust marktwirtschaftlicher Budgetrestriktionen.

Die gesamtgesellschaftliche Konsequenz der Verzerrung marktwirtschaftlicher Gesetze lässt sich am ehesten vergleichen mit dem Vollkasko-Prinzip, welches sich bei Versicherungen findet. Durch die fehlende Effizienz des Systems und das Ausschalten der Marktbereinigung durch Pleiten wälzen die Wirtschaftssubjekte ihr Risiko auf andere ab. Die Marktwirtschaft entwickelt sich zur Vollkasko-Ökonomie, denn schließlich zahlt die Allgemeinheit für die politisch angeordnete fehlende Effizienz des Systems und das Abkoppeln von Rendite und Risiko: Die Kosten für den Betrieb des Wirtschaftssystems steigen an. Weidmann sieht diese Gefahr deutlich, wenn er ausführt, bei den bisherigen Krisenmaßnahmen wurden beträchtliche Risiken vergemeinschaftet, und die disziplinierende Wirkung von Zinsen wurde zunehmend geschwächt."[104] Der deutsche Finanzminister Wolfgang Schäuble unterstreicht diese Entwicklung weg von der traditionellen Wirtschaftspolitik: „Für alle Zentralbanken ist es entscheidend, rechtzeitig Abschied von ihren außergewöhnlichen Maßnahmen zu nehmen, um zu verhindern, dass die großzügige Liquiditätsversorgung nicht zu einem Inflationsdruck wird."[105] Aus der Aussage lässt sich sein Blick auf die Probleme der Vollkasko-Ökonomie deuten: Schäuble erkennt mit den „außergewöhnlichen Maßnahmen" die außer Kraft gesetzten Marktmechanismen an.

In der Vollkasko-Ökonomie senken die Regierungen über ihre Zentralbanken die Zinsen für die Staatsanleihen auf ein zu vernachlässigendes Niveau. Damit einher geht die Ausdehnung der Geldmenge. Schließlich senken die Zentralbanken die Qualität der Sicherheiten ab, die von den Banken aufgebracht werden müssen, um sich bei ihnen Zentralbank-Geld zu leihen. Mit dieser Vergabepra-

---
104 Der Euro verlangt eine Stabilitätsunion, in: SZ vom 27.06.2012.
105 Schäuble warnt vor Inflation durch Geldflut, in: Spiegel online vom 15.10.2012.

4. Vollkasko-Ökonomie (unlimited spending)

xis ermöglichen es die Zentralbanken, dass Geschäftsbanken mit schlechten Krediten das frisch gedruckte Geld der Zentralbanken erhalten, wodurch beständig Geld in die Wirtschaft fließt. Ein dritter Faktor der Geldausdehnung findet sich in kurzfristigen Hilfsprogrammen, Bankenstützungen und institutionalisierten Rettungsschirmen wie EFSF und ESM.

Im Mittelpunkt des unlimited spending finden sich die Zentralbanken und ihr Zentralbankgeld. Für das Verständnis der Vollkasko-Ökonomie rückt der Finanzverbund zwischen den Banken und dem Staat in den Vordergrund, den die allmächtige Zentralbank flankiert. Die Prinzipien dieser Verflechtung bestanden bereits vorher. In der Vollkasko-Ökonomie jedoch erhält diese Finanzbeziehung zwischen Banken und Staat eine neue Qualität. Prozesse, wie sie bereits in der wirtschaftspolitischen Phase des artificial spending Anwendung fanden, gelten prinzipiell ebenso für das unlimited spending der Vollkasko-Ökonomie. Allerdings finden neue Elemente Eingang, welche die Strukturen des artificial spending erweitern. Unlimited spending findet sich nicht nur in der Peripherie und den Krisenländern des Euroraums, sondern ebenso ansatzweise im Kern Europas aber auch in Japan und den USA. Es gibt insgesamt drei Mechanismen, welche die Funktionalität des unlimited spending ermöglichen, die sich gegenseitig verstärken und dieses neue Ordnungsmodell stabilisieren.

In der Vollkasko-Ökonomie nutzen die Staaten die geldpolitische Macht der Zentralbanken, um das Prinzip des Marktes zu überwinden. Im zweiten Kapitel wurden die zwei Arten der Gelderzeugung dargestellt. Einerseits die Geldschaffung mit marktwirtschaftlichem Charakter, andererseits die Ausdehnung der Liquidität durch die Mittel der Zentralverwaltung. In der Vollkasko-Ökonomie wechselt die Politik von der markt- zur zentralverwaltungswirtschaftlichen Geldschaffung. Die zentralverwaltungswirtschaftliche Geldschöpfung findet Anwendung auf die Finanzierung der Staaten ebenso wie bei der Refinanzierung der Banken und damit der Wirtschaft. Es sind zwei Stränge zu unterscheiden. Der eine Strang ist die marktfreie Finanzierung des Staates, der andere ist die nichtmarktwirtschaftliche Finanzierung der Banken und der Wirtschaft. Beides gewährleistet die Zentralbank.

In Kapitel 2.3 wurden die Unterschiede zwischen der Staatsfinanzierung dargelegt. Mit dem Übergang zur Vollkasko-Ökonomie wählt der Staat für sein artificial spending nicht mehr die Finanzierung über Märkte mit entsprechend marktwirtschaftlichen Regeln, sondern er nutzt den Eingriff der Zentralverwaltung, um sich sein Geld zu beschaffen. Die finanzielle Verflechtung zwischen Staaten und Zentralbank beruht auf zwei Optionen. Die Staatsanleihen können als Sicherheiten für die Kreditvergabe der Geschäftsbanken an die Staaten genutzt werden.

Notfalls kann die Zentralbank die Staatsanleihen direkt aufkaufen, ohne dass die Staaten den Umweg über die Geschäftsbanken gehen müssen. Die Finanzierungsmethode mit Staatsanleihen als Sicherheiten für Offenmarktgeschäfte der Zentralbank soll als erstes im Mittelpunkt stehen, da mit dieser Methode das Gros der Staatsfinanzierung im Euroraum abgewickelt wird.

Die Finanzierung des Staates über Offenmarktgeschäfte der Zentralbank erfolgte traditionell auf marktkonforme Weise, indem die Staaten ihre Staatsanleihen an die Banken verkauften, die ihnen dafür Geld zur Verfügung stellen. Zwar war es den Banken auch bisher möglich, die Staatsanleihen an die Zentralbank weiterzureichen, um dafür Geld zu erhalten. Der Unterschied zur Finanzierung in der Marktwirtschaft liegt darin, dass die Zentralbank in der Vollkasko-Ökonomie bei der Geldvergabe die Kriterien des Marktes aufweicht. Als Instrument dient die Absenkung der Sicherheiten, die die Zentralbank für Geldgeschäfte entgegennimmt.

Die Staatsanleihen müssen eine gewisse Qualität aufweisen, damit sie von der Zentralbank entgegengenommen werden dürfen. Solange die Staatsanleihen ein hohes Ratingurteil aufweisen, können die Banken die Staatsanleihen entweder bei der Zentralbank eintauschen, oder sie können sie bei anderen Banken verpfänden. Solange die Staatsanleihen ein gutes Rating aufweisen, werden sie stets als Grundlage der Kreditvergabe akzeptiert. Unterschreitet das Bonitätsurteil der Staatsanleihen eine gewisse Qualität, dürfen sie von der Zentralbank nicht mehr als Sicherheit für die Kreditvergabe akzeptiert werden. Das ergibt sich daraus, dass Privatbanken bei schlechtem Rating ebenso nicht bereit wären, Staatsanleihen für die Kreditvergabe entgegenzunehmen. Verleiht die Zentralbank Geld an Banken und nimmt sie dafür Staatsanleihen als Sicherheit entgegen, muss sie darauf bedacht sein, bei Ausfall der Kreditsumme der Bank die Staatsanleihen bei anderen Kreditinstituten wieder gegen Geld eintauschen zu können. Es nützt der Zentralbank nichts, Staatsanleihen gegen Geld zu tauschen, wenn sie diese nicht wieder gegen Geld zurücktauschen kann. Die Sicherheiten müssen stets am Markt liquidiert werden können. Die Möglichkeit, Sicherheiten am Markt wieder zu Geld machen zu können, ist ebenso eine Bedingung, welche Geschäftsbanken an Geldgeschäfte stellen. Die Finanzierung der Staaten ist von der Marktfähigkeit ihrer Staatsanleihen abhängig. Nur solange die Staatsanleihen am Markt gehandelt werden, können die Staaten Kredit aufnehmen. Wenn die Geschäftsbanken die Anleihen nicht mehr akzeptieren, erhalten die Staaten kein Geld mehr. Weil die Zentralbank ebenfalls ihr gegen Staatsanleihen verliehenes Geld von anderen Banken nur dann zurückerhält, wenn private Finanzinstitute die Staatsanlei-

4. Vollkasko-Ökonomie (unlimited spending)

hen akzeptieren, gelangen die Staaten über den Umweg der Banken nur solange an das Zentralbankgeld, wie ihr Rating stimmt. Diese marktkonforme Finanzierung der Staaten ist abhängig von der Qualität der Staatsanleihen, welche die Zentralbank von den Banken für die Herausgabe von Zentralbankgeld fordert. In der Vollkasko-Ökonomie senkt die Zentralbank die Qualität dieser Sicherheiten ab. Indem sie die Qualität der Staatsanleihen mindert, greift die Zentralbank in das Marktsystem ein, denn wenn sie auch Staatsanleihen als Sicherheit akzeptiert, die aufgrund ihres schlechten Ratings unter den Marktregeln von den Banken nicht mehr entgegengenommen würden, verwässert sie die Regeln der Kreditvergabe. Wenn ein Land auf dem Finanzmarkt kein Geld mehr erhält, würde keine Bank mehr Staatsanleihen von diesem Land kaufen. Dementsprechend dürfte auch die Zentralbank keine Staatsanleihen von diesem Land als Sicherheit für die Kreditvergabe in ihrem Sicherheitenpool akzeptieren, weil sie diese nicht mehr am Markt liquidieren kann. Grundsätzlich kann die Zentralbank die marktwirtschaftliche Kreditvergabe imitieren. Wenn der Markt die Staatsanleihen nicht mehr aufnimmt, darf sie es auch nicht – gesetzt den Fall, sie will sich marktwirtschaftskonform verhalten. Doch sie muss sich darauf nicht verpflichten: Es steht ihr frei, für die Kreditvergabe an die Geschäftsbanken auch solche Papiere aufzunehmen, die schlechte Qualität besitzen. Damit setzt sie marktwirtschaftliche Mechanismen außer Kraft. Normalerweise würden bei minderwertigen Staatsanleihen die Zinsen steigen, wodurch die Kosten für den Staat zunehmen. Das Angebot an Staatsanleihen nähme ab oder die Papiere würden nicht mehr nachgefragt, weil sie nicht weiter gehandelt werden können. Der Staat verlöre an Einnahmen und müsste mit Reformen seine Reputation am Finanzmarkt aufbessern. Indem sie die Staatsanleihen mit schlechter Qualität weiterhin akzeptiert, unterbindet die Zentralbank diesen Prozess hin zu einem Gleichgewicht. Weil die Geschäftsbanken mit den Staatsanleihen von insolventen Staaten trotzdem neues Geld von der Zentralbank erhalten, haben sie keinen Anreiz, die Kreditvergabe an Staaten mit Zahlungsproblemen einzustellen. Es ist nicht nur so, dass die Zentralbank mit der Entgegennahme von „schlechten" Staatsanleihen die Staaten stützt. Sie greift darüber hinaus elementar in die Marktwirtschaft ein: Banken würden solch schlechte Staatsanleihen gar nicht kaufen, weil sie darauf sitzen bleiben könnten. Vielleicht würden sie andere Zinsen verlangen, vielleicht würden sie die Papiere gar nicht handeln. Wenn aber die Zentralbank diese Staatsanleihen weiterhin als Sicherheit akzeptiert, schafft sie den Staatsanleihen einen Markt, der sonst gar nicht vorhanden wäre. Sie schafft einen künstlichen Markt, der nur durch die staatliche Verwaltung gestützt wird. Semantisch korrekt schafft sie den Markt eigentlich ab.

Die staatliche Zentralverwaltung und die Zentralbank müssen die marktwirtschaftlichen Strukturen des Ordnungsmodells aufrechterhalten. Angenommen es gäbe keine Zentralbank, so wäre klar, dass die Staaten bei ihrer Verschuldung am Finanzmarkt auf ihr Rating achten müssten. Wenn der Finanzmarkt die Staatsanleihen nicht mehr absorbieren würde, wäre die Verschuldungspolitik schnell beendet. Die Staaten wären bei ihrer Finanzierung voll von den Marktprozessen abhängig, und wenn die Finanzinstitute Zweifel an der Marktfähigkeit der Papiere hätten, würden sie keine mehr kaufen. Ohne Zentralbank käme den Staaten niemand zu Hilfe und die Bedingungen für die Verschuldung wären härter. Dieses Szenario soll einzig der Veranschaulichung dienen, wie die Zentralbank als Institution der Zentralverwaltung das marktwirtschaftliche Ordnungsmodell außer Kraft setzen kann und wie es wirken würde, wenn keine Intervention stattfände.

Um die Vorteile der Marktwirtschaft für die Staatsfinanzierung fruchtbar machen zu können, hatte die Politik der Zentralbank die Restriktion erteilt, sie müsse sich marktkonform verhalten. Dazu zählt die Qualität der Staatsanleihen als Sicherheit für geldpolitische Geschäfte mit Geschäftsbanken. Die Politik hat mit der Zentralbank aber die Macht, die marktwirtschaftliche Finanzierung der Staaten aufzuheben und als die Regierungen spürten, dass die marktwirtschaftliche Finanzierung nicht nur Vorteile, sondern ebenso Nachteile in sich birgt, haben sie von der Zentralbank Gebrauch gemacht. Als für Griechenlands Staatsanleihen das Ausfallrisiko stieg und die Nachfrage einbrach, intervenierte die EZB und akzeptierte die minderwertigen Staatsanleihen weiterhin für die Geldgeschäfte mit den Finanzinstituten. Schlicht gesagt hätte Griechenland vom Privatsektor kein Geld mehr erhalten, weil die Banken die griechischen Staatsanleihen nicht mehr als Sicherheiten für Geldgeschäfte untereinander akzeptiert hätten. Die Geschäftsbanken hätten die Staatsanleihen aufgrund ihrer geringen Bonität auch nicht mehr als Sicherheit für Geldgeschäfte mit der Zentralbank nutzen können. Daher verkündete die Zentralbank am 3. Mai 2010, griechische Staatsanleihen weiterhin als Pfand zu akzeptieren, obwohl das Urteil der Ratingagenturen einen Ausschluss aus dem Sicherheitenpool gefordert hätte. Wiederholt hat die EZB die Standards für den Ankauf Staatsanleihen gesenkt, wodurch die Banken diese Papiere an die EZB verkaufen konnten und den Staaten damit Zeit verschafften.[106]

Die Zentralbank kann zweitens – als ultima ratio – Staatsanleihen direkt am Sekundärmarkt aufkaufen. Die Staaten verkaufen ihre Anleihen in normalen Zeiten an private Investoren. Dafür verlangen diese einen Risikoaufschlag in Form

---

106 o.V.: Wie ist die neue Offenmarktpolitik der Europäischen Zentralbank zu bewerten?, in ifo Schnelldienst H. 21, Jg. 63 (2010), S. 3.

4. Vollkasko-Ökonomie (unlimited spending)

des Zinses. Die Investoren prüfen mit Hilfe der Ratingagenturen die Staaten ebenso wie Firmen und der daraus abgeleitet Zins bildet die betriebs- oder volkswirtschaftliche Leistungsfähigkeit ab. Es ist jedoch ebenso möglich, dass die EZB diese Anleihen kauft. Sie verändert mit diesem Ankauf den Zins an den Märkten und kann prinzipiell alle Preise zahlen. Ihr Handeln ist keinerlei marktwirtschaftlichen Restriktionen unterworfen. Die stete Forderung nach Anleihekäufen durch die EZB stellt unter technischen Aspekten kein Problem dar. Anstatt die Staatsfinanzierung über Märkte zu organisieren, die über den Zins als marktwirtschaftliches Steuerungsinstrument verfügen, bevorzugen nicht nur die Regierungen der Euro-Peripherie die Finanzierung über die EZB und ihre Notenpresse. Diese geldpolitische Strategie entledigt sich marktwirtschaftlicher Kriterien und deutet tendenziell auf eine Abkehr vom marktwirtschaftlichen Ordnungsmodell, denn sie „schirmt den Problemstaat gegen die Außensteuerung durch den Markt ab"[107]. Schäuble erkannte die Gefahr, die daraus resultierte, die Finanzierung von den Märkten abzukoppeln. Er erklärte jedoch die Notwendigkeit, die in Krisenzeiten die geldpolitischen Eingriffe der Staaten legitimiere: „Vor diesem Hintergrund steht die Politik in der Pflicht, die Tendenz der Finanzmärkte zu konterkarieren, die Krise auch noch zu verschärfen. Dies bedeutet aber keineswegs, dass wir auf den Marktzinsmechanismus als Disziplinierungsinstrument verzichten oder ihn außer Kraft setzen wollen. Ganz im Gegenteil: Regierungen sind auf die Märkte angewiesen, weil nur sie Fehlentwicklungen offenbaren, die Regierungen nicht immer hören möchten, und nur sie die Disziplin erzwingen, hieraus die richtigen Konsequenzen zu ziehen."[108]

Neben die staatliche Geldbeschaffung tritt als zweiter Strang der Vollkasko-Ökonomie die Ausdehnung der Geldmenge für die Wirtschaft. Hier findet das gleiche Prinzip Anwendung: In den letzte Jahren senkte die EZB sukzessive die Schwelle der Sicherheiten für Geldgeschäfte ab. Statt bei der Vergabe von Geld an Banken durch den Ankauf von Wertpapieren nur jene mit hoher Qualität zu akzeptieren, die jederzeit wieder eingetauscht werden können – die also „marktfähig" sind – nahm die EZB zunehmend Papiere mit schlechter Qualität entgegen. Wenn Banken Kredite vergeben und Schuldner über eine ausreichende Bonität verfügen, können die Banken die Kreditansprüche bei der EZB gegen Geld tauschen. In diesem Falle verteilen die Banken das Zentralbankgeld an die Privatwirtschaft. Schlechte Kredite, d. h. Kredite, welche die Bonitätsschwelle der EZB unterschreiten, dürften nicht gegen Zentralbankgeld getauscht werden. Banken erhalten neu-

---

107 Horn 2011.
108 Wolfgang Schäuble: Staatsfinanzen in der Eurozone. Ansätze zur Bewältigung der aktuellen Herausforderungen, in: ZSE, H. 3, Jg. 9 (2011), S. 303.

es Geld, indem sie ihre Aktiva wie einzelne und schlechte Unternehmenskredite eintauschen. Die Zentralbank entwickelt sich zum Sammelbecken schlechter Wertpapiere.[109] Indem die EZB die Sicherheitsschwellen absenkt und regulär als „Ramschstatus" klassifizierte Kredite gegen Zentralbankgeld eintauscht, schleust sie mehr Geld ins System als unter marktwirtschaftlichen Bedingungen angemessen wäre. Unternehmen, die aufgrund ihrer Geschäftssituation keine Kredite erhalten würden, erlangen durch diese Vergabepraxis trotzdem finanzielle Mittel. Geschäftsbanken würden Unternehmen mit schlechtem Rating kein Geld geben. Es besteht nicht nur die Gefahr, dass sie es nicht wieder erhalten. Hinzu tritt das Problem der fehlenden Handelbarkeit des Unternehmenskredits, denn andere Banken würden den Unternehmenskredit als Pfand für ihre Kredite nicht entgegennehmen. Eine schlechte Bonität führt zum Ausscheiden des Unternehmens aus dem Kreditmarkt. Ganz anders, wenn die Zentralbank alle Kredite für die Geldvergabe akzeptiert. Der Kredit eines unrentablen Unternehmens ließe sich dann von einer Geschäftsbank als Sicherheit nutzen, damit sie ihn in ihrem Sicherheitenpool hinterlegt, um sich bei der Zentralbank neues Geld zu leihen. Indem die Zentralbank schlechte Sicherheiten akzeptiert, weicht sie die Marktwirtschaft auf.

Die Geldmengenausweitung ist abhängig von der Qualität der Papiere, welche die Banken entgegennehmen. Es ist für die Kreditvergabe egal, ob Privat- oder Zentralbanken die Kreditausweitung betreiben – sofern sie schlechte Papiere als Sicherheit für die Geldgeschäfte akzeptieren, wird sich die Geldmenge unabhängig von der Institutsform ausdehnen. Sie dehnt sich dabei über das Niveau aus, das vorläge, wenn strenge marktwirtschaftliche Kriterien angelegt würden. Denn je strenger die Regeln der Kreditvergabe, desto geringer das Kreditvolumen und damit die Geldmenge. Im Dezember 2011 stellte die EZB den Banken für diese geringwertigen Sicherheiten insgesamt eine Billion Euro zur Verfügung. Sie tauschte auch schlechte Kredite oder Kredite mit kleiner Stückelung oder völlig unbesicherte Anleihen der Banken gegen Geld. Die Geldmenge in der Eurozone vergrößerte sich von 2000 bis 2008 um knapp 90 Prozent.[110] Seit 2007 hat sie sich auch aufgrund dieser Kreditpraxis von 1.300 auf 3.100 Milliarden Euro mehr als verdoppelt.

Staaten und Banken können eine Symbiose eingehen, um das Kreditvolumen und die Geldmenge auszudehnen. Dieser spezielle Fall liegt bei besicherten Bankanleihen vor. Banken verkaufen ihre eigenen Anleihen, welche von der Zentralbank gekauft werden. Mit Bankanleihen gelangen die Geschäftsbanken

---

109 Vgl. Die Bundesbank fordert von der EZB bessere Sicherheiten, in: FAZ vom 29.02.2012.
110 Cordelius Ilgmann/Ulrich van Suntum: Marktwirtschaft in der Kritik? Die Finanzkrise in historischer Perspektive, in: Die politische Meinung, Nr. 471 (Februar 2009), S. 38.

4. Vollkasko-Ökonomie (unlimited spending) 75

an Geld, ohne dass Staatsanleihen oder Unternehmenskredite als Sicherheit dienen. Sicherheit für solche Geldgeschäfte kann der Staat insoweit übernehmen, als er für die Bankanleihen bürgt. Hier ist deutlich die Tendenz zum ausgedehnten Einsatz der Notenpresse zu erkennen, die es den Banken erlaubt, die Geldmenge mit Erlaubnis der Zentralbank beliebig auszudehnen. Im Endeffekt läuft dieses Finanzierungsmodell darauf hinaus, dass die Banken die Höhe der ihnen zur Verfügung gestellten Gelder selbst steuern konnten: „Die Banken konnten folglich quasi selbst Geld drucken, indem sie Anleihen emittierten und sie bei der Zentralbank einreichten."[111] Der Markt für Bankanleihen besaß Anfang des Jahres 2012 ein Volumen von 263 Mrd. Euro.

Die Ausdehnung der Geldmenge mündet in einem kontinuierlichen Sinken des Zinses. Je mehr Geld zirkuliert, desto größer das Angebot und desto geringer der Zins. Gleichzeitig setzt die Zentralbank selbst das Zinsniveau bei ihren Geldgeschäften. Sie kann die Höhe autonom bestimmen. Je niedriger der Zins, den die Zentralbank fordert, desto geringer der Ansporn an Investitionen in der Realwirtschaft. Bei tiefem Zinsniveau kann eine Geldanlage einen mageren Gewinn abwerfen: Rentabilität und Effizienz der Volkswirtschaft sinken.

Es stellt sich die Frage, was das „natürliche" Niveau des volkswirtschaftlichen Wachstums und der Kreditvergabe sei und wie das unlimited spending darauf Einfluss nimmt. An dieser Stelle zeigen sich weitere Unterschiede zum artificial spending und der künstlichen Aufblähung der Volkswirtschaft durch den Staat: Beim unlimited spending ist es nicht das Ausgabenvolumen des Staates, welches auf die Wirtschaftsentwicklung Einfluss nimmt, sondern die Beeinflussung des Zinsniveaus verändert die ökonomischen Parameter. Im Vergleich zur Beeinflussung einer der wichtigsten Stellgrößen der Marktwirtschaft – des Zinses – nimmt sich das staatlich finanzierte fiskalpolitische artificial spending beinahe etwas plump aus.

Die „natürliche" Kreditvergabe für das Wachstum der Ökonomie würden die Anhänger einer restriktiven Kreditvergabe wie Hayek und die Österreichische Schule auf die vorhandenen realen Sparguthaben beschränken. Der durch den FDP-Mitgliederentscheid zur Eurokrise bekannt gewordene Frank Schäffler hat diese Idee im Zuge der anhaltenden Krisen seit 2007 wieder in die politische Debatte eingebracht: „Ein Zinssatz, der Sparen und Investieren zur Übereinstimmung bringt, den Geldwert stabil hält und die Volkswirtschaft auf einem nachhaltigen Wachstumspfad hält, ist der natürliche Zins."[112] Anhänger dieser Theorie

---
111 European Bad Bank, in: Welt am Sonntag vom 08.01.2012.
112 Frank Schäffler/Norbert F. Tofall: Währungswettbewerb als Evolutionsverfahren, in: Altmiks 2010, S. 138.

sind der Meinung, durch eine Beschränkung der Kreditvergabe auf die vorhandenen Sparguthaben wäre eine Überhitzung der Wirtschaft nicht möglich. Die Investitionen entsprächen den Ersparnissen: I=S.

Die Beschränkung der Investitionen auf die Sparguthaben oder die Ausdehnung darüber hinaus stellt kein Problem der Marktwirtschaft dar, sondern fällt in die Eigenheiten des Kapitalismus. Weil die kapitalistische Wirtschaft beständig wächst, ist eine Ausdehnung der Geldmenge über vorhandene Ersparnisse hinaus notwendig, um den Produktionsapparat wachsen zu lassen. Die Frage ist nicht, ob die Kreditvergabe über die Sparguthaben ausgedehnt werden muss, sondern um viel sie ausgedehnt werden darf, um marktwirtschaftlichen Restriktionen zu genügen. Wie bereits ausgeführt, entspricht die Ausdehnung der Geldmenge durch die Zentralbanken und die Kreditvergabe durch die Geschäftsbanken dann marktwirtschaftlichen Konditionen, wenn das Prinzip der Haftung zur Geltung kommt. Es gibt keine Formel oder Angabe für das Wachstum der Geldmenge: Die Wirtschaft ist zu komplex, es gibt zu viele Unternehmungen und zu viele Investitionsvorhaben, als dass sich die Geldmenge berechnen ließe. Das einzige Instrument, die Kreditvergabe marktkonform und restriktiv zu gestalten, ist ein volles Haftungsrisiko der Gläubiger, sodass sie nur Kredite vergeben, deren Rückzahlung sicher, deren Investitionsgrundlage rentabel genug und deren Sicherheiten ausreichend sind. Daraus resultiert eine restriktive Geldmengenausdehnung und ergo ein höherer Zins. Der höhere Zins wiederum führt zu strengen Sicherheiten bei der Kreditvergabe und entsprechender Auswahl der Investitionen, die rentabel genug sein müssen. Es liegt ein selbst verstärkendes System vor.

Die Banken können einerseits marktwirtschaftskonforme Kredite vergeben, dann würden sie keine schlechten Sicherheiten akzeptieren. Sie müssten die Gefahr der Zahlungsunfähigkeit fürchten, wenn sie an schlechte Kreditoren Geld verleihen. Wenn nur qualitativ hochwertige Sicherheiten akzeptiert würden, würde nicht so viel Kredit in die Zirkulation fließen. Das Prinzip der Haftung schließt eine übermäßige Kreditvergabe aus. Wenn aber die Zentralbank die Qualitätsstandards für die Vergabe von Zentralbankgeld absenkt, weil sie auch schlechte Papiere entgegennimmt, weiten die Banken ihre Kreditvergabe aus. Sie können jederzeit die schlechten Wertpapiere der Unternehmen an die Zentralbank weiterreichen. Gäbe es keinen Koordinator wie die Zentralbank, würden es sich die Geschäftsbanken überlegen, Unternehmen mit Krediten zu versorgen, die eventuell ausfallen könnten. Ihre Handelspartner würden solche Kredite nicht akzeptieren, wenn sie nicht ebenso das Risiko eingehen wollen, auf ihnen sitzen zu bleiben. Unter marktwirtschaftlichen Restriktionen wäre die Geldmengenausdehnung beschränkt – sie kann sich nur deshalb ausweiten, weil die Maßnahmen der Zentral-

4. Vollkasko-Ökonomie (unlimited spending)

verwaltung das Haftungsrisiko der Banken ausschalten, wodurch diese geneigt sind, Geld zu schlechteren Sicherheiten und in größerem Umfang zu verleihen. Die Geldmenge wird durch marktwirtschaftswidrige Kreditvergabe ausgedehnt und lässt den Zins sinken. In gleicher Weise wie die Zentralbankmaßnahmen wirken Zentralverwaltungseingriffe wie Bankenrettungsprogramme oder die dauerhafte Institution ESM. Sie führen ebenfalls dazu, dass Finanzinstitute ein höheres Risiko eingehen und die Kreditvergabe ausdehnen. Banken würden in einem viel geringeren Ausmaß Staatsanleihen in ihr Portfolio aufnehmen, wenn die Gefahr bestünde, dass diese durch staatlichen Zahlungsausfall wertlos würden. Durch Rettungsinstanzen wie den ESM oder ehemals der EFSF helfen finanzkräftige Regierungen anderen Staaten, einer eventuellen Insolvenz entgegenzuwirken. Die Finanzinstitute müssen aufgrund dieser Schutzsysteme keinen Zahlungsausfall fürchten. Die Rettungsinstitutionen verwässern das Prinzip von Gewinn und Haftung, weswegen die Banken geneigt sind, mehr Staatsanleihen zu kaufen. Durch den Handel mit ausfallsicheren Staatsanleihen dehnen Banken und Regierungen die Geldmenge aus.

Mit der gestiegenen Geldmenge geht eine Absenkung des Zinses einher. Es kann keine pauschale Höhe des natürlichen Zinses genannt werden, die sich einstellen würde, wenn Banken nur marktkonforme Kredite vergäben. Weil dieses marktkonforme Kreditvolumen jedoch geringer ist als das durch die zentralverwaltungswirtschaftliche Ausdehnung der Geldmenge hervorgerufene, muss der Zins in einer Wirtschaft mit marktwirtschaftlicher Kreditvergabe höher sein als jener in der Vollkasko-Ökonomie. Je stärker sich die Geldmenge der Zentralbank und die darauf beruhende Kreditvergabe der Banken ausweitet, desto niedriger der Zins. Die Absenkung des Zinses aufgrund der gestiegenen Geldmenge führt laut Kritikern dieses Wirtschaftsmodells zu Investitionsblasen. Philosophen der Österreichische Schule untersuchten diese Phänomene im Rahmen der „Überinvestitionstheorie". Weil der Zins durch die künstliche Ausdehnung der Geldmenge sinkt, werden Investitionen getätigt, die unter dem marktwirtschaftskonformen höheren Zins gar nicht rentabel wären.

Investitionen aufgrund eines durch marktwirtschaftswidrige Ausdehnung der Geldmenge herabgedrückten Zinses führen laut ihren Kritikern zur Blasen-Wirtschaft: „Investitionen, die durch Kredite finanziert werden, die nicht aus Erspartem bestehen, sondern aus Geldschöpfung, also aus schlechtem Geld, blähen unsere Wirtschaft künstlich und nur für eine bestimmte Zeit auf, was auch als bubble-economy (Blasen-Wirtschaft) bezeichnet wird."[113] In den USA bezeichnen die Kritiker der Fed deren Vorsitzenden Bernanke aufgrund seines exzes-

---
113 Ebenda.

siven Einsatzes gedruckten Geldes – unter anderem für den Kauf den Staatsanleihen und billiges Geld für Banken – als „Helikopter-Ben". Schäfflers Thesen fußen auf Hayek, der die These vertritt, zu niedrige Zinsen führen zu übermäßigen Investitionen, die sich unter Effizienzkriterien nicht dauerhaft am Markt halten könnten. „Die wichtigste, in dieser Art immer wiederkehrende Fehlallokation von Ressourcen tritt ein, wenn durch Schaffung von Geld die für Investitionen zur Verfügung stehenden Mittel wesentlich über den Betrag ausgeweitet werden, der laufend vom Konsum abgezweigt [...], d.h. gespart wird."[114] Eigentlich müsste eine Rezession den Markt um die unrentablen Strukturen bereinigen. Weil die Zentralbanken aber stetig neues Geld nachschießen, verhindern sie diesen Vorgang, der mit Arbeitslosigkeit und Wohlfahrtsverlusten verbunden wäre. Der zusammengebrochene Immobilienmarkt der USA während der Subprime-Krise bietet ein Beispiel für die bubble-economy. Niedrige Zinsen der Zentralbank führten zu extensiver Kreditvergabe an Schuldner, die über zu wenig Finanzkraft verfügten. Nach einer Anpassung der Zinssätze auf ein reguläres Niveau waren die wenigsten Kreditnehmer fähig, die höhere Last zu tragen. Angefeuert wurde diese Art der Kreditvergabe durch regulatorische Anreize, welche den Banken einen weitgehenden Haftungsausschluss ermöglichten.

Ob das Ende der Blasen-Ökonomie prognostizierbar ist, bleibt fraglich. Zwar ist das durch unlimited spending initiierte Wachstum ein künstliches, genauer: marktwirtschaftswidriges. Es muss jedoch keine Blase sein, die zwangsläufig platzt. Es besteht zwar die Gefahr einer Implosion, weil die Investitionen nicht mit dem vorhandenen Ersparnissen übereinstimmen. Nach Say schafft sich das Angebot seine Nachfrage aber selbst. Indem zusätzliches Geld in der Zirkulation für Investitionsausgaben sorgt, würde es entsprechend Sayschen Theorem im Anschluss wieder für die Nachfrage zur Verfügung stehen. Dieser Vorgang funktioniert jedoch nur, solange die Zentralbanken beständig Geld in die Wirtschaft fließen lassen, sodass der Zins nicht abrupt steigt. Eine Zinserhöhung würde Investitionen und daran hängende Ausgaben, Arbeitsplätze und Gehälter vernichten.[115] Schäfflers Kritik lässt jedoch den Zeit-Faktor außen vor und fordert eine temporal ausgeglichene Verschuldung, die sich nur aus vorhandenem Geld speist. Die Entwicklung der Volkswirtschaften in den vergangenen 40 Jahren seit den 1970ern zeigt, dass das durch artificial spending angekurbelte Wachstum nicht nur temporär ist. Die Ereignisse der letzten Jahre offenbaren allerdings, wie es inzwischen beständig durch Eingriffe der Zentralverwaltung am Leben erhalten werden muss.

---

114 Hayek 1977, S. 76.
115 Friedrich A. v. Hayek: Geldtheorie und Konjunkturtheorie, Salzburg 1976, S. 134.

4. Vollkasko-Ökonomie (unlimited spending)

An dieser Stelle kommt das unlimited spending der Vollkasko-Ökonomie ins Spiel, das sich jetzt in den Kontext einordnen lässt. Künstliches Wachstum durch artificial spending und unlimited spending sind sich sehr ähnlich, allerdings befinden sie sich auf verschiedenen Systemebenen der Volkswirtschaft und sie sind unterschiedliche Finanzierungsformen. Schlicht gesagt: Unlimited spending ermöglicht dem Staat fortgesetztes artificial spending, ohne sich den Regeln des Finanzmarktes zu beugen. Der Wirtschaft dient es als Finanzierungsquelle, ohne dass betriebswirtschaftliche Kriterien Anwendung finden.

Der Staat muss die Schuldenvolumina, mit denen er die Wirtschaft seit vielen Jahren ankurbelt, irgendwann zurückzahlen. Eine Rückzahlung der Kredite entzöge dem Kreislauf Geld. Die Tilgung der Schulden bei der Zentralbank kann nur die Vernichtung der überschüssigen Liquidität sein. Sie liefe darauf hinaus, das Geldsystem zu verkleinern, woraus eine Schrumpfung der Wirtschaft resultierte. Wenn der Staat die bei der Zentralbank aufgenommenen Schulden und damit letztlich das gedruckte Geld aus dem Verkehr zieht, schrumpft das Geldsystem und auf ihm beruhend die ausgeweitete Wirtschaftstätigkeit. Letztlich ist selbst das gedruckte Geld eine Zahlungsverpflichtung des Staates mit einem Zahlungsziel, das in der Zukunft liegt. Der Staat nimmt gegen sich selbst Kredit auf und bezahlt mit Erspartem in der – oder noch genauer – mit Erspartem der Zukunft. Eine Verkleinerung des Geldsystems, durch die der Staat wirklich sparen würde, müsste in eine Rezession münden. Diesen konjunkturellen Einbruch zu verhindern, ist die Aufgabe des unlimited spending. Unlimited spending ermöglicht es dem Staat, sein Ausgabenverhalten beizubehalten. Steigende Schuldenstände können durch die Finanzierung der Zentralbank auf dem gegebenen Niveau gehalten werden. Der Staat kann die Geldmenge sogar weiter ausdehnen, ohne zusätzliche Kosten zu generieren, welche durch die Zinserhöhungen für die Kredite an den Finanzmärkten entstehen würden.

Für die Wirtschaft entsteht aus dem unlimited spending ein analoger Effekt: Unternehmen können ein Investitionsniveau halten, das aufgrund des höheren natürlichen Zinses entweder nicht möglich wäre oder wofür höhere Kapitalkosten zu zahlen wären. Würden die Zentralbanken keine schlechteren Sicherheiten für die Kreditvergabe akzeptieren, dann müssten die Kreditnehmer höhere Zinsen für die geliehenen Gelder zahlen oder sie würden gar kein Geld erhalten. Müssten Banken für das Zentralbankgeld bessere Sicherheiten hinterlegen, könnten sie weniger Geld verleihen. Je schlechter die Sicherheiten, welche die Zentralbank akzeptiert, desto größer die Geldmenge, die sie dadurch schafft. Je strenger die Anforderungen an die Kreditsicherheiten hingegen, desto geringer die Geldmenge. Indem sich die Geldmenge verringern würde, stiege der Zins. Investitionen wären dann unrentabel und es gäbe eine geringere ökonomische Tätigkeit. Der Produktionsumfang würde sinken. Durch das unlimited spending der Zentralbanken erzielen die Regierungen das Gegenteil: Das Aufweichen der Kreditrestriktionen führt zu einer Absenkung des Zinsniveaus, wodurch Investitionen ermöglicht werden, die sonst nicht möglich wären.

Diese Mechanismen schalten den Markt und den Wettbewerb aus. Geld fließt zu so geringen Zinsen in den Markt, dass der Zins nicht mehr als Indikator für die Rentabilität einer Investition fungieren kann. Die Zinsen sind in den letzten Jahren gesunken, sodass auf Makroebene praktisch ein Zins von Null vorliegt. Unter Kalkulation der Inflation ist der Realzins negativ.[116] Wenn sich die Kreditkosten dem Null-Niveau nähern – wenn es nichts mehr kostet, Geld zu leihen – verliert der Markt als Instrument für den Wettbewerb um die beste Verwertungsform und -anlage des Geldes seine Funktion. Keine Investition ist mehr unrentabel: Egal, wohin das Geld fließt, stets findet es eine lohnende Anlage. Der Ausschluss von Investitionen aufgrund zu geringer Überschüsse und die Lenkung des Geldes hin zu lukrativen Anlageformen lassen sich nicht mehr gewährleisten. So fließt der Geldstrom des Marktes nicht mehr zu der Anlage, die eine höhere Rendite verspricht, sondern er fließt in alle Richtungen, weil dem Zins keine Lenkungsfunktion mehr innewohnt. Bei Zinsen von fünf Prozent kann sich nur der Unternehmer mit sieben Prozent Rendite das Geld borgen. In seine innovativen Projekte würden die Finanzmarktakteure investieren. Der Unternehmer mit drei Prozent Gewinn, der weniger innovativ und weniger rentabel arbeitet, würde durch den Marktmechanismus im Wettbewerb gegen den anderen Unternehmer mit sieben Prozent ausscheiden. Anders wenn der Zins null Prozent beträgt. Das Geld kann ebenso von dem Unternehmer mit der geringeren Rendite erfragt werden, wodurch es nicht mehr in die rentableren Anlageformen fließt.

Je niedriger die Zentralbanken die Zinsen drücken, desto mehr leidet das Marktsystem. Bei einem Zinsniveau von Null rüttelt diese Geldpolitik sogar an den Grundfesten der traditionellen Produktionsweise. Selbst das kapitalistische Element der Akkumulation verlöre seine Notwendigkeit, weil keine Überschüsse mehr produziert werden müssen, um die Kosten des Geldkapitals zu tragen. Geld würde bei konsequentem Einsatz zum Null-Niveau zu einem öffentlichen Gut, wodurch die Wirtschaft in die Nähe des Kommunismus rückt. Diese Entwicklung scheint einigen Politikern auf den ersten Blick nützlich, weil sie der Realwirtschaft von Vorteil sein könnte. Schließlich würden viel mehr Investitionen

---

116 Gunther Schnabl: Regieren die Märkte? – Die neuen Aufgaben des Staates in Boom und Krisen, Vortrag gehalten am 14./15. Juni 2012 an der Universität Leipzig, S. 2.

4. Vollkasko-Ökonomie (unlimited spending)

getätigt, die Ökonomie würde wachsen und die restriktive Geldknappheit überwunden. „Es fehlt das Geld. Nun gut, so schaff' es denn!"[117]
Das enfant terrible der Zunft deutscher Wirtschafts- und Gesellschaftsanalysten, Thilo Sarrazin, gibt zu bedenken, dass diese Geldpolitik ökonomische Gesetze verletzt. Ein Gesetz lautet, dass eine unrentable Produktion nicht durchgeführt wird. Ein anderes sagt aus, dass sich die Leute nur Mühe geben und anstrengen, wenn Wettbewerb herrscht. „Kommunismus und Staatssozialismus scheiterten letztlich daran, dass sie diese elementaren Gesetzmäßigkeiten nicht ausreichend beachteten."[118] Mit unlimited spending verlieren diese Maximen ihre Bedeutung, wodurch die Politik die Ökonomie in einen Grenzbereich drängt, der an den Grundfesten des derzeitigen Wirtschaftssystems rüttelt.

Erfolgt mit dieser Finanzierung eine Systemumstellung, die nicht rückgängig gemacht werden kann? Das Geldsystem bläht sich auf und je mehr sich die Geldmenge ausdehnt, desto mehr entfernt sich die Wirtschaft von ihrer traditionellen Form der Marktwirtschaft. Kritiker befürchten systemische Instabilitäten und die Gefahr der Insolvenz des Staates, denn ein Stopp des Ankaufs der Staatsanleihen durch die Banken und die EZB würde die Vollkasko-Ökonomie ähnlich einer Blase bersten lassen: „Solange die Gelddruckerei die Staatsschulden immer weiter aufbläht und die Blase nicht platzt, bleiben Banken und Spekulanten profitabel im Spiel [...] auf Dauer würde im Austausch dafür die Zentralbank ihre Bilanz ruinieren, mithin auf wertlosen Staatsanleihen sitzen, für die letztendlich dann der Bürger haftet; dann nämlich, wenn das Spiel von der Zentralbank abgebrochen wird und die Banken ihre Staatsanleihen von der Zentralbank zurücknehmen müssen, es aber nicht können; sie wären Pleite, wenn der Staat seine Anleihen nicht mehr bedienen kann."[119] Doch an dieser Stelle irrt die Kritik, denn der Staat wird es nicht zulassen, dass er Pleite geht, denn ein richtiger Staat geht nicht insolvent.[120] Warum auch? Er vermag so viel Geld drucken, wie er möchte – deswegen hat er sich die Zentralbanken geschaffen. Es wurde bereits dargelegt, dass die Zentralbank prinzipiell alles ankaufen kann, was ihre

---

117 Vgl. Hans Christoph Binswanger: Geld und Magie. Eine ökonomische Deutung von Goethes Faust, Hamburg 2010.
118 Thilo Sarrazin: Europa braucht den Euro nicht. Wie uns politisches Wunschdenken in die Krise geführt hat, München 2012, S. 15.
119 Vgl. Franz Witsch: Die Politisierung des Bürgers, 2. Teil: Mehrwert und Moral, Norderstedt 2012, S. 36.
120 Ein „richtiger" Staat hat es nicht nötig, sich in Auslandswährung zu verschulden. Solange er über die geldpolitische Autonomie verfügt, besitzt er bei seiner Verschuldung keine offenen Flanke. Ein Gegenbeispiel hierfür boten die Eurostaaten, die sich mutwillig in eine Abhängigkeit der „Märkte" begeben hatten. Inzwischen haben sie die Zentralbank jedoch ebenso für ihre Dienste eingespannt. Als Draghi am 6. September 2012 ankündigte, notfalls unbegrenzt Anleihen zu kaufen, endete die Eurokrise.

geldpolitischen Richtlinien erlauben. Wenn die Staatspapiere immer schlechtere Qualität aufweisen, so ist das für die Zentralbank kein Problem, denn sie schafft die Regeln des Marktes selbst. Solange die Zentralbank schlechte Papiere kauft, werden es auch die Geschäftsbanken machen, denn sie können sich sicher sein, diese Papiere notfalls bei der Zentralbank wieder gegen Geld tauschen zu können.

Die geldpolitischen Kanäle der Vollkasko-Ökonomie lassen Liquidität nicht nur in die Hände des Staates fließen, sondern sie strömt ebenso in jene privater Investoren. Am Ende dieser Form staatlich gestützter Wirtschaft fürchten Kritiker wie Schäffler das Bersten der Blasen-Ökonomie. Während das Risiko der Abkehr vom artificial spending darin liegt, durch die Absenkung der Staatsausgaben die Ökonomie zu einer Rückkehr auf den natürlichen Wachstumspfad zu zwingen, führt ein Bruch mit der Kaufbereitschaft der Zentralbank beim unlimited spending zum Wanken der Wirtschaft. Durch die prinzipielle Bereitschaft, Wertpapiere auch mit minderer Qualität gegen Geld zu tauschen, steht unbegrenzte Liquidität zur Verfügung, wodurch der Zins sinkt. Wäre die Zentralbank nicht mehr bereit, Papiere mit geringer Qualität anzunehmen, würden die Kreditkosten steigen. Die Folge wären die in der Österreichischen Schule beschriebenen Anpassungsprozesse, bei denen durch steigende Refinanzierungskosten eine Vielzahl von Investitionen unrentabel würden, wodurch sich die Fehlallokationen offenbaren und zu einer Marktbereinigung führen.

Aufgrund dieser Gefahr einer Schmälerung des Wohlstands und dem damit verbundenen Rütteln an einer Leitplanke des derzeitigen Gesellschaftssystems ergreift die Politik alle Mittel und erhält den derzeitigen Zustand. Sie ist gezwungen, das System des billigen Geldes permanent fortzusetzen. Die Österreichische Schule bietet eine Interpretation der Vorgänge: Indem die Zentralbanken intervenieren, verzerren sie den Zins. Das erhöhte Geldangebot und der gesunkene Zins suggerieren, es stünden zukünftig mehr Sparguthaben zur Verfügung, als wirklich vorhanden ist. Spätere Investitionen sind dann nicht mehr lohnenswert, weil die Leute gar nicht so viel gespart haben. Der Zins steigt – aufgrund der fehlenden Sparguthaben – in der Zukunft an und das investierte Kapital entpuppt sich als Fehlinvestment, weil es die Kosten der gestiegenen Zinsen nicht tragen kann.[121] Bei den Investitionsentscheidungen unter den Bedingungen des natürlichen Zinses und realer Sparguthaben bietet der Markt die Grundlage, die zu einem Gleichgewicht führt. Die Kreditausweitung durch die Zentralbank hingegen ist unkoordiniert, welche die Pläne nicht aufeinander abstimmt.[122] Eine Rezes-

---

121 Vgl. Ludwig v. Mises: Theorie des Geldes und der Umlaufmittel, Auburn 2007, S. 425.
122 Vgl. Jeffrey Rogers Hummel: Problems with Austrian Business Cycle Theory, Reason Papers, H. 5, Jg. 1 (1979), S. 2.

4. Vollkasko-Ökonomie (unlimited spending)

sion würde diese Fehlinvestments bereinigen, weil für spätere Konsumzwecke kein Geld zur Verfügung steht. Entsprechend marktwirtschaftlicher Regularien führen Insolvenzen und Arbeitslosigkeit eine Marktbereinigung herbei.[123] Dieses Szenario verhindert die Politik, indem sie Keynes folgt und mehr Geld in Umlauf bringt, um den Zins niedrig und die Nachfrage hoch zu halten.

Die Politik des unlimited spending ist eng an das ungedeckte Papiergeld gebunden. „Liegt der Geldzins, also der Zins für Kredite, unter dem natürlichen Zins, dann übersteigt die Investitionstätigkeit die Spartätigkeit, die gesamtwirtschaftliche Nachfrage steigt über die Produktionskapazität und die Volkswirtschaft wird von ihrem nachhaltigen Wachstumspfad gedrückt."[124] Schäffler, der hier in der Tradition der Österreichischen Schule argumentiert, folgt der Debatte von Keynes und Hayek, deren Disput die Wirkung eines manipulierten Zinses für die volkswirtschaftliche Entwicklung in den Mittelpunkt rückte: „Kurzfristig können durch diese Zinspolitik der Zentralbanken zwar durchaus befristete Arbeitsplätze geschaffen werden."[125] Ähnlich dozierte bereits Hayek: „Doch ausleihbare Fonds, die künstlich verbilligt werden, indem zwecks Ausleihung zusätzliches Geld geschaffen wird [...] haben [...] eine Zeitlang eine allgemein anregende Wirkung auf die wirtschaftliche Tätigkeit."[126] Unter einem höheren natürlichen Zins würden Investitionsentscheidungen, die nicht rentabel wären, nicht gefällt – weil aber die Geldmenge durch den künstlichen Kredit ausgeweitet ist, sinkt der Zins und Investitionen werden getätigt, die bei natürlichem Wachstum aufgrund fehlender Rentabilität weggefallen wären.

Doch längst dient unlimited spending nicht mehr der Stimulation der Wirtschaft. Der Zins ist nicht niedrig, um die Investitionen anzukurbeln. Die Vollkasko-Ökonomie ist einen Schritt weiter gegangen. Die Zinsen sind negativ und das Ziel der Geldpolitik ist die Konservierung des bestehenden Systems. Angenommen ein Unternehmen oder ein Staat erhält Geld für null Prozent Zinsen. Es bestünde gar keine Notwendigkeit, das Geld zurückzuzahlen. Es könnte wiederholt neues Geld aufgenommen werden, um die alten Schulden zu bedienen, ohne dass irgendwelche Lasten für den Staat oder das Unternehmen aufträten. Wenn der Staat oder das Unternehmen das Geld für einen negativen Zins erhielten, welchen Sinn hätte es noch zu „haushalten"? Es wäre nur rational, die Verschuldung zu erhöhen, weil weniger zurückgezahlt werden müsste als geliehen. Unlimited spending führt zu einer Absenkung der Zinsen und damit zum Vorteil, dass die Last des Schuldendienstes nachlässt. Dem Staat genügt ein geringeres volkswirt-

---
123 Vgl. Friedrich A. v. Hayek: Prices and Production, New York 1935, S. 99.
124 Schäffler, in Altmiks 2010, S. 139.
125 Ebenda.
126 Hayek 2011, S. 224.

schaftliches Wachstum, denn er braucht weniger Überschuss generieren, weil die Zinslast sinkt. Während durch artificial spending mit der Verschuldung an den Finanzmärkten ein beschleunigtes Wirtschaftswachstum ermöglicht wird, erlaubt unlimited spending eben dieses Ordnungsmodell aufrechtzuerhalten, ohne dass der „Markt" mit seinem Urteil eine Anpassung an reale oder unterstellte Notwendigkeiten erzwingen kann.

Stellt die Vollkasko-Ökonomie nur ein kurzfristiges Modell dar, welches dazu dient, der Krise Herr zu werden? Zumindest in Europa scheint durch das Engagement Deutschlands und die Schuldenbremsen in Rahmen des Fiskalpakts dem artifiziellen Wachstum und der damit verbundenen Notwendigkeit des Eingriffs in die Marktmechanismen vorgebeugt worden zu sein. Die Schuldenbremse fordert aber keine Rückführung der Schulden, sondern senkt allein die Neuverschuldung. Das bereits über die bestehende Verschuldung in die Wirtschaft eingeschleuste Geld muss aufgrund der Schuldenbremse nicht zurückgezahlt werden. Die Schuldenbremse ist – um im Bild zu bleiben – nur eine Bremse, kein Schuldenrückwärtsgang. Weil die bestehenden Schulden trotz der Bremse weiterhin finanziert werden müssen, scheint sich das unlimited spending nicht nur auf eine kurze Phase der Krisenintervention zu beschränken. Draghi zeigte noch im Sommer 2013 keinerlei Ambitionen, die geldpolitische Manipulation der Marktwirtschaft zu beenden, obwohl die Eurokrise längst überwunden war und der Euroraum nur mehr mit seinen üblichen wirtschaftlichen Problemen zu kämpfen hatte.

An der Theorie dieses Ordnungsmodells muss sich Kritik entzünden: Der Haupteinwand gegen diese angebliche derzeitige Systemumstellung sollte lauten, dass die Banken das Geld nicht an die Realwirtschaft weiterleiten, weswegen die hier beschriebenen Zusammenhänge der zerstörten Marktmechanismen realiter nicht anzutreffen seien. In Europa verhindert eine Kreditklemme die Weitergabe des Geldes an die Unternehmen. Diese Kritik wäre einerseits nur korrekt für den privatwirtschaftlichen Strang der geldpolitischen Kanäle der Vollkasko-Ökonomie, denn für den Staat gilt diese Restriktion nicht. Andererseits deuten andere Länder die Richtung an, in die sich das unlimited spending der Vollkasko-Ökonomie entwickelt. Der Zins in Japan liegt fast bei null Prozent und Japan kann als Beispiel einer vorangeschrittenen Vollkasko-Ökonomie gelten. Es liegt eine Verschuldung von knapp 240 Prozent des BIP vor, wogegen sich Griechenland mit 160 Prozent bescheiden ausnimmt.[127] Trotzdem liegt der Zins für Staatsanleihen bei unter zwei Prozent. Zwischen 2011 und 2012 flossen 900 Mrd. Euro in Not-

---

127 Begriffe wie „hohe" oder „übermäßige" Verschuldung sind vor dem Hintergrund der Wirkungsweise der Vollkasko-Ökonomie falsch und entstammen einer traditionell marktwirtschaftlichen Denkweise. Die mit dem Begriff „hoch" implizierte Gefahr des Staatsbankrotts liegt aufgrund des geldpolitischen Einsatzes der Zentralbanken nicht vor.

4. Vollkasko-Ökonomie (unlimited spending)

programme und der seit Dezember 2012 herrschende Premierminister, Shinzō Abe, kündigte an „unbegrenzt Geld in die Wirtschaft zu pumpen". Ende 2012 folgte ein weiteres Konjunkturprogramm über 91 Mrd. Euro, gleichzeitig stockte die Notenbank am 30. Dezember 2012 ihr Programm zum Kauf von Staatsanleihen um 90 Mrd. Euro auf, sodass nicht einmal die Hälfte der japanischen Staatsausgaben durch Steuern gedeckt sind.[128] Doch das in Europa anzutreffende Problem besteht ebenso im Land der aufgehenden Sonne. Der Chef der Notenbank, Masaaki Shirakawa, gibt zu bedenken: „Liquidität gibt es in Hülle und Fülle, die Zinsen sind sehr niedrig – und trotzdem nutzen Firmen diese Konditionen nicht." Allerdings zeigt die japanische Politik den Willen, diesen Widerstand zu brechen. Ende Januar verkündete Abe, die Notenbank soll solange Geld in den Wirtschaftskreislauf schleusen, bis das Preisniveau um zwei Prozent angestiegen ist.[129] Die japanische Politik zielt auf eine Flutung des Geldmarktes, sodass die finanziellen Mittel in die Realwirtschaft durchsickern. Der Anstieg des Preisniveaus auf zwei Prozent wäre der Indikator für die Verwendung des Geldes in der Realwirtschaft. Abes Plan der unbegrenzten Zufuhr von Liquidität dient als Lösungsansatz des vom obersten Notenbankers Shirakawa angedeuteten Problems: Obwohl Geld für null Prozent Zinsen zu haben ist, fließt es nicht in die Realwirtschaft, weil die Rendite dort zu gering ist. Das Ziel japanischer Geldpolitik ist deswegen die Verdopplung der Geldmenge[130], mit der ein Anstieg des Preisniveaus einhergehen soll. „Die Zentralbank will praktisch ungehemmt Yen drucken und den Geldumlauf verdoppeln."[131] Ebenso wie in anderen Ländern kauft die japanische Zentralbank verstärkt Staatsanleihen, um die Kreditkosten des Staates zu senken. Gleichzeitig sinkt der Außenwert des Yen und führt zu höheren Exporten, weil sich die Produkte preiswerter verkaufen lassen. Es zeigen sich deutlich die Parallelen zu den hier skizzierten Konturen der Vollkasko-Ökonomie. Allerdings handelt es sich in Japan um eine Spielart davon: Nippon versucht, eine Zwangsrendite zu schaffen, die sich aus dem inflationären Aufblähen des Preisniveaus ergibt. Kritiker in Japan lehnen den dortigen Umbau der Wirtschaft ebenso ab wie einige Abgeordnete im Bundestag den hiesigen. „Das ist eine Blase" sagt Yasunari Ueno, Chefökonom der Mizuho-Finanzgruppe.[132] Die Geldpolitik im Euroraum schafft diese Zwangsrendite, indem sie bei einem gegebenen Preisniveau den Zins drückt. Beides erfolgt durch Ausdehnung der Geldmenge. Beiden

---
128 Vgl. Asiens Griechenland, in: Der Spiegel 1/2013.
129 Vgl. Prinzip Harakiri, in: Der Spiegel 5/2012.
130 Vgl. Stefan Kaiser: Zinssenkung der EZB. Draghis Drahtseilakt, in: Spiegel online vom 02.05.2013.
131 Vgl. Neue Heilslehre, in: Der Spiegel 16/2013.
132 Vgl. ebenda.

Spielarten gleich ist die Ausweitung der Kreditvolumina der Zentralbanken, die für den Kauf von Staatsanleihen und Papieren aus der Privatwirtschaft zur Verfügung stehen und als Liquidität in die Zirkulation gelangen

Ein anderes Beispiel für die Wirtschaftspolitik des unlimited spending bieten die Vereinigten Staaten. Für die USA besteht durch den Einsatz der Fed gar kein Risiko einer Staatsinsolvenz. Die Diskussion um eine mögliche Staatsinsolvenz der USA im Herbst 2013 fand nur statt, weil die Republikaner nicht bereit waren, das Kreditlimit der Notenbank zu erhöhen. Die USA sind deswegen ein Paradebeispiel für die Staatsfinanzierung durch eine Zentralverwaltung. Im Februar 2013 brachte der Chef der britischen Finanzaufsicht FSA, Adair Turner, die Idee ins Spiel, Staaten direkt von der Notenbank finanzieren zu lassen. Der Umweg über die Kreditinstitute, welche die Staatsanleihen als Sicherheiten bei der Zentralbank hinterlegen, fiele dann weg.[133]

---

133 Vgl. Zum Teufel mit alten Tabus, in: Handelsblatt vom 15.02.2013.

IV. Ursachen der Vollkasko-Ökonomie

1. Wirtschaftsumbau durch die Politik

Die originäre Ursache für die Entstehung der Vollkasko-Ökonomie ist das Primat der Politik über die Ökonomie. Eine Zeit lang begab sich das politische System unter die Fuchtel ökonomischer Gesetze, weil es deren Effizienz, Rationalität und disziplinierende Wirkung als Faktor für die Wohlfahrtssteigerung erachtete.[134] Der Zeitpunkt, an dem sich die Politik wieder vom Markt emanzipierte, lässt sich nicht mit einem Datum bestimmen. Es war ein schleichender Prozess, in dem mehr und mehr die Marktgesetze ausgehebelt wurden und in dem sich die Staaten der ihnen als souveräne Entitäten zustehenden vollen Gestaltungsmacht über das menschliche Habitat wieder bemächtigten.

Es findet das Gegenteil dessen statt, was die linksorientierte Kritik vermutet, wenn sie dem Staat attestiert, er hätte beim Kampf um die Hoheit der Systemgestaltung gegen den Markt verloren. Habermas vertritt die Meinung, die Politik habe sich bei der Gestaltung von den Finanzen an den Rand drängen lassen. „Das ganze Programm einer hemmungslosen Unterwerfung der Lebenswelt unter Imperative des Marktes muss auf den Prüfstand."[135] Hickel urteilt, die Staats- und Regierungschefs bewiesen bei ihren Rettungsaktionen „soziale Blindheit"[136]. Bei Streeck findet sich die Ansicht, die alte Balance zwischen gesellschaftlich-sozialen Wünschen und ökonomischen Zwängen wurde zugunsten letzterer aufgehoben: „Heute hat die Liberalisierung des modernen Kapitalismus einen Punkt erreicht, an dem die endgültig oder doch langfristig gesicherte Freisetzung [...] des Prinzips der Marktgerechtigkeit von seiner historischen Überformung durch soziale Gerechtigkeit immer näher rückt"[137]. Statt zu tarieren, setze der Staat die ökonomischen Zwänge gegen die sozialen Ansprüche der Bürger um: „Soziale

---

134 Rolf Stürner: Markt und Wettbewerb über alles? Gesellschaft und Recht im Fokus neoliberaler Marktideologie, München 2007, S. 33–86.
135 Nach dem Bankrott, in: Die Zeit vom 06.11.2008.
136 Vgl. Rudolf Hickel: Pathologisches Lernen. Zypern als Exempel, in Blätter H. 5, Jg. 58 (2013), S. 5-8.
137 Wolfgang Streeck: Auf den Ruinen der Alten Welt. Von der Demokratie zur Marktgesellschaft, in: Blätter, H. 12, Jg. 57 (2012), S. 64.

und gesellschaftliche Bedürfnisse werden also von der Politik nicht mehr gegen ökonomische Erfordernisse umgesetzt, als Konsequenz entsteht eine auf allein rationalen und rein betriebswirtschaftlichen Kriterien geformte Marktgesellschaft: Das Ziel ist es, die Staaten des fortgeschrittenen Kapitalismus so umzubauen, dass sie das Vertrauen des Kapitals dauerhaft verdienen."[138] Die derzeitige Gesellschaftskritik geht gar einen Schritt weiter und vermutet ein Spannungsfeld und nicht auflösbaren Widerspruch zwischen Demokratie und der derzeitigen kapitalistisch-marktwirtschaftlichen Wirtschaftsform.[139] Weil der Staat der Notwendigkeit der Korrektur der Ergebnisse des Marktes nicht mehr nachkommt, verliert er seine Legitimation: „Mit einem demokratischen Staat dagegen ist der Neoliberalismus unvereinbar, sofern unter Demokratie ein Regime verstanden wird, das im Namen seiner Bürger unter Anwendung öffentlicher Gewalt in die Verteilung marktwirtschaftlicher Güter eingreift, wie sie sich aus dem Marktgeschehen ergibt."[140] Dahinter verbirgt sich die Vermutung einer Marktgesellschaft, in der ökonomische Leitplanken Orientierung für die gesellschaftliche Entwicklung bieten, ohne dass die von gesellschaftlichen Problemen abgeleiteten sozialen Schlaglichter den Weg zeigen. Die Speerspitze der Gesellschaftskritik bildet die Ikone der Linken, Sahra Wagenknecht, die hinter der voranschreitenden Deregulierung eine Entmachtung des Staates erblickt: „Denn nicht die globalen Finanzmärkte haben die Zentralbanken entmachtet, sondern das haben diese im Verbund mit der herrschenden Politik Schritt für Schritt, Deregulierung für Deregulierung, höchstselbst getan."[141]

Diese Interpretation gesellschaftlicher Entwicklung findet sich in der Rede Steinbrücks auf dem Sonderparteitag der Sozialdemokraten zur Kanzlerkandidatenkür für die Bundestagswahl 2013. „Die Finanz- und Wirtschaftskrise hat uns eines gezeigt, liebe Genossinnen und Genossen: Es ist etwas aus dem Lot geraten – in Deutschland und in Europa und in der Gesellschaft insgesamt […] Und was genau scheint aus dem Lot geraten zu sein? Der Philosoph Michael Sandel hat dies auf eine – wie ich finde – ganz eingängige Formel gebracht. Er sagt: ‚Wir sind von einer Marktwirtschaft in eine Marktgesellschaft gerutscht'. Die Marktwirtschaft ist ein bloßes Instrument. Die Marktgesellschaft ist eine Lebensweise, in der viele gesellschaftliche Bereiche einem ökonomischen Kalkül unterworfen werden sollen."

---

138 Ebenda, S. 65.
139 Vgl. Wolfram Elsner: „Neoliberaler" Kapitalismus versus Demokratie. Finanzkrise, Systemkrise – und warum der degenerierte Finanzkapitalismus selbst mit formaler Vertretungsdemokratie unverträglich geworden ist, Bergkamen 2012.
140 Streeck 2012, S. 61.
141 Wagenknecht 2009, S. 102.

Steinbrück übersieht die bereits in Gang gesetzte Wandlung, durch die die Politik das Primat über die Ökonomie erlangt. Die Vollkasko-Ökonomie ist Ausdruck der Omnipotenz des Staates, mit der er die in den letzten Jahren „ökonomisierten" Beziehungen und gesellschaftlichen Prozesse wieder seiner Kontrolle und Wirkmächtigkeit unterstellt. Er beseitigt die Zwänge des Finanzmarktes – des Marktes allgemein – und daraus resultierender Einschränkungen seiner Finanzkraft. Mit dem unbegrenzten Zugriff auf das Tauschmedium entledigt er sich der Notwendigkeit, weiterhin auf die private Finanzierung über Märkte zu vertrauen: Er kann die Verkehrssphäre beliebig manipulieren. Bei dieser Manipulation nimmt der Staat allerdings nicht nur sich selbst aus der marktwirtschaftlichen Logik heraus, sondern verändert die Parameter gleichfalls für alle anderen Wirtschaftsteilnehmer. Bei seiner Rückbesinnung auf alte und verloren geglaubte Macht zerstört der Staat die traditionellen marktwirtschaftlichen Wegmarken für Investoren, Sparer, die Banken und Unternehmen, die Schuldner und die Gläubiger.

Dabei führt die Politik die Sandelsche Marktgesellschaft nicht auf einen zurückliegenden Zustand der Gemeinschaft zurück, denn das ökonomische Kalkül bleibt bestehen. Sie bettet die Marktgesellschaft aber in eine Wirtschaftsform ein, mit der sich die Menschen der Restriktionen und eingeschränkten gesellschaftlichen Teilhabe, die sich aus ihren begrenzten Budgets ergeben, entledigen können. Zwar werden die Bedürfnisse – vom Krankenhaus bis zum kulturellen Genuss – weiterhin durch ökonomische Systeme befriedigt. Jedoch wird keiner davon ausgenommen, weil der Staat die Ungleichheit abfedert, die sich aus den verschiedenen Einkommen ergeben. Musgraves „exclusion principle" bleibt somit zwar individuell gültig, kann durch das staatliche Handeln aber auf Makroebene ausgehebelt werden. Weil sich die traditionellen Beziehungen auf finanzielle Dienste reduzieren[142], sieht sich die Politik gezwungen, den Ausgleich herbeizuführen, um allen unabhängig vom Einkommen die Partizipation zu ermöglichen. Mit anderen Worten: Der Staat kittet mit seiner Verschuldung die individuell unzureichende Finanzkraft. Dies ist ein Punkt, auf den die linke Gesellschaftskritik wiederholt aufmerksam gemacht hat.

Die dadurch an den Staat herangetragenen Ansprüche überfordern seine Finanzkraft. Um die Finanzkraft zu stärken, setzte er erst die Instrumente des artificial und nun des unlimited spending ein. Auf individueller Mikroebene bleiben die marktwirtschaftlichen Restriktionen bestehen. Auf der Makroebene jedoch schafft die Politik ein System, mit dem diese Einschränkungen aufgehoben werden können. Es ist dies das wesentliche Element der Vollkasko-Ökonomie: Das mak-

---

142 Vgl. Jeremy Rifkin: Access. Das Verschwinden des Eigentums, Warum wir weniger besitzen und mehr ausgeben werden, Frankfurt a. M. 2007.

roökonomische Ausfallrisiko und die staatlichen Budgetbeschränkungen werden beseitigt, wobei daraus entstammende Kosten alle Wirtschaftsteilnehmer tragen. Unternehmen, Banken, Staaten und Sektoren der Volkswirtschaften lassen sich derart vor Insolvenz, Anpassung und Marktbereinigung schützen. Den Preis dafür tragen alle Geldbesitzer des Währungsraums, den die Zentralverwaltung mit unbeschränktem Zugriff auf die Geldmenge manipulieren kann.

Die Vollkasko-Ökonomie ist Ausdruck des Sieges der Politik über den Markt. Mit neuen Mechanismen setzt sich das politische System gegen marktwirtschaftliche Beschränkungen durch. Es verwirft marktwirtschaftliche Prozesse, denn Politik ist „wirtschaftsfremd"[143]. Durch die Wirtschaftsordnung der Vollkasko-Ökonomie tauscht die Politik das Risiko des Marktes gegen die Sicherheit der Zentralverwaltungswirtschaft. Sie mildert die Anpassungszwänge der aus Konkurrenz und Wettbewerb resultierenden Marktergebnisse. Unlimited spending setzt den Zinsmechanismus und damit den Indikator für die Knappheit des Geldes außer Kraft. Selbst der Begriff „Knappheit des Geldes" beruht auf einer alten Denkweise. Geld ist nicht knapp, sondern die Geldmenge lässt sich unbegrenzt ausdehnen. In der Vollkasko-Ökonomie ist der Zuwachs des Geldes nicht nur der steigenden Produktivität geschuldet, sondern beruht auf politischen Zielen. Die Ausdehnung der Geldmenge folgt nicht marktwirtschaftlichen Anforderungen, sondern politischen Zielstellungen.

Die deutsche Politik ist einhellig der Meinung und fest entschlossen, das Abhängigkeitsverhältnis zu den Finanzmärkten, in das sie sich selbst begeben hat, zu mindern. Bei allen Rettungsmaßnahmen im Rahmen der verschiedenen Krisen in den Jahren 2007 bis 2012 herrschte in Deutschland ein parteiübergreifender Konsens, marktwirtschaftlich induzierte Anpassungen durch den Einsatz des zentralverwaltungswirtschaftlichen Instrumentariums – Rettungsschirme, Soforthilfen und geldpolitische Instrumente – zu verhindern. Steinbrück hat die Haltung der SPD zur Umformung der Marktwirtschaft und der Aufhebung ihrer Härten unter viel Applaus der Delegierten dargelegt. Hier finden die Sozialdemokraten einen Partner bei den Christdemokraten, deren Finanzminister Schäuble die Wirkung der Marktkräfte zwar stets als heilsam bezeichnet, aber bei politisch unerwünschten Ergebnissen kein Hehl daraus macht, politischen Präferenzen dem Markt gegenüber den Vorrang einzuräumen. Die Linke fordert strikt die Aufhebung der Marktprinzipien und die Dominanz der Politik über den Markt. Gregor Gysi ist Verfechter einer Staatsfinanzierung durch die Zentral- oder eine andere öffentlich-rechtliche Bank.[144] Klaus Ernst fordert das Primat der Politik: „Wir brauchen

---

143 Streeck 2012, S. 63.
144 Vgl. BT PlPr 17/111, S. 12616.

1. Wirtschaftsumbau durch die Politik 91

aber eine Dominanz der Politik und eine Politik, die die Bürger vor der Ausbeutung durch die Finanzmärkte schützt."[145] Wagenknecht, die dem Staat eine Selbstentmachtung attestiert, kommt nicht umhin, die Zentralbank der USA als mächtige Institution darzustellen, der es gelingt, selbst Spekulationswellen globalen Ausmaßes zu brechen.[146] „Mehr Staat, weniger privates Eigentum – mit diesem Patentrezept will uns, fast parteiübergreifend, die Politik aus der aktuellen wirtschaftlichen Malaise herausführen."[147] Einzig die FDP wagte einen marktkonformen Ansatz und wurde dafür am 22. September 2013 vor die Tür des Reichstages gesetzt. Es gleicht einem Paradox, dass die Politik trotz ihres Willens, die „enthemmten Märkte" zu bändigen, vor den Ergebnissen des Handelns ihrer Zentralverwaltung zurückschreckt. Alle Maßnahmen der Zentralverwaltung führen zu einer Umverteilung der Kaufkraft aller Geldbesitzer. Wie sich aus der Analyse der Zusammenhänge von Krediten und Papiergeld in der Markt- und der Zentralverwaltungswirtschaft ergab, führen alle Maßnahmen unabhängig von ihre Ausgestaltung als Rettungsschirm, Garantien oder geldpolitischem Eingriff zu einer Ausdehnung der Geldmenge über das marktwirtschaftliche Niveau und einer damit einhergehenden Abschöpfung und Umverteilung der Kaufkraft. Die Kritik der Linken an Rettungsprogrammen läuft ebenso ins Leere wie die von konservativer Seite geäußerte Ablehnung geldpolitischer Instrumente wie dem Ankauf von Staatsanleihen.

Es stimmt nicht, dass der Kapitalismus in seine hayekianische Phase getreten wäre[148] und die Vollkasko-Ökonomie hat nichts mit Markt zu tun. Sie ist eine Form der Zentralverwaltung – und damit der Gegensatz dessen, was Hayek vorschlug. Die daraus gezogene Konklusion, die Schuldenlast der Staaten und daraus resultierende Finanzierungsprobleme deuteten auf einen Kapitalismus ohne Demokratie hin, ist ein Trugschluss. Das Ergebnis der derzeitigen Emanzipation des Staates ist keine vor demokratischer Korrektur geschützte kapitalistische Marktwirtschaft[149], sondern eine politisch gesteuerte kapitalistische Zentralverwaltungswirtschaft.

---

145 BT PlPr 17/124, S. 14561.
146 Wagenknecht 2009, S. 116f.
147 Vgl. Klaus Schweinsberg: Alle rufen nach einem starken Staat. Was wir wirklich brauchen: Starke Eigentümer, in: Otto Depenheuer: Eigentumsverfassung und Finanzkrise, Berlin 2009, S. 52.
148 Wolfgang Streeck: Was nun, Europa? Kapitalismus ohne Demokratie oder Demokratie ohne Kapitalismus, in: Blätter, H. 4, Jg. 58 (2013), S. 57.
149 Vgl. ebenda, S. 62.

2. Überforderte Staaten

Als weitere treibende Kraft für die Abschaffung der Marktwirtschaft und ihren Wandel zum Ordnungsmodell der Vollkasko-Ökonomie findet sich die künstliche Steigerung der nationalen Wirtschaftskraft durch beständige Interventionen der Regierungen. Durch gouvernementale Ausgabenprogramme blähte die Politik die Volkswirtschaften künstlich auf. Die Politik selbst setzte die Rahmenbedingungen, die sie nun vor die Aufgabe des Umbaus stellt. Dies gilt nicht nur für die als „entfesselt" wahrgenommene Wirtschaft. Dies gilt ebenso für die permanente Überzüchtung der Wirtschaft und ihr beständiges Wachstum durch mehr und mehr in die Zirkulation eingespeistes gedrucktes und geborgtes Geld.

Die Notwendigkeit des Umbaus der Wirtschaftsstrukturen findet sich in überforderten Staaten, die von der nationalen Wirtschaft beständig ökonomische Höchstleistungen abverlangen, welche ohne den unentwegten Einsatz gedruckten und geborgten Geldes nicht möglich wären. Die Regierungen verfolgen seit den 1970er Jahren die Maxime eines steten Wachstums des Bruttoinlandsproduktes, um den Wohlstand zu steigern. Aus Angst vor wirtschaftlichen Missständen, wie sie Adolf Hitler den Weg ebneten, begannen sie, mit wirtschaftspolitischen Interventionen Konjunktureinbrüche zu vermeiden. Di Fabio spricht von der Furcht vor dem „Brüningschen Debakel", welche die Regierungen zu konjunkturstabilisierenden Maßnahmen trieb.[150] Doch dabei blieb es nicht, denn die Wirtschaftspolitik erhöhte das Niveau des Produktionsmöglichkeitenpfads. Als die Wirtschaft – so beispielsweise in Deutschland Ende der 1960er Jahre – an eine Wachstumsgrenze stieß, blähte die Politik den Produktionsapparat künstlich auf: „Allerdings verschoben sich die Forderungen nach sozialer Sicherung und Besserstellung – die nun nicht mehr innerhalb der Wirtschaft realisierbar waren – in die politische Arena. Dort kam es zu einem Druck auf die Regierungen, durch öffentliche Ausgaben zu kompensieren, was in der Lohnpolitik nicht mehr erreicht werden konnte."[151] Eine Rückkehr zu dem geringeren Wohlstandsniveau, das vor der staatlich in Gang gesetzten Steigerung der Wirtschaftskraft bestand, ist politisch schwer zu realisieren, weil das mit Wohlstandssteigerung verbundene Fortschrittsbild der westlichen Welt ein Zurück und Weniger nicht erlaubt. „Der neuzeitliche Staat, so der Baseler Staatsrechtler Kurt Eichenberger, sieht sich einer ‚unbegrenzten Erwartungssituation' seitens seiner Bürger ausgesetzt."[152] Die historische Entwicklung der Gemeinwesen führte zu einer

---

150 Vgl. Udo di Fabio: Europa in der Krise, in: ZSE, H. 4, Jg. 9 (2011), S. 459.
151 Vgl. „Das Dopingregime des Pump-Kapitalismus ist lebensgefährlich", in: Zeitonline vom 28.12.2011.
152 Der überforderte Staat, in: Der Spiegel 53/1979.

2. Überforderte Staaten

Steigerung der Staatsausgaben: Der Staat übernimmt vielfältige Tätigkeiten, die aus der Zurverfügungstellung von Leistungen als öffentliche Güter statt wie bisher als Waren der freien verkehrswirtschaftlichen Organisation resultieren, wie Schmalenbachs Schüler Terhalle in Anlehnung an die Begrifflichkeit Euckens darlegt.[153] Diese Entwicklung ist kein Merkmal des deutschen Staates allein, sondern trifft auf eine Vielzahl von Staaten der nördlichen Hemisphäre zu.[154]

Weil die Regierungen für die Intervention in die Wirtschaft Schulden aufnahmen und die Zinslast in den Etats stieg, begaben sie sich in den ökonomischen Zwang, kontinuierlich hohes Wachstum zu generieren, um die Schuldenlast auf einem erträglichen Niveau zu halten. Die Staatsapparate selbst mit ihrer Verwaltung wuchsen an und waren die dritte Kraft, die nun dauerhaft auf einem überhöhten Niveau zu halten waren. „Wer die spezifisch konstitutionellen Wirklichkeiten und Gefahren bezüglich einer überdurchschnittlichen staatsfinanziellen Verausgabung feststellen will, wird namentlich an der Tatsache des oft zu großen ‚Apparates' nicht vorbeigehen können."[155] Die Regierungen schufen für die Bürger, die Staatsverwaltung und die Last der Staatsverbindlichkeiten künstliches Wirtschaftswachstum und begaben sich in einen Circulus vitiosus, aus dem sie nicht mehr entkommen. Ein Vergleich mit dem Sport mag die Sache veranschaulichen: Die Politik hat die Wirtschaft mit Aufputschmitteln stimuliert. Vor diesem Hintergrund erhält Weidmanns Kritik und Analyse der Anleihepolitik von Notenbanken und EZB eine umfassendere Bedeutung. Der Chef der deutschen Bundesbank sagte zu den Interventionen der Zentralbank, sie wirkten wie eine „Droge"[156]. Die steigenden Ausgaben des Staates führen nicht allein zu einer Substitution des Marktes durch den Staat, sondern zu einer Ausweitung der volkswirtschaftlichen Produktion: Durch den Einkommensmultiplikator führen die staatlichen Ausgaben zu einer Ausweitung der Nachfrage und des Angebots.[157]

Zwar sind die Schulden der Staaten das greifbare Problem, aber die überlasteten Haushalte stellen nur den Kristallisationspunkt der vielfältigen Konfliktstränge dar. In den riesigen Staatsetats und ihren budgetären Verlängerungen in den Finanzmarkt manifestieren sich die strukturellen Verwerfungen Europas. Die Schulden sind zwar das Problem, aber nicht der Kern der europäischen Strukturkrise. Zu den mannigfaltigen Wesensbestimmungen des Staates tritt eine neue Be-

---

153 Vgl. Fritz Terhalle: Die Finanzwirtschaft des Staates und der Gemeinden, Berlin 1948, S. 39-56.
154 Vgl. Vito Tanzi: Government vs Markets. The Changing Economic Role of the State, Cambridge 2011, S. 101f.
155 Terhalle 1948, S. 47
156 Vgl. „Wie eine Droge", in: Der Spiegel 35/2012.
157 Vgl. Egon Görgens/Karlheinz Ruckriegel: Makroökonomik, Stuttgart 2007, 94 f.

schreibung: Aufgrund der vielfältigen Verpflichtungen, die der Staat wahrnimmt, hat er sich in den letzten Jahren zum „überforderten Staat" entwickelt.[158] Es würde zu kurz greifen, die Ursache für die Last des Staates auf die Sozialversicherungssysteme oder seine Wohlfahrtstätigkeit zu reduzieren, wie es konservative Politiker behaupten. Es wäre – der linken Kritik folgend – ebenso unzutreffend, in der angeblich ungenügenden Besteuerung der wohlhabenden Oberschicht den Grund für die unzureichende staatliche Finanzkraft zu suchen. Es ist der allumfassende Eingriff des Staates in die Strukturen des menschlichen Habitats und seine Allmacht, mit der er in jegliche Lebensbereiche eingreift, die ihn überfordern. Der Staat bricht unter der Last der Wirtschaftseingriffe, Umverteilung, Subventionen, Vergünstigungen, seiner Forschungs- und Überwachungssysteme, seiner weltpolitischen Ambitionen, Strukturprogramme und zuletzt der Krisenabwehr zusammen. Im Zuge der europäischen Strukturkrise, wurde ihm von der Politik auch noch die Aufgabe zugetragen, die budgetären und ökonomischen Ungleichgewichte in der Eurozone zu tarieren. Diese Ungleichgewichte entstammen wiederum aus den gegen den Staat gerichteten Ansprüchen und seiner Pflicht, ein beständiges Wohlstandsniveau zu garantieren. Der Staat kann die Krise nicht überwinden, weil seine derzeitige Gestalt selbst eine Ursache darstellt und weil er die Mechanismen, die zur Krise führten, durch das ihm von der Politik auferlegte Krisenmanagement verstärkt. Die Staaten haben sich verschuldet, um den Aufgaben gerecht zu werden. Dieses Problem der Schulden lässt sich jedoch nicht mit neuen Schulden lösen. Die Strukturkrise des Euroraums ist Abbild des überforderten Staates, der übermäßig in die Wirtschaft interveniert, eine künstliche Ökonomie aufrechterhält und das Gesamtvolumen staatlicher Aktivität nicht auf ein Niveau zurückführt, dass einem Gleichgewichtszustand entspräche.

Der überforderte Staat manifestiert sich in den aufgeblähten Etats. Diese sind Ausdruck der vielfältigen Belastungen, die er stemmen muss. Daher ist es ebenso unzureichend, allein wirtschaftliche Aspekte als Ursache für die Euro-Krise zu benennen. Zwar entstammt der temporäre Anstieg der Staatsverschuldung aus den Eingriffen in die Real- und Finanzwirtschaft, und sie stellt damit eine Folge der Finanzkrise dar. Der sprunghafte Aufwuchs ist jedoch nur der Abschluss einer sukzessiven Entwicklung, die seit Jahrzehnten zu einer immer höheren Verschuldung geführt hat. Zwischen 2008 und 2011 stiegen die Staatsschulden von 66,4 auf 85,5 Prozent.[159] Im Falle Deutschlands sind die Kosten der Bankenkrise

---

158 Vgl. hierzu Wilhelm Hennis/Peter Graf Kielmansegg/Ulrich Matz: Regierbarkeit. Studien zu ihrer Problematisierung, Stuttgart 1977.
159 Vgl. Ulf Meyer Rix: Die Krise im Euro-Raum. Viel mehr als nur ein Problem zu hoher Staatsschulden, in: Martin Junkernheinrich, Stefan Korioth, Thomas Lenk, Henrik Scheller, Matthias Woisin (Hrsg.): Jahrbuch für öffentliche Finanzen, Baden-Baden 2012, S. 303.

ein Aspekt der steigenden Staatsverschuldung, neben den Konsumausgaben der Siebziger Jahre, der Wende und dem Aufbau Ost etc.

In Europa hat sich in den vergangenen Jahren ein Mechanismus etabliert, der die Staaten zwingt, beständig die Ökonomie aufzublähen, um die Mittel zu erwirtschaften, um am Kapitalmarkt ihre Verbindlichkeiten zu bedienen. Diese wiederum sind notwendig und müssen erneut aufgenommen werden, um die Wirtschaft weiterhin auf einem gegebenen Niveau zu halten. Einen Ausweg aus dem Dilemma des artifiziellen Wirtschaftswachstums böte die Rückkehr zu einem nachhaltigen Produktionsniveau. Dies führt jedoch zu Einbußen in der volkswirtschaftlichen Produktion.

Die Politik kann ebenso – wie so oft gefordert – das Geldsystem nicht verkleinern, ohne dass Geld aus dem Wirtschaftskreislauf gezogen wird. Mit der Verkleinerung der Geldmenge gehen Wachstums- und Wohlstandsverluste einher. Dies ist die Politik nicht bereit hinzunehmen. Sie schafft deshalb die neuen Strukturen des unlimited spending, um sich vor dem Urteil des Marktes zu schützen und die Wirtschaft weiterhin nach eigenem Gutdünken zu manipulieren. Weil die Schuldenstände immer größere Anstrengungen verlangen, um marktkonform refinanziert zu werden, schaltet die Politik wesentliche Elemente der Marktwirtschaft aus, um sich dieser Bürde zu entledigen. Die Politik muss den Weg des artifiziellen Wirtschaftswachstums nicht verlassen. Prinzipiell besteht dafür keine Notwendigkeit, denn die künstliche Wachstumsstimulation hat noch keine natürliche ökonomische Grenze erreicht. Die Volkswirtschaften können noch immer wachsen, wodurch sie einen Überschuss generieren, der es erlaubt, weitere Mittel aufzunehmen, um die Produktion zu steigern. Weil die volkswirtschaftlichen Überschüsse immer kleiner werden, sehen sich die politischen Systeme gezwungen, entsprechende Anpassungen vorzunehmen, um den Staaten eine Fortsetzung des bestehenden Wohlfahrtsmodells zu ermöglichen. Je geringer sich die Zinslast an den Märkten gestaltet, desto geringer kann auch das Wachstum der Wirtschaft ausfallen.

3. Die Wirtschafts- und Finanzkrisen als Beschleuniger

„Die Märkte seien derart unreguliert, dass sie sich zerstört hätten."[160] Diese Aussage des deutschen Finanzministers Wolfgang Schäuble führt zum Kern der philosophischen Debatte über die Ursachen der derzeitigen „Krisen". Während liberale Analysten die Auffassung vertreten, die Politik trüge die Schuld, schiebt

---

160 Vgl. Banken außer Kontrolle, wie die Politik uns in die Krise führte auf ARD am 15.07.2013.

die Politik den schwarzen Peter den Finanzmärkten zu, die entfesselt und dereguliert in einem ekstatischen Tanz um das goldene Kalb ihren eigenen Untergang provozierten. Können sich Märkte zerstören? Der Markt ist allgemein eine Form des Handels und des Handelns. Nicht mehr und nicht weniger. Das einzige, was der Markt hervorbringt, sind Ergebnisse. Er vermag sich aber nicht zu zerstören. Die konsequente Anwendung des Marktmodells führt zu Marktergebnissen. Schäuble kritisiert nicht enthemmte Märkte, die sich zerstören, sondern er lehnt das Ergebnis dieser Form menschlicher Interaktion ab. Auf dem Markt kann jeder individuell seine Konsum- und Investitionsentscheidung selbst treffen. Fehlentscheidungen werden durch den Markt bereinigt. Dies ist der Mechanismus der Marktwirtschaft. Die Märkte haben sich nicht zerstört, sondern als Ende 2008 die Subprime-Krise der USA die Weltwirtschaft ins Wanken brachte, begann eine Marktbereinigung. Das Gegenteil eines zerstörten Marktes war der Fall: Der Markt begann nur, die Fehlinvestitionen wie einen Fremdkörper abzustoßen. Allen Marktteilnehmern und der Politik waren die Folgen der Bereinigung zu diesem Zeitpunkt ebenso bewusst, wie dass sie zu Verlusten führen würden – ja müssten. Ein essentieller Baustein der Marktwirtschaft ist der Zusammenhang von Risiko und Gewinn, von Chance und Verlust. Dies gilt nicht nur für die Banken, sondern ebenso für die Kleinanleger, die ihr Geld lieber den global players anvertrauten als der heimischen Sparkasse. Die Wirtschafts- und Finanzkrisen, die seit 2007 ohne Unterlass die Volkswirtschaften großer Industrienationen ins Wanken bringen, sind eine Ursache für den Eingriff des Staates in die Marktwirtschaft. Als 2008 die Bank Lehman insolvent wurde, wandte die US-Regierung ein letztes Mal das marktwirtschaftliche System an: Sie ließ die Bank Pleite gehen. „Am 9. September veröffentlichte der renommierte US-Ökonom Kenneth Rogoff [...] einen Artikel, in dem er Zentralbanken vor zu großzügigen Finanzspritzen warnte. Rogoff argumentierte dort, das Finanzsystem müsse schrumpfen. Man könne nicht jede Bank retten. Aus einem Kreditrisiko wurde man ein Staatsrisiko machen. [...] Die Federal Reserve stand unter erheblichen Druck nicht alle Banken, die zu ihr kamen, zu retten. Dieser Druck war in September höher als zuvor und es war sicher Lehman Brothers' Pech in einer solchen Zeit in Schwierigkeiten zu geraten."[161] Das Geldhaus hatte im hohen Maße falsch investiert und sich – ebenso wie viele andere US-amerikanische Banken – bei den hypothekenbesicherten Derivaten (ABS) verspekuliert.

Ein genauerer Blick auf die Konsequenzen der Immobilienkrise und der tausendfachen Zwangsräumungen insolventer Hausbesitzer in den USA verdeutlicht das Ausschalten des Marktmechanismus und die deformierte Marktwirtschaft.

---

161 Jürgen Münchau: Kernschmelze im Finanzsystem, München 2009, S. 47.

3. Die Wirtschafts- und Finanzkrisen als Beschleuniger

Es gilt bereits jetzt einen Einwand zu formulieren: Niemand wünschte sich die stringente Anwendung der Marktwirtschaft, denn sie hätte zu Verlusten weiter Teile des volkswirtschaftlichen Vermögens geführt.

Ausgangspunkt des Kaufkrafttransfers durch die Zentralverwaltungswirtschaft ist die Immobilienkrise der USA. Als in den USA mit regulatorischen Anreizen und der Niedrigzinspolitik der Fed umfangreiche Investitionen in den Immobilienmarkt flossen, fand eine volkswirtschaftliche Umverteilung statt. Die Banken ermöglichten es Millionen von Menschen mit geringem Einkommen, ihren Traum vom eigenen Haus zu erfüllen. Die Kredite, welche die Banken vergaben, behielten sie nicht traditionell in den Büchern. Sie wurden gebündelt, verbrieft und am Finanzmarkt weiter verkauft. Indem Finanzinstitute weltweit Billionen an Dollar und Euro in diese Finanzprodukte (ABS, CDO) steckten, ermöglichten sie es Amerikanern ohne Einkommen, ein eigenes Haus zu bauen. Amerikanischen Banken nannten die Kreditoren Ninja: No income, no Job, no asset – was so viel heißt wie: kein Einkommen, keine Arbeit, kein Vermögen. Das Geld von Anlegern und Sparern, das in den Banken lag, wurde Gläubigern gegeben, die teilweise weder Einkommen noch Vermögen besaßen. Das ist das simple Prinzip, das sich hinter den komplizierten Begriffen und Mechanismen wie SPV, Conduit oder außerbilanzielle Zweckgesellschaften verbarg. Als diese Schuldner das Geld nicht zurückzahlen konnten, brachen die Immobilienpreise ein. Es wurde alles wertlos. Die Häuser hatten keinen Wert mehr und ließen sich nur unter Verlusten weiter veräußern, wodurch die Blase barst. Das Geld der Sparer und Anleger, das die Banken in die Finanzprodukte investiert hatten, war weg.

Würde die Marktwirtschaft als Ordnungsmodell Anwendung finden, müssten die Banken für die Verluste einstehen. Sie haben das Geld ihrer Anleger falsch investiert und wären pleite – was in letzter Konsequenz hieße, dass alle Sparer ihr Geld verloren hätten. Die Sparguthaben wurden an Gläubiger ohne Arbeit und Einkommen verliehen, wodurch sie unwiederbringbar verloren gingen. Das ist der Zusammenhang von Verlust und Risiko: Die Banken sind das Risiko eingegangen, um hohe Gewinne zu realisieren und müssten in der Marktwirtschaft nun den Verlust schultern. Dies gilt ebenso für die Anleger, welche die Wahl hatten, ob sie ihr Geld Finanzinstituten mit geringer Rendite geben oder in riskante Anlageformen stecken. Die Insolvenz der Banken und der Verlust der Ersparnisse der Anleger wäre die Konsequenz einer intakten Marktwirtschaft. So wäre die Insolvenz der Banken Ausdruck der falschen Investitionsstrategien. Doch auch die damit einhergehenden Verluste der Sparer wären eine marktwirtschaftliche Erfordernis, denn sie hatten in Erwartung hoher Renditen den Banken die Erlaubnis erteilt, ihr Geld in solche Produkte zu kanalisieren. Ein intaktes Geldsystem mit marktwirtschaftlichen Grenzen für die Ausdehnung der Geldmenge würde den Verlust der Sparguthaben und die Insolvenz der Banken fordern. Das Geld ist nur einmal da – es wurde falsch investiert und ist damit verloren. Ohne die Zentralverwaltung mit ihrer Zentralbank hätte es umfangreiche marktwirtschaftliche Verluste gegeben. Die Banken hätten nicht noch einmal solch riskante Produkte erworben, und auch die Anleger hätten nie wieder ihr Geld einer Bank gegeben, ohne zu fragen, was damit passiert. Der Verlust volkswirtschaftlichen Wohlstands wäre der Anpassungsmechanismus, den die Marktwirtschaft böte, um die Marktstrukturen um unrentable Investitionen zu bereinigen.

Natürlich sind weder die kleinen Anleger, noch die Politik bereit gewesen, solche massiven Verluste hinzunehmen, weswegen bspw. die Bundesregierung im Herbst Garantien für die Spareinlagen aussprach. Merkel verkündete: „Wir sagen den Sparerinnen und Sparern, dass ihre Einlagen sicher sind. Auch dafür steht die Bundesregierung ein." Steinbrück wollte „unterstreichen, dass wir in der Tat in der gemeinsamen Verantwortung, die wir in der Bundesregierung fühlen, dafür Sorge tragen wollen, dass die Sparerinnen und Sparer in Deutschland nicht befürchten müssen, einen Euro ihrer Einlagen zu verlieren. Dies ist ein wichtiges Signal, damit es zu einer Beruhigung kommt und nicht zu Reaktionen, die unverhältnismäßig wären und die uns die derzeitige Krisenbewältigung beziehungsweise Krisenprävention noch schwieriger machen würde." Die Marktwirtschaft hätte eine Bereinigung der Fehlinvestments gefordert: Das Geld war in die falschen Produkte geflossen und verloren – konsequenterweise muss irgendjemand für die Verluste einstehen. Doch dazu war niemand bereit. „Wahrscheinlich ist es dem Lehman-Schock vom September 2008 zuzuschreiben, dass keine Regierung mehr daran denkt, im Zuge der Liquiditätsverknappung an den Rand der Insolvenz geratene Großbanken abzuwickeln: Sind diese Institute einmal als systemrelevant gekennzeichnet, bleiben nur Rekapitalisierungs- und Bilanzentlastungshilfen übrig, um in jedem Fall den Status quo zu halten. Wettbewerbspolitisch läuft das auf die Konservierung einer gegebenen Marktstruktur hinaus."[162]

Deswegen wurde die Marktwirtschaft ausgeschaltet und die Zentralverwaltung rettete die Institute. Die Vollkasko-Ökonomie ist kein abstrakter Prozess, sie ist allgegenwärtig und schützt die Menschen vor den Anpassungsprozessen des Marktes. Banken wurden verstaatlicht oder der Staat stützte sie mit Rekapitalisierungen. In diesem Prozess ist es egal, ob die Finanzinstitute ganz vom Staat übernommen werden, ob sie teilverstaatlicht werden oder ob er nur Garantien und Bürgschaften für die Refinanzierung am Finanzmarkt erteilt. Die Finanzinstitute hätten am Markt nicht bestanden und jede Hilfe, die sie erhalten, ist die

---

162 Heiko Körner: Schumpeter und die Krise, in: Wirtschaftsdienst, H. 8, Jg. 89 (2009), S. 524.

3. Die Wirtschafts- und Finanzkrisen als Beschleuniger

Abschaltung des Marktes und der Eingriff der Zentralverwaltung. Der Begriff „Teilverstaatlichung" ergibt keinen Sinn. Jede noch so kleine Finanzspritze, um die die Banken baten, war Ausdruck ihres Unvermögens, am Markt zu bestehen. Es wäre die Aufgabe der Marktwirtschaft, Fehlinvestitionen zu bereinigen. Den US-amerikanischen Immobilienmarkt mit Derivaten aufzublähen und Vermögen in einen renditeschwachen, defizitären Markt zu stecken, war solch eine Fehlinvestition in volkswirtschaftlichem Ausmaße. Der Derivate-Markt musste verkleinert werden, neue Produkte hätten ihren Weg bahnen müssen, was zu entsprechenden Verlusten bei den getätigten Investments geführt hätte. „Ganz ohne Zweifel stellt dieser von Schumpeter beschriebene ‚Prozess der schöpferischen Zerstörung' eine wesentliche Triebfeder des wirtschaftlichen Wachstums dar, da er jene Produktivitätsgewinne aktiviert, die nicht nur quantitative, sondern auch qualitative Nutzenzuwächse für die Volkswirtschaft verbürgen. Das gilt natürlich nicht allein für die Güterwirtschaft. Auch die Entwicklung der Finanzwirtschaft lebt davon. Es ist deshalb wachstumsschädigend, wenn genau dieser Prozess durch die staatliche Konsolidierungspolitik behindert würde, indem Geschäftsmodelle erhalten werden, die nicht mehr wettbewerbsfähig sind. Das betrifft in besonderer Weise den Bankensektor."[163] An dieser Stelle müssten – in der Logik der Marktwirtschaft – jene Marktbereinigungsprozesse starten, die Hayek stets favorisierte. Hayek forderte eine Bereinigung von unrentablen Fehlinvestitionen, um die Kapitalströme wieder einer rentablen Verwertung zuzuführen. Den Einsatz der Notenpresse zur Stützung und Alimentierung dysfunktionaler Strukturen lehnte er ab, womit die Vernichtung eines Teils des Kapitalstocks einherginge. Mit seiner Forderung nach dieser Marktbereinigung scheiterte er am Ordnungsmodell des Zauberers Keynes, der mit seinem Vorschlag zur Ausdehnung der Geldmenge diese Anpassungen zu verhindern gedachte. Durch den Einsatz der Notenpresse lässt sich die aus dem Markt entstammende Notwendigkeit nach Schrumpfung inzwischen unrentabler Strukturen verhindern. Die eingebrochenen Immobilienwerte in der Subprime-Krise sind nur eine Seite der Medaille. In den Bilanzen schlüge in der Haben-Seite ebenso der Verlust der Sparguthaben zu Buche. Doch die mit einer möglichen Insolvenz der Banken korrespondierende Vernichtung der Sparguthaben der Anleger wurde abgewendet.

Nach der Subprime-Krise folgte die Staatsschuldenkrise. Hier fand das gleiche Prinzip erneut Anwendung. In der Schuldenkrise erfolgte gegenüber anderen Staaten ein Finanztransfer: Deutschland alimentierte den übermäßigen Konsum anderer Staaten, indem es die Forderungen der globalen Finanzwirtschaft bediente. Die Bundesrepublik bezahlte ergo das vergangene Wohlstandsniveau

---

163 Ebenda.

der hellenischen Republik, indem es Griechenland Kredite zur Verfügung stellte, um die Investments der Finanzinstitute zu bedienen, die wiederum das frühere Wohlstandsniveau ermöglicht hatten. Eigentlich wären deren Investments ausgefallen, wenn die EU nicht eingesprungen wäre. Das Geld der Banken, welches in die Staatsanleihen der insolvenzbedrohten Staaten floss, wäre verloren, weil die Staaten nicht fähig waren, die Investments der Finanzinstitute zu bedienen. Die Staaten stellten somit Gelder zur Verfügung, welche die potenziellen Ausfälle der Privatbanken kompensierten. Ohne die staatliche Stützung durch das Hilfspaket wären den Geldhäusern Verluste aus der Insolvenz Griechenlands entstanden. Das Hilfspaket sicherte die Investitionen der Geldhäuser, die unter marktwirtschaftlich-ordnungspolitischen Aspekten verloren gegangen wären: Keine Rendite ohne Risiko. Zu den Grundzügen des marktwirtschaftlichen Systems zählt das Prinzip der Haftung, denn wer privat Gewinne realisiert, trägt das Ausfallrisiko und mögliche Verluste.

Mit den verschiedenen Methoden des unlimited spending vermögen die Regierungen die Härten der Krisen zu mildern. Sie können des Staates Finanzkraft aufrechterhalten und wirtschaftliche Verwerfungen durch steigende Schuldenstände korrigieren, ohne dass ihm am Finanzmarkt daraus ein schlechtes Rating erwachsen würde, oder dass er überhaupt an eine Grenze der Finanzierbarkeit geraten würde. Gleichzeitig wird es der Finanzwirtschaft und den Banken ermöglicht, sich preisgünstig in großem Umfang aber ohne ausreichende Sicherheiten Geld bei der EZB zu leihen. Die Vollkasko-Ökonomie mag ein Wirtschaftssystem sein, das vor Aderlässen und übermäßigen Verlusten schützt, doch alle Wirtschaftsteilnehmer müssen sich an diesem Schutzsystem beteiligen. Finanzinstitute und ebenso die Anleger haben durch ihr Risikoverhalten volkswirtschaftliche Verluste provoziert. Die Gesamtheit der Wirtschaftsteilnehmer muss für dieses riskante Verhalten nun aufkommen, indem ihre Kaufkraft abgeschöpft und umverteilt wird. Eucken resümierte vor vielen Jahren: „Gerade die amerikanische und die deutsche Wirtschaftsgeschichte haben gezeigt, wie aus dem Versagen der freien Wirtschaft die Tendenz zur Zentralverwaltungswirtschaft entsteht."[164] Deutet das Wort „Versagen" auf eine Staatsgläubigkeit bei Eucken?

4. Das Geld der Zentralbank als Heilmittel der Politik

Der Einsatz des Geldes ist das Wesenselement der Vollkasko-Ökonomie, weshalb das geldpolitische Regime dieses Wirtschaftsmodells treffend als unlimited

---
164 Cordelius Ilgmann/Ulrich van Suntum: Marktwirtschaft in der Kritik? Die Finanzkrise in historischer Perspektive, Die politische Meinung, Nr. 471 (Februar 2009), S. 35.

spending charakterisiert werden kann. Indem Geld entgegen marktwirtschaftlicher Bedingungen unbegrenzt zur Verfügung steht, lösen sich die Restriktionen der Insolvenzordnung in der Wirtschaft auf. Der einzelwirtschaftliche Verlust wird eingebettet in das gesamtwirtschaftliche Sicherungssystem der Vollkasko-Ökonomie.

Die Ursache für die Ausdehnung der Geldmenge liegt im Ausschluss der Haftungsrisiken der Banken – oder allgemeiner formuliert: Im Eingriff der staatlichen Zentralverwaltung. Hier liegt der Unterschied der Vollkasko-Ökonomie zur Marktwirtschaft, in der Fehlentscheidungen zu Verlusten und Marktbereinigungen geführt hätten. In der Vollkasko-Ökonomie führen Verluste der Realwirtschaft zwar ebenso zu monetären Verlusten des Finanzsystems, aber diese werden durch neues Geld kaschiert und ausgeglichen, wodurch sie für die Realwirtschaft keine Konsequenzen zeitigen.[165] Der Staat stellt über seine Zentralbank unbegrenzt Geld zur Verfügung, um die Insolvenz von Unternehmen zu verhindern. In diesem Prozess der Geldmehrung muss der Staat nichts befürchten, denn er borgt sich das Geld nicht aus dem Pool realer Sparguthaben oder von privaten Anlegern. Im Gegenteil – er lässt sich das Geld drucken. Die Zentralbank nimmt Sicherheiten entgegen und gibt dafür Zentralbankgeld heraus. Sie kann hohe Anforderungen stellen, oder sie kann bei Bedarf die Sicherheiten absenken. Je niedriger die Sicherheiten sind, die sie entgegennimmt, desto mehr weitet sie die Geldmenge aus. Würde sie nur Gold als Sicherheit für die Kreditvergabe akzeptieren, läge eine andere Geldmenge vor, als wenn sie sich bereit erklärt, auch von Banken selbst gedruckte Anleihen als Sicherheit für ihre Kredite zu billigen. „Sofern die Geschäftsbanken Kredite nachfragen, gibt es keine Grenze der Zentralbankgeldschöpfung, denn die Zentralbank zahlt mit einem Geld, das sie im Akt der Kreditgewährung selbst produziert. [...] Die Grenze der Geldschöpfung der Zentralbank muss also durch geldpolitischen Beschluss fixiert werden."[166]

Was passierte, wenn die Staatsschulden bei der Notenbank einfach gestrichen würden? Da das Geld nur gedruckt ist und keine Sparleistung darstellt, gar nichts. Angenommen die Staaten würden sich direkt bei der EZB verschulden – was nicht geht, weil es der Zentralbank verboten ist, direkt Staatsanleihen zu kaufen. Hätte die Politik keine Muße, die Zinsen zu zahlen oder gar Gelder aus

---

165 Das Finanzsystem ist viel simpler zu manipulieren als die Realwirtschaft, auch wenn sich die Finanzinstitute stets mit dem Nimbus der Komplexität umgeben. Geld drucken bzw. Nullen auf ein virtuelles Konto zu buchen, erscheint zumindest einfacher, als die millionenfachen individuellen Entscheidungen, die Wirtschaftspläne, den Arbeitsmarkt und Investitionskapazitäten im Einklang zu halten.
166 Helmut Wienert: Grundzüge der Volkswirtschaftslehre. Makroökonomie, Stuttgart 2008, S. 142.

dem Staatshaushalt in die Tilgung zu stecken, dann würden die Schulden bei der Notenbank gestrichen. Die Zentralbank hat das Geld nur gedruckt, sodass es niemanden stört, wenn es nicht zurückgezahlt wird. Sie kann den Verlust ebenso in ihren Büchern behalten und dort belassen. Was zwingt sie, ihn glattzustellen? Mehr noch, wer verhindert, dass sie einfach Geld druckt, um ihn auszugleichen? Jedenfalls gibt es keine Pflicht zur Kompensation von Verlusten der Notenbank: „Im Bundesbankgesetz fehlt eine Regelung über den Ausgleich von Verlusten. Ohne gesetzliche Anordnung wird man aber eine allgemeine Pflicht des Trägers einer Einrichtung öffentlicher Verwaltung, namentlich auch einer Anstalt, zur Übernahme von Verlusten dieser Einrichtung nicht bejahen können."[167] Bei der EZB beschränkt sich der Verlustausgleich auf die Gewinne, welche die Zentralbank macht. Unabhängig von Buchungstechniken, bilanziellen Erfordernissen oder Rechtsnormen, die Anwendung finden sollen, darf ein Aspekt nicht vergessen werden, weshalb die Insolvenz der Staaten oder ihr zugehöriger Zentralbanken nicht möglich ist. Die Politik besitzt das Primat über das Geld. Geld ist beliebig reproduzierbar. Ergo ist die Politik in der Lage, beliebig Geld zu produzieren. Regelungen, welche die Ausdehnung der Geldmenge limitieren und zur Verhinderung negativer Effekte an marktwirtschaftliche Bedingungen koppeln, muss der Staat gewährleisten. Den Staaten wurden diese Restriktionen auferlegt, um sich vor den Konsequenzen der Geldmengenausweitung zu schützen. Die Politik hatte sich wie Odysseus, als er an den Sirenen vorbei segelte, selbst gebunden. Sofern die Politik keinen Wille besitzt, die marktwirtschaftlichen Regeln gegen sich selbst gelten zu lassen, kann sie stets die Buchungstechniken, bilanziellen Erfordernisse oder Rechtsnormen entsprechend ändern: Sie wird an keine physische Grenze der Geldproduktion stoßen und damit nicht insolvent gehen.

Wenn der Staat das Geld nicht zurückzahlt, verbleibt es in der Zirkulation. Natürlich behält die Zentralbank einen Faustpfand in Form der Staatsanleihe. Da der Staat diese nicht bedient, ist sie aber nichts wert. Das ist das Wesen der Aufweichung der Kreditsicherheiten. Angenommen, der Staat müsste für seine Kredite Anteilsscheine seiner Unternehmen als Pfand hinterlegen, bspw. der ehemaligen Telekom. Diese harten und qualitativ hochwertigen Papiere könnte die Zentralbank wieder in Geld ummünzen. Sie hätten gleichzeitig einen restriktiven Charakter, denn der Staat würde es sich überlegen, ob er sein gesamtes Tafelsilber verpfändet. Darüber hinaus stünde nur eine beschränkte Basis für die Ausweitung des Kreditvolumens zur Verfügung: Marktwirtschaftliche Restriktionen würden die Geldmengenausdehnung beschränken. Das Drucken von Staatsanlei-

---

167 Helmut Siekmann: Die Verwendung des Gewinns der Europäischen Zentralbank und der Bundesbank, Institute for Law and Finance, Working Paper Series, Nr. 8, Jg. 2 (2005), S. 3.

4. Das Geld der Zentralbank als Heilmittel der Politik 103

hen hingegen bietet gar keine Grenze. Die fehlende Rückzahlung bereitet ebenso keine Probleme. Das eigentliche Problem ist, dass das Geld in der Zirkulation verbleibt und nicht – wie beim Leihen üblich – irgendwann zurückgezahlt und damit der Zirkulation entzogen wird. Weil sich die Staaten aber nicht direkt bei der EZB verschulden dürfen, übernehmen die Banken die Rolle des Mediators in der Kredit- und Geldschöpfung. Was passiert, wenn die Zentralbank ihr Geld von der Geschäftsbank zurückfordert? Weil die Staatsanleihen im Sicherheitenpool der Banken stecken und als Grundlage für neues Geld dienen, sind sie mit der Kreditsumme der Banken in der Realwirtschaft verquickt. Wendet sich die Geschäftsbank nun an den Staat, der es nicht zurückzahlen kann oder will, so gestaltet sich die Rückabwicklung der Kreditkette schwieriger. Die Bank kann das Geld nicht aufbringen, weil es ihr der Staat nicht zur Verfügung stellt. Ist die Geschäftsbank jetzt insolvent? Mitnichten, denn dafür hat sie Staatsanleihen im Sicherheitenpool bei der Notenbank hinterlegt. Wenn die Bank vom Staat das Geld nicht zurückerhält und demnach auch den Kredit bei der Notenbank nicht zurückzahlen kann, dann kann die Notenbank die Staatsanleihe behalten und liquidieren. Da dies schon die Geschäftsbank nicht vermochte, gelingt es der Notenbank ebenso wenig. So wie bei der direkten Staatsfinanzierung schmerzt es niemanden, wenn die Staatsanleihe von den Geschäftsbanken gehalten wird. In diesem wie im obigen Beispiel verbleibt einmal gedrucktes Geld in der Zirkulation.

Das Streichen der Schulden bei den Zentralbanken bedeutet einzig den Verlust des Marktsystems, weil die angehäufte Geldmenge nicht mehr auf das Niveau vor dem Eingriff des Staates – auf das marktwirtschaftliche – zurückgeführt wird. Statt das Geld zurückzuzahlen und aus dem Kreislauf zu ziehen, bleibt es vorhanden. Der eigentlich höhere marktwirtschaftliche Zins, der sich aufgrund der verringerten Geldmenge einstellen würde, bleibt durch den Eingriff der Zentralverwaltung dauerhaft auf einem niedrigen Niveau. Der Verlust des Marktsystems drückt sich darin aus, dass für übermäßigen Konsum in der Gegenwart nicht mehr in der Zukunft gespart werden muss. Verluste der Wirtschaft führen nicht zu Insolvenzen, weil das Geld nicht geborgt, sondern hergestellt wird und seine Vermehrung vorerst niemandem etwas kostet. Der Staat muss keinerlei finanziellen Restriktionen genügen, weil er sich vom marktwirtschaftlichen Preissystem abkoppelt. Steigende Refinanzierungskosten durch erhöhte Schuldenstände lassen sich vermeiden, weil der Zins nicht mehr die Knappheit des Geldes oder das Risiko staatlicher Zahlungsausfälle widerspiegelt. Gleichzeitig verliert der Besitz von Geld seinen Nutzen, die Anleger erhalten keinen Zins mehr, egal wie viel Geld nachgefragt wird: Die Manipulation des Zinses ist ein zweischneidiges

Schwert. Kosten, welche die Nachfrage vermeidet, müssen sich in einem fehlenden Gewinn des Geldangebots niederschlagen.

Dieses Geld wird von der Zentralbank bereitgestellt. Es soll nicht polemisch klingen, doch scheint das Präfix „Zentral" seine negative Konnotation für Institutionen an der Schnittstelle von Politik und Wirtschaft verloren zu haben. Obwohl Zentralkomitee und Zentralverwaltungswirtschaft einhellig abgelehnt werden und der Zentralstaat für die Deutschen einen Beigeschmack hat, genießt die Zentralbank absolutes Vertrauen. Wie kann die Zentralbank ein Instrument der Politik sein? Immer wieder beteuern die Politiker, die Zentralbank sei unabhängig. Die postulierte Unabhängigkeit ist das wiederkehrende Moment geldpolitischer Debatten im Bundestag. Aber die Zentralbank ist keineswegs unabhängig von der Politik. Im Falle Europas ist die Zentralbank über den EZB-Rat mit den politischen Systemen der Staaten verbunden. Im EZB-Rat sitzen die Chefs der nationalen Notenbanken und sie sind sehr wohl politikhörig. Sinn spricht daher überspitzt von der mehrheitlich durch die Krisenstaaten und Frankreich kontrollierten EZB.[168] In den USA ist die Zentralbank schon in der öffentlichen Wahrnehmung eine Institution, auf die der Staat beliebig zugreifen kann. Spätestens mit Japans neuem Premier Shinzō Abe steht die japanische Notenbank unter dem staatlichen Zugriffs Nippons. Der englische Schatzkanzler hat ebenfalls ein Weisungsrecht gegen die Bank of England, wodurch die englische Zentralbank in den Dienste des Staates berufen werden kann.

Durch die Erfordernisse der Krise musste die EZB zu einer neuen Strategie finden. Aufgrund der potenziellen Gefahr einer Implosion des Währungsraums kann sie sich nicht allein auf die Geldwertstabilität besinnen und auf das orthodoxe Instrumentarium vertrauen. Fraglich bleibt, inwiefern die EZB gezielt in den Dienst der Regierungen und der Fiskalpolitik gestellt wird, oder ob die Einflussnahme auf die Marktwirtschaft nur eine Nebenwirkung des Krisenmanagements darstellt. Draghi ist sich der ungewollten Effekte bewusst, aber aufgrund ihrer geheimen Protokolle bleibt diese Frage vorerst unbeantwortet. Im Jahreswirtschaftsbericht verweist die Bundesregierung auf den Sachverständigenrat, der durch das Krisenmanagement der EZB zumindest das Risiko der Inflation erblickt. „Sie [die EZB] werde in die Rolle gedrängt, durch die Refinanzierung von Banken, den Ankauf von Anleihen und die Ankündigung unbegrenzter Anleihekäufe die Stabilität der Finanzmärkte zu gewährleisten. Dies weiche die Trennung von Geld- und Fiskalpolitik auf und könne schwerwiegende Folgen in Form einer langwierigen Wachstumsdepression oder hoher Inflation haben."[169]

---

168 Vgl. Sinn 2012, S. 150.
169 Vgl. BT Drs. 17/12070, S. 25.

4. Das Geld der Zentralbank als Heilmittel der Politik 105

Eine Stabilität der Märkte muss nicht gewährleistet werden. In diesem Sinne ist das Urteil des Sachverständigenrates semantisch nicht korrekt: Die EZB verhindert vielmehr marktwirtschaftliche Prozesse – sie gewährleistet, dass der Markt nicht zu einem ihm eigentümlichen Ergebnis führt.

Mit der schrittweisen Entwicklung des Geldsystems hin zu ungedecktem Papiergeld besitzt der Staat die Fähigkeit, seine Bedürfnisse in der Wirtschaft unbegrenzt zu befriedigen: Es ist gedrucktes Geld – fiat money –, mit dem die Staaten die Wirtschaft beliebig manipulieren. Die einzige Gefahr, die bei diesem Prozess nicht besteht, ist gerade jene, die immer heraufbeschworen wird: Eine Pleite der Geldinstitutionen oder des Staates. Dies wäre zwar möglich, wenn die Staaten nur auf das Geld des Finanzmarktes und auf privatwirtschaftliche Akteure vertrauen würden. Die Marktabhängigkeit war ein Grund, weshalb die Eurozone vorübergehend ins Wanken geriet: Die Eurokrise ist das Ergebnis eines Versuchs der Politik, sich vollständig auf die Finanzierung durch Private zu verlassen.[170] Das Ende der Eurokrise im September 2012 ist Ausdruck der Systemumstellung von der marktwirtschaftlichen Staatsfinanzierung der Geschäftsbanken auf die zentralverwaltungswirtschaftliche Finanzierung per Zentralbank. Mag diese direkte Finanzierung auch keine Anwendung finden, so ist es zumindest die Einführung eines letztinstanzlichen Sicherungssystems, falls die Ansprüche des Marktes die Staaten überfordern. In diesem Resümee verbirgt sich keine Wertung und es sollte nicht zu der Annahme führen, die Zentralverwaltung ist dem Markt voraus. Es ist schlicht Ausdruck der Unfähig der Eurostaaten, sich am Markt zu halten. Wenn die Staaten aber beliebig über Geld verfügen und es für ihre als politisch wichtig erachteten Zwecke einsetzen, wird bereits deutlich, dass es sich hier um einen Umbau der Wirtschaftsstruktur handelt.

Dieser Umbau ist umso tiefgreifender, als die Geldvermehrung nicht allein auf Basis von Staatsanleihen und gouvernementalem Engagement, sondern ebenso auf Grundlage unsolider Wirtschaftsstrukturen erfolgt. Das Prinzip ist dasselbe wie bei den Staatsanleihen, nur dass die Zentralbank Papiere aus der Wirtschaft entgegennimmt. Prinzipiell stellt das unter marktwirtschaftlichen Kriterien kein Problem dar, doch wenn die Zentralbank die Ansprüche für die Entgegennahme der Sicherheiten mindert, weicht sie Kreditbeschränkungen der Realwirtschaft auf. Angenommen, ein Unternehmen erhält nur Kredit von der Geschäftsbank, weil diese einen strengen Maßstab für die Vergabe anlegt. Das Unternehmen muss entsprechend rentabel sein, um den Kredit bedienen zu können. Die wirtschaftliche Stärke und Rentabilität des Unternehmens und seine daraus resultierende So-

---

170 Vgl. hierzu Falk Illing: Die Euro-Krise. Analyse der europäischen Strukturkrise, Wiesbaden 2013, S. 17-24.

lidität und Solvabilität wären die Kriterien für eine Kreditvergabe. Angenommen es gäbe keine Zentralbank: Die Geschäftsbank würde Geld nur an jene Betriebe verleihen, welche diesen Kriterien entsprächen, denn sie muss entweder gewährleisten, den Kredit in der langen Frist vom Schuldner zurückzuerhalten oder den Kredit weiterzuveräußern. Der Handel und die Weitergabe des Kredits an andere Geschäftsbanken würden nur gelingen, wenn diese wiederum die Gewissheit besäßen, schadlos ihr Geld mit Zins wieder zu erhalten. Indem die Zentralbank die Kredite als Sicherheit für ihre Kreditvergabe entgegennimmt, substituiert sie die privatwirtschaftlichen Kreditbeziehungen und weicht sie auf. Damit erhalten Unternehmen Geld, die unter marktwirtschaftlichen Kriterien keinen Kredit erhalten würden.

V. Folgen der Vollkasko-Ökonomie

1. Zerstörung der Marktwirtschaft

Die Marktwirtschaft hat in den vergangenen Jahrzehnten einen weitgreifenden Umbau vom deficit spending über das artificial spending hin zur Vollkasko-Ökonomie erlebt, sodass es nicht mehr möglich erscheint, den status quo ante zu erreichen. Fraglich bleibt, inwieweit sie jemals real vorhanden war. Angenommen sie hätte für bestimmte Sektoren der Volkswirtschaft und die Unternehmens- und Staatsfinanzierung zeitweilig Bedeutung erlangt, so lässt sich konstatieren, dass die Marktwirtschaft inzwischen längst keine reale Wirtschaftsform mehr darstellt, sondern nur noch als Worthülse dient, in der sich andere Inhalte verbergen. Nicht nur der Staat steht in der Pflicht, sein Engagement des artificial spending in der Wirtschaft aufrecht zu erhalten, da er sonst Schrumpfungsprozesse riskiert, die Teile des Kapitalstocks der Ökonomie vernichten würden. Mit dem in der Vollkasko-Ökonomie in Gang gesetzten Prozess der Geldmehrung, verbunden mit dem Ausschalten des Zinsmechanismus, werden sich in Zukunft die Marktprozesse verändern. Das unlimited spending der Vollkasko-Ökonomie führt zu einer schrittweisen Suspendierung marktwirtschaftlicher Mechanismen, die langfristig eine Konservierung bestehender Wirtschaftsstrukturen zur Folge haben könnte. Marktwirtschaftliche Anpassungs- und Innovationsprozesse, die von Schumpeter beschriebene schöpferische Zerstörung, die über den Preismechanismus gewährleistete Effizienz und die Rentabilität des bestehenden Wirtschaftssystems stehen auf dem Prüfstand. Es liegt am politischen System und letztlich in den Händen des Wählers, ob er diese Eigenheiten der Marktwirtschaft als nützlich erachtet oder ob er sie ablehnt.

Demiurg des makroökonomischen Umbaus der derzeitigen Wirtschaftsordnung hin zur Vollkasko-Ökonomie ist die Zentralbank. Durch Manipulation des Zinses und die Ausdehnung der Geldmenge über ein marktwirtschaftliches Niveau hinaus gelingt es ihr, traditionelle Regeln außer Kraft zu setzen. Die Zentralbank thront als allmächtige Instanz über der Volkswirtschaft und kann über ihre geldpolitischen Kanäle gezielt auf Sektoren und Strukturen Einfluss nehmen. Indem die Zentralbank auch schlechte Papiere für ihre Kreditvergabe entgegennimmt, weicht sie strenge marktwirtschaftliche Restriktionen auf und lässt die Geldmenge anwachsen. Auf Basis auch schlechter realwirtschaftlicher Anlagegüter erfolgt eine Kreditvergabe, die sonst aufgrund der minderwertigen Qualität ausgeschlossen wäre. Sie ermöglicht die Schaffung von Kaufkraft für einzelne Wirtschaftsteilnehmer innerhalb des Währungsraums, für welche die anderen Wirtschaftssubjekte wiederum mit einem entsprechenden Verlust aufkommen müssen. Schlicht gesagt bietet sie Geld ohne Gegenwert, wodurch sie auf die Verteilung der Güter Einfluss nehmen kann. Diese aus dem Nichts generierten Ansprüche auf Güter stellen Eingriffe in den Markt dar.

Für die Zentralbank liegt solch ein Marktversagen durch die Geldpolitik nicht vor, weil das Problem der marktwidrigen Geldmehrung durch gedrucktes zusätzliches Geld innerhalb ihrer funktionalen Logik nicht anzutreffen ist. Selbst für die Bundesbank besteht das Problem der Sicherheiten prinzipiell nur in der Ausfallwahrscheinlichkeit. Als Weidmann Ende Februar 2012 bessere Sicherheiten forderte und die Debatte um die Target-Schulden in die Öffentlichkeit trug, ging es ihm nur um die Ausfallwahrscheinlichkeit der für die Kreditvergabe hinterlegten Papiere wie die ABS und Unternehmenskredite. Dass die EZB und damit anteilig die Deutsche Bundesbank mit der Entgegennahme aller möglichen Papiere eine Geldbeschaffung zu niedrigen Zinsen ermöglichte, die auf dem Markt gar nicht möglich wäre – die folglich marktwirtschaftswidrig ist – stellte für die Geldpolitik kein Problem dar. Das eigentliche Problem war und ist aber nicht die Ausfallwahrscheinlichkeit der hinterlegten Sicherheiten. Diese Sicherheiten können nicht ausfallen, weil die EZB mit ihrer Kreditvergabepraxis die Wertigkeit der Sicherheiten garantiert. Solange Griechenland über die EZB stets eine Anschlussfinanzierung erhält, verlieren die griechischen Staatspapiere nicht an Wert. Ebenso ist es mit den Unternehmens- oder Bankanleihen. Solange die EZB sie als Sicherheit für die Kreditvergabe akzeptiert, fallen sie nie aus. Die Zentralbank hebt mit ihrer Kreditvergabe den Markt auf und deshalb können auch keine Marktregeln Anwendung finden: Aus diesem Grund besteht keine „Ausfallwahrscheinlichkeit" – ein Terminus, der noch aus der Marktwirtschaft stammt. Es stellt sich die Frage, warum Weidmann diesen Punkt in seinem Brief[171] an Draghi nicht offen darlegte, sondern Sinns Position folgte und mögliche Verluste für Deutschland in Aussicht stellte. Weidmann ist das Problem der abgeschalteten Marktwirtschaft bewusst. In seiner Dankesrede anlässlich der Verleihung des Ludwig-Erhard-Preises wies er auf diese Problematik hin: „In der internationalen Presse hingegen gilt die Bundesbank bisweilen wahlweise als dogmatisch, starrsinnig oder als Prinzipienreiterin, weil wir auch in der Krise

---

171 Vgl. Bundesbank fordert von der EZB bessere Sicherheiten, in: FAZ vom 30.01.2012.

1. Zerstörung der Marktwirtschaft

auf die Bedeutung von Geldwertstabilität und die Notwendigkeit der Bindungswirkung von Regeln für einen dauerhaft stabilen Ordnungsrahmen hinweisen."[172] Hinter der Passage zur „Bindungswirkung von Regeln für einen Ordnungsrahmen" versteckt sich die Kritik an der Beseitigung marktwirtschaftlicher Gesetze durch den Einsatz der Geldpolitik. Noch zu Beginn der Rede insistiert Weidmann: „Ludwig Erhards Handeln und Denken war von seinem Vertrauen in die marktwirtschaftlichen Prinzipien geprägt. Dazu zählt nicht zuletzt, dass wirtschaftliche Freiheit und das Prinzip der Haftung zwei Seiten einer Medaille sind. Denn nur Marktakteure, die für Handeln auch selbst haften, handeln verantwortlich."[173] Durch die neue Strategie der Zentralbank verliert dieser Zusammenhang von Risiko und Gewinn, Verlust und Haftung jedoch an Bedeutung. Die Geldpolitik der Vollkasko-Ökonomie löst diese Zusammenhänge auf und unterminiert die Prinzipien der (Sozialen) Marktwirtschaft.

Die einzige geldpolitische Restriktion ist die Entwicklung des Inflationsdrucks, nicht aber zerstörte Marktmechanismen, die aus der geldpolitischen Intervention der Zentralbank resultieren. Die Vollkasko-Ökonomie besteht aus zwei Elementen. Das erste Element ist die Aushöhlung der Marktwirtschaft durch den Einsatz des Zentralbankgeldes und die politischen Eingriffe in die Wirtschaftsprozesse, die dazu führen, dass die Insolvenz und die Marktbereinigung sowie der Wettbewerb um die beste und effizienteste Produktions- und Anlageform ausgeschaltet werden. Das zweite Element ist die Überwälzung der Kosten für die fehlende Marktbereinigung und der fehlgeleiteten Kapitalströme auf die Gesamtheit der Gesellschaft durch steigende Preise und Inflation, die zu einer Reduzierung der verfügbaren Einkommen führen. Die Zentralbank ist somit Teil des Problems und der Lösung zugleich, denn obwohl sie die Kompetenz besitzt, die Währung stark und die Inflation gering zu halten, um die individuelle Kaufkraft und die Eigentumsansprüche der Menschen zu gewährleisten, kann diese Macht der Zentralbank ebenso für andere Zwecke Einsatz finden.

Nicht allein die Zentralbank übernimmt eine Aufgabe bei der Umgestaltung der Wirtschaftsordnung. Die Rettungsinstitutionen EFSF und ESM, gegenseitige Hilfspakete und staatliche Garantien stellen weitere Formen der Zentralverwaltungswirtschaft dar. In der Chronologie der Krisen seit 2007 scheint die Insolvenz der Bank Lehman Brothers die letzte Wegmarke zu sein, welche auf die konsequente Anwendung des Prinzips von Risiko und Haftung deutete. Seit diesem Zeitpunkt wurden die Institutionen der Zentralverwaltung in den Dienst des

---

172 Jens Weidmann: Die Stabilitätsunion sichern, Rede in Berlin am 05.07.2012.
173 Ebenda.

Krisenmanagements gestellt. In einer ersten Stufe verhindern die Regierungen Insolvenzen durch den Einsatz von frischem Geld, Garantien und Hilfspaketen. Banken können staatlich abgesicherte Anleihen an die EZB verkaufen und neue Liquidität schaffen. Mit dieser Methode besteht für die Banken die Option, selbst Geld zu schaffen und zwar ohne „gute" Sicherheiten wie Unternehmenskredite oder die zwielichtigen Staatsanleihen. Der Staat ermöglicht es den Banken, ihr benötigtes Geld selbst zu drucken: „Am 27. Februar 2012, d. h. ein Tag bevor vom griechischen Staat garantierte Bankschuldverschreibungen einstweilen die Notenbankfähigkeit verloren, waren aus den genannten Ländern [Griechenland, Italien, Irland, Portugal und Spanien] insgesamt staatsgarantierte ungedeckte Bankschuldverschreibungen von rund 270 Mrd. Euro notenbankfähig, d. h. prinzipiell nutzbar zur Besicherung von Kreditoperationen des Eurosystems."[174] Banken, die auf dem Geldmarkt keine Mittel mehr erhalten, stehen vor der Insolvenz – sie haben sich verspekuliert. Diese Insolvenzordnung wir durch die Option der vom Staat garantierten Bankschuldverschreibungen ausgehöhlt. Es scheint eine systemische Ablehnung gegenüber den unterstellten und als notwendig erachteten Anpassungsprozessen vorzuherrschen. „Die Märkte sind nicht enthemmt, sondern außer Kraft gesetzt. Der letzte Tag, an dem die Marktwirtschaft funktionierte, war der Tag, an dem Lehman Brothers Pleite ging."[175] Die Notwendigkeit zur Stärkung marktwirtschaftlicher Mechanismen erkennen die Kritiker der Krisenpolitik an, allerdings sind die wenigsten bereit, die daraus resultierenden Konsequenzen zu akzeptieren. Obwohl es als Selbstverständlichkeit gilt, Eigentümer und Gläubiger der Banken bei Pleiten in Haftung zu nehmen, wehren sich die Entscheidungsträger schließlich doch gegen die stets geforderte Anpassung.[176]

Es stellt sich die Frage, inwiefern die Zentralbank überhaupt erst eine künstliche Verkehrssphäre schafft, weil sie Papiere mit schlechter Qualität als Sicherheit für Geldgeschäfte entgegennimmt. Würden Banken untereinander die Staatsanleihen oder minderwertigen Unternehmenskredite handeln und würden sie sie von den Staaten kaufen, wenn die letztinstanzliche Zentralbank sie nicht als Sicherheit für die Kreditvergabe dulden würde? Mit großer Wahrscheinlichkeit widerstehen zahlreiche Kreditnehmer nur deswegen der Insolvenz, weil sie von den Kriseninstitutionen gegen die Marktkräfte abgeschirmt werden. Nicht nur Griechenland bietet ein Beispiel für heillos überforderte Staaten am Finanzmarkt: Allein die Ankündigung der Zentralbank, weiterhin griechische Staatsanleihen trotz

---

174 Vgl. BT Drs. 17/8958.
175 Angriff auf die Marktwirtschaft, in: Handelsblatt online vom 17.12.2011.
176 Vgl. Ohne Einheit von Eigentum und Haftung läuft nichts, in: Badische Zeitung vom 24.08.2013.

1. Zerstörung der Marktwirtschaft

schlechter und unzureichender Ratings als Sicherheit zu akzeptieren, gewährleistete 2011 die Anschlussfinanzierung der Hellenen. Je länger das Krisenmanagement mit unorthodoxen Methoden interveniert, desto mehr nimmt es Einfluss auf die Systemkonstanten der Marktwirtschaft. Von der Insolvenz bedrohte Wirtschaftseinheiten erhalten über die Kreditvergabe der EZB Geld, das ihnen unter Marktbedingungen nicht zufließen würde. Gäbe es Rettungsschirme wie die EFSF und den ESM und die staatliche instruierte Institution der Zentralbank nicht, stünde bestimmten Regionen und Marktteilnehmern kein Kredit zu. Sinn verwies in diesem Zusammenhang auf eine Umlenkung der Kapitalströme durch die Geldpolitik der EZB: Die Notenbanken setzen das Marktsystem außer Kraft, weil über das Target-System das Geld dahin fließt, wo es eigentlich nicht hin will.[177] Hermann Otto Solms urteilte zur EFSF im Bundestag, sie „bedeutet nicht nur eine erhebliche potenzielle Belastung der garantiegebenden Länder und deren Steuerzahler, sondern die Gefahr einer Fehlallokation und der Verschwendung von Kapital.[178] Geld wird nicht über den Markt, sondern über die Kanäle der Zentralverwaltung verteilt. Damit ist die – staatlich induzierte – Einflussnahme auf Produktions- und Konsumentscheidungen verbunden, die zu Effizienzverlusten und Preisverzerrungen führen kann. Durch die Rettungsmaßnahmen der Regierungen im Rahmen des Krisenmanagements erhält die Politik Zugriff auf die Entscheidungshoheit der Unternehmen und die Kaufkraft der Geldbesitzer.

In Japan, wo die sich in Europa allmählich verfestigenden Strukturen schon stärker ausgeprägt sind, zeigt sich der Einfluss der Regierungen auf die Vergabepraxis der Finanzwirtschaft. „Mit der direkten und indirekten Verstaatlichung des japanischen Bankensektors wird aber auch der Unternehmenssektor subventioniert. Die Zombiebanken vergeben Kredite zu ‚nachsichtigen Konditionen‘, um im Interesse der Regierung schmerzhafte Restrukturierungen und Insolvenzen zu umgehen. Ein ‚Gesetz zur Verbesserung der Finanzierung des Mittelstandes‘ zwingt die japanischen Banken, klein- und mittelständischen Unternehmen günstige Konditionen zu gewähren."[179]

Die Vollkasko-Ökonomie entwickelt sich weg von der Marktwirtschaft, indem der monetäre Sektor der Wirtschaft von Marktgesetzen und -prozessen bereinigt wird. Die marktwirtschaftliche Ausgestaltung des monetären Sektors stellte sich während der Krisen als Hindernis dar, das zu wiederholten Konflikten mit strauchelnden Wirtschaftssektoren und Staaten geführt hat. In dem Sinne ist es

---

177 Vgl. Hans-Werner Sinn antwortet Hans Peter Grüner vom 23.4.2012.
178 BT PlPr. 17/44 S. 4497.
179 Gunther Schnabl: Die schleichende Verstaatlichung durch die Geldpolitik, Leipzig, o.J., S. 5.

durchaus konsequent, dass das politische System die marktwirtschaftlichen Restriktionen des Geldsystems aufweicht.

2. Zins ohne Signalwirkung / Fehlsteuerung der Investitionen

Der Einsatz des Krisenmanagements nimmt Einfluss auf die Zinsstruktur. Davon profitieren private Akteure ebenso wie Staaten, indem die aufgrund der Verschuldung zu erbringenden Aufwendungen an die Investoren sinken. Im Rahmen von Rettungsprogrammen und Geldpolitik und der daraus resultierenden Ausdehnung der Geldmenge über die marktwirtschaftlichen Grenzen hinweg, geht der traditionelle Zusammenhang von Gewinn und Risiko verloren. Der garantierte Ankauf von Staatsanleihen über die Rettungsprogramme wie das zweite Hilfspaket für Griechenland oder die Anleiheprogramme des ESM zerstören die Marktzinsmechanismen. Nicht nur Staaten, sondern auch die Wirtschaftsteilnehmer bettet die Zentralverwaltung in die marktwirtschaftswidrige Struktur ein. Der Zins ist einer der wichtigsten Indikatoren in der Wirtschaft, der die Kanalisierung des Kapitals in die jeweils effizienteste Anlageform steuert. Er ist die Größe, die den einzelnen Investoren unter den unendlichen Anlageformen des Marktes als Leuchtturm dient, um die Geldströme in die korrekte Richtung zu lenken. Indem die Zentralverwaltung den Zinsmechanismus manipuliert, nimmt sie Einfluss auf die Verwendung des Kapitals, das in weniger produktive und ineffiziente Anlageformen fließt.

Während des Höhepunkts der Eurokrise bestand die Option der Insolvenz einzelner Länder, da eine fehlende geldpolitische Hoheit die garantierte Rückzahlung der durch den Verkauf von Staatsanleihen aufgenommenen Schulden verhinderte. Unabhängig von jeglichen Konsolidierungsanstrengungen ist in der Eurozone die Finanzhoheit des Staates auf den Finanzmarkt übergegangen und unabhängig von Wirtschaftskraft oder vom Haushaltsdefizit bestimmt der Finanzmarkt die Solvenz des Staates. Die Bereitschaft des Finanzmarkts, den Staat als Transferstation der Finanzströme zu dulden, zeichnet die staatliche Solvabilität der Eurozone aus: Der Finanzmarkt selbst stellt dem Staat das Geld zur Verfügung, welches der Staat dem Finanzmarkt schuldet. Die Staaten sind aufgrund des ständigen Finanzierungsbedarfs Teil der globalen Finanzströme geworden – sie haben die Finanzhoheit an die Akteure des Finanzmarktes abgetreten: Sie sitzen in einer „Verschuldungsfalle" und sind abhängig vom Kapitalmarkt wie Banken. Sobald sich die Institute untereinander nicht mehr Vertrauen und die Geldflüsse wie nach der Insolvenz von Lehman Brothers versiegen, zieht das jene Staaten, die keine geldpolitische Hoheit mehr besitzen, in den Ruin. Aufgrund des ur-

2. Zins ohne Signalwirkung / Fehlsteuerung der Investitionen

sprünglichen Verbots des Staates, durch von der Notenbank bereitgestelltes Geld die Schulden der Staatsanleihen zu begleichen, machten sich die Staaten der Eurozone angreifbar, da sie vollständig von der Anschlussfinanzierung des Marktes und der Marktteilnehmer abhängig waren.[180] Dieser Mechanismus war durchaus gewollt, denn er führte über den Zinsmechanismus zu einem Indikator über die Tragfähigkeit der Staatsverschuldung, der gleichfalls die Grenzen der öffentlichen Schuldenaufnahme diktieren sollte.

Wenn die Banken Staatsanleihen kaufen, um Gewinne zu erzielen, akzeptieren sie das in den Staatspapieren steckende Risiko und preisen es entsprechend ein. Staaten mit geringer Ausfallwahrscheinlichkeit zahlen einen niedrigeren Zins als jene, bei denen die Kreditinstitute eher eine Insolvenz erwarten. Der Zins gleicht an dieser Stelle die Erwartungen der Marktteilnehmer aus: Je höher das erwartete Risiko des Ausfalls der Investments, desto höher steigt der Zins. Dieser Mechanismus ergibt nur Sinn, wenn die potenzielle Ausfallwahrscheinlichkeit überhaupt eintreten kann. Mit den Rettungspaketen, der EFSF und dem ESM wurden Instrumente geschaffen, welche diese Ausfallwahrscheinlichkeit minimieren oder sogar aufheben. Angenommen ein Zins von 15 Prozent auf Staatsanleihen deutet das hohe Risiko einer staatlichen Insolvenz an. Wenn die Banken trotzdem diese Staatsanleihen kaufen und damit hohe Gewinne realisieren, müssen sie mit einem potenziellen Ausfall der Investments rechnen. Dieser mögliche Verlust steckt im Zins, er ist die Kehrseite des möglichen Gewinns, weil es in der Marktwirtschaft keine Gewinne ohne potenzielles Risiko gibt. Die Zentralverwaltung hat dieses Prinzip aufgehoben und den Zinsmechanismus ausgeschaltet, denn die Rettungsinstitutionen verhindern eine Zahlungsunfähigkeit der Staaten und ganzer Volkswirtschaften.

Die Folgen dieses Eingriffs der Zentralverwaltung sind eine Bedeutungslosigkeit des Zinses und der Verlust der Aussagekraft des Indikators. Selbst wenn die Kreditinstitute die Staatsanleihen für 15 Prozent kaufen, so müssen sie doch keinerlei Risiko scheuen, ihr Geld zu verlieren. Durch die Schutzinstanzen des ESM und der Anleihekaufprogramme der EZB verhindert die Zentralverwaltung eine mögliche Insolvenz der Staaten und einen Verlust der Investments. Das Prinzip der Haftung und der Zusammenhang von Risiko und Gewinn besitzen für die Staatsfinanzierung keine Bedeutung mehr. Der an Griechenland exerzierte Schuldenschnitt kann nicht als Gegenargument herangezogen werden, denn die Banken wurden für ihre Verluste großzügig entschädigt. Selbst wenn der Zins steigt, bietet er keine Aussagekraft über mögliche Verlustrisiken. Derart verliert der Zins seine Funktion als Marktprinzip und sowohl die Schuldner

---

180 Vgl. Illing 2013, S. 17ff.

wie die Gläubiger sind von diesem Eingriff der Zentralverwaltung betroffen. Ob sich die Kritik an der fortgesetzten Verschuldung der Staaten entzündet, oder an den sicheren Investments der Banken ist bedeutungslos. Beide Verzerrungen sind zwei Seiten einer Medaille und beide Effekte werden durch den Eingriff der Zentralverwaltung hervorgerufen. Weidmann rückt in seiner Analyse die Staaten in den Mittelpunkt, die aufgrund der Sicherheitsnetze der Zentralverwaltung trotz gestiegener Risikoaufschläge weiterhin die Verschuldung erhöhen, weil sie sich den Hilfsmaßnahmen von EFSF, ESM und EZB gewiss sein können: „Bei den bisherigen Krisenmaßnahmen wurden beträchtliche Risiken vergemeinschaftet, und die disziplinierende Wirkung von Zinsen wurde zunehmend geschwächt."[181] Der Zweck der Finanzierung über den Finanzmarkt und des Zinses als Disziplinierungsinstrument war es ja gerade, die Verschuldung zu reduzieren, wenn die Zinslast steigt. Aufgrund des Eingriffs der Zentralverwaltung erlangt der Zins nun – um Weidmanns Worte zu wählen – keine „disziplinierende" Wirkung mehr. Schäuble macht ganz unverhohlen auf das Abschalten des Zinsmechanismus aufmerksam. Die Macht des Zinses musste gebrochen werden, da sonst die Staaten gezwungen wären, auf die Erfordernisse des Marktes mit Anpassungen und eventuellen Insolvenzen zu reagieren. „Vor diesem Hintergrund steht die Politik in der Pflicht, die Tendenz der Finanzmärkte zu konterkarieren, die Krise auch noch zu verschärfen. Dies bedeutet aber keineswegs, dass wir auf den Marktzinsmechanismus als Disziplinierungsinstrument verzichten oder ihn außer Kraft setzen wollen. Ganz im Gegenteil: Regierungen sind auf die Märkte angewiesen, weil nur sie Fehlentwicklungen offenbaren, die Regierungen nicht immer hören möchten, und nur sie die Disziplin erzwingen, hieraus die richtigen Konsequenzen zu ziehen."[182] Offensichtlich waren die Staaten aber doch nicht bereit, sich disziplinieren zu lassen.

Den Schuldnern gegenüber stehen die Gläubiger, welche über sichere Investments mit hohen Renditen verfügen. Das ist die andere Seite der Medaille: Die sicheren Investments sind die Konsequenz aus vor Insolvenz und Zinsmechanismus geschützten Staaten. Es zeigt sich deutlich, wie bei der Staatsfinanzierung am Finanzmarkt durch den Eingriff der Zentralverwaltung über EFSF, ESM und EZB das grundlegende Prinzip der Haftung und der Zusammenhang von Risiko und Rendite aufgehoben werden. Sowohl für die Schuldner als auch für die Gläubiger erlangen die ursprünglichen Marktmechanismen keine Bedeutung mehr. Die Schuldner können die Schuldenpolitik fortsetzen, obwohl sie sich das nicht leis-

---

181 Der Euro verlangt eine Stabilitätsunion, in: Süddeutsche Zeitung vom 27.06.2012.
182 Wolfgang Schäuble: Staatsfinanzen in der Eurozone. Ansätze zur Bewältigung der aktuellen Herausforderungen, in: ZSE, H. 3, Jg. 9 (2011), S. 303.

2. Zins ohne Signalwirkung / Fehlsteuerung der Investitionen 115

ten könnten. Die Gläubiger verdienen Renditen, obwohl sie kein Risiko fürchten müssen. Verantwortung für Verzerrungen der Marktmechanismen trägt die Vollkasko-Ökonomie, die entsprechend ihrer Wirkungsweise auf die Folgen der Fehlverteilung des Kapitals mit inflationärem Aufblähen der Geldmenge reagiert. Die Investments der Kreditinstitute fließen unter diesen Bedingungen in andere Verwendungen als wenn marktwirtschaftliche Strukturen vorliegen würden. Beim vollen Ausfallrisiko der Investments flösse das Geld in die stabilen Staaten Nordeuropas, während die Kreditinstitute die europäische Peripherie weitgehend mieden. Im Norden fließt es in Staaten, die über Volkswirtschaften mit entsprechender Produktivität verfügen, sodass die Kapitalströme einer effizienten Verwendung zugeführt und garantiert zurückfließen würden. Bahnen sich die Kapitalströme hingegen ihren Weg in den Süden Europas, findet das Geld in Anlageformen mit geringerer Rendite Verwendung. Die wirtschaftliche Schwäche der südeuropäischen Staaten und die latente Gefahr der Staatsinsolvenz waren die Ursache für die hohen Zinsen während der Eurokrise. Statt Reformen per Markturteil zu erzwingen, lenkt die Zentralbank die Kredite in diese Region und erhält den status quo.

Nicht nur die Investitionsentscheidungen bei den Staatsanleihen, sondern ebenso die Kapitalströme in die Privatwirtschaft werden durch die Eingriffe der Zentralverwaltung beeinflusst. Die Zentralbank verdrängt das private Kreditangebot, weil sie in der Lage ist, Kredite zu viel geringeren Zinsen anzubieten als es Geschäftsbanken vermögen. Das Risiko für dieses Angebot tragen alle Geldbesitzer, die die eventuellen Ausfälle über Kaufkraftverluste begleichen müssen. Durch die wiederholt abgesenkten Sicherheitsstandards zieht die EZB die Kreditnachfrage an sich, denn sie gibt Kredite für Sicherheiten, die keine private Bank mehr für solch geringe Risikoaufschläge akzeptieren kann. Wenn die Sicherheiten eine schlechte Qualität aufweisen, müssen die Risikoaufschläge steigen, doch die EZB braucht das Ausfallrisiko nicht einzupreisen, weil sie die Verluste nicht fürchten muss. Sie unterminiert das Marktsystem mit ihren geringen Zinssätzen, da es marktwirtschaftlicher Logik widerspricht, Kredite zu Zinsen unter der Inflationsrate zu vergeben, weil ein Finanzinstitut dann beim Verleihen von Geld keine Erträge erwirtschaftet, sondern Verluste einfährt. Nominalzinsen unter der Inflationsrate führen zu negativen Realzinsen, was bedeutet, dass die Zentralbank dafür bezahlt, dass die Geschäftsbanken Geld von ihr erhalten. Durch diese marktwidrige Vergabepraxis höhlt die Zentralbank das Ordnungsmodell aus, denn ihre Kreditvergabe führt dazu, dass die Geschäftsbanken nicht mehr auf dem Geldmarkt nach Krediten fragen, sondern Liquidität von der EZB erbitten. „Inzwischen befindet sich Europa aber schon lange in einem Regime, in dem die EZB den Interbankenkredit mit der Notenpresse in die Flucht schlägt. Keine private Bank aus den Kernländern kann heute mit der Notenpresse konkurrieren. Niemand kann Kredite für drei Jahre zu einem Zins von nur 0,75 Prozent zur Verfügung stellen."[183]

Mit ihrem Einsatz nivelliert sie das Zinsniveau, das nicht über eine bestimmte Höhe steigen soll. Übertritt der Zins ein gewisses Niveau, stellt die EZB genügend Geld zur Verfügung – dafür nimmt sie notfalls schlechte Sicherheiten entgegen, sodass das Zentralbankgeld für jede Geschäftsbank zur Verfügung steht und es mit geringen Zinsen in den Markt gelangt.

Konkret bedeutet dieser Einsatz der EZB für die Angleichung des Zinsniveaus in allen Regionen Europas eine Verzerrung der Investitionsentscheidungen. Das Geld fließt nicht mehr in die lukrativste Anlageform, da sich jedes Kreditinstitut negative Realzinsen leisten kann. Es findet kein Wettbewerb mehr um die rentabelste Anlageform des Geldes statt. Die Zentralbank senkt den Zins auf ein Niveau, der ihr politisch „opportun" und erscheint und „verfälscht" die Lenkungsfunktion des Kapitalmarktes.[184]

Nicht nur die Entscheidungen der Investoren werden durch die geldpolitische Manipulation der Zentralbanken verzerrt. Kapitaleigner tätigen aufgrund des geringen Zinsniveaus verstärkt Investitionen in die Wirtschaft, die sie bei einem höheren Zins nicht aufbringen würden. Es fließt mehr Geld in die Wirtschaft als unter regulär marktwirtschaftlichen Bedingungen. Bei den Sparern tritt der gleiche Effekt auf. Aufgrund der geringen Zinsen legen sie ihr Geld nicht auf das Konto, sondern konsumieren es. Weil die Erträge für die Geldanlage zu gering sind, fließt es in Form von Konsumausgaben in die Wirtschaft. Unter der Prämisse des klassischen Spar- und Investitionsmodells zeigt sich, wie die Wirtschaft vom traditionellen Marktgleichgewicht weg driftet. Entsprechend der klassischen Theorie sind Spar- und Investitionsentscheidungen eng miteinander verbunden: Je mehr gespart wird, desto mehr Geld steht für Investitionen zur Verfügung. Das Geld steht dann in der Zukunft für Ausgaben bereit, um die Kapazitätserweiterungen auszulasten. Durch die Geldpolitik der Zentralbanken steht in der Vollkasko-Ökonomie auch dann Geld für Investitionen zur Verfügung, obwohl die Geldbesitzer gar nicht sparen. Aufgrund des Engagements der Zentralbanken verliert das Theorem der Gleichheit von Sparen und Investieren (I=S) seine Gültigkeit.

Die niedrigen Zinsen machen Anpassungen der Wirtschaft hin zu einer höheren Wettbewerbsfähigkeit unnötig und ermöglichen die Finanzierung unrentabler Investments. Die Entscheidung der EZB über einen „ausgedehnten Zeit-

---

183 Sinn 2012, S 338.
184 Vgl. ebenda, S. 339ff.

raum" niedriger Zinsen macht eine Anpassung der Wirtschaft unnötig. Je geringer die Zinsen, desto geringer die Aufwendungen, welche die Unternehmen tätigen müssen, um den Produktionsfaktor Kapital zu vergüten. Je niedriger der Zins, desto geringer ist die Notwendigkeit, hohe Profite zu erwirtschaften, und desto schwächer gestaltet sich die Wettbewerbsfähigkeit der Ökonomie. EZB-Direktor Benoit Coeure erblickt in dieser Geldpolitik die Gefahr permanent niedriger Wachstumsraten.[185]

3. VEB Banken

Für die Entwicklung der Marktwirtschaft hin zu Vollkasko-Ökonomie wurde die Bedeutung des Staates innerhalb des Evolutionsprozesses offenkundig. Weil die Staaten durch schulden-finanziertes künstliches Wirtschaftswachstum eine Vergrößerung der Produktionsapparate anregten, weiteten sie die Geldmenge aus. Die Schulden der Staaten sind Ausdruck jener künstlichen und durch die Politik angeregten Produktionssteigerungen der Wirtschaft. Das Finanzierungsmodell des künstlichen Wirtschaftswachstums ist auf die Umsetzung durch die Geschäftsbanken angewiesen, denn es ist der Zentralbank verboten, die Staaten direkt zu finanzieren. Der durch das Zwischenschalten der Geschäftsbanken und die Urteile der Ratingagenturen geronnene Zins diente als Steuerungsinstrument, um die Verschuldung nur in nachhaltigen und tragfähigen Grenzen zuzulassen. Die Staaten und Banken gingen eine Symbiose ein, denn die Staaten brauchen die Banken, um ihre Staatsanleihen in den Finanzsektor zu schleusen. Die Banken kaufen sie und können sie entweder als Grundlage eigener Finanzprodukte nutzen oder aber an die Zentralbank weiterreichen, um sich neues Geld zu borgen. Die Politik förderte die Symbiose, indem sie Staatsanleihen als prinzipiell notenbankfähig einstuft und somit den Geschäftsbanken die Option schuf, die Anleihen der Staaten an die Zentralbank weiterzureichen. Grenzen für die Weitergabe an die Zentralbank gibt es nicht, sodass die Geschäftsbanken beliebig viele Staatsanleihen in ihrem Sicherheitenpool bei der Zentralbank lagern können, den sie als Pfand für frisches Geld nutzen. Für die Banken ist es ein lukratives Geschäft, da sie ohne Risiko die Differenz erwirtschaften, die zwischen dem Zins liegt, den sie für das Geld der EZB zahlen und jenem, den sie von den Staatsanleihen erhalten.

Indem die Politik die Finanzierung der Staaten von marktwirtschaftlichen Gesetzen befreit, rückte sie ebenso die Banken außerhalb des Wirkungskreises marktwirtschaftlicher Regeln. Gleichsam eines Planeten, dessen Position sich än-

---

185 Vgl. Alles ist möglich, in: SZ vom 12.07.2013.

dert, folgt der Trabant der Anpassung. Die bereits im vorigen Kapitel angedeuteten Verzerrungen des Zinsmechanismus durch die Eingriffe der Zentralverwaltung und die daraus resultierende Aufhebung der Regeln des Marktes für die Finanzinstitute ist die Kehrseite des Prozesses, mit dem der Staat den Regeln des Marktes entzogen wird. Die finanzwirtschaftliche Beziehung erzwingt die Aufhebung marktwirtschaftlicher Restriktionen auch für die Kreditinstitute. Wenn die Politik durch den Einsatz der Zentralbank oder durch Hilfsprogramme und Kriseninstitutionen wie die EFSF und den ESM das Risiko der Staatsinsolvenz ausschalten, dann verliert ebenso der Zins als Risikoindikator für die Banken als Gläubiger der Staaten an Bedeutung. Die Linke rückte in ihrer Kritik der Absicherungen riskanter Staatspapiere diese Aufhebung der Beziehung von Risiko und Gewinn in den Mittelpunkt: „Viele europäische Staaten sprangen 2009 bereits einmal für die Verluste ein – die Verschuldung stieg sprunghaft an. Davon profitierten die Banken aufgrund des gestiegenen Risikoaufschlages auf Staatsanleihen in Verbindung mit kostengünstiger Refinanzierung durch billiges Zentralbankgeld."[186] Dieselbe Kritik übte der Liberale Frank Schäffler, der durch die Krisenpolitik der Regierungen und Instanzen wie die EZB marktwirtschaftliche Mechanismen außer Kraft gesetzt sieht: „Zum anderen wurde durch die Gründung von Zentralbanken der Zusammenhang von Haftung und Entscheidung für den Bankensektor außer Kraft gesetzt. Zentralbanken wird die Hauptaufgabe zugewiesen, als Kreditgeber letzter Hand die Insolvenz von Banken zu verhindern. Eine Marktwirtschaft ohne Insolvenzrichter ist jedoch keine Marktwirtschaft. Zudem zerstören Zentralbanken durch ihre Zinspolitik das Preissystem von Gesellschaften."[187]

Nicht nur der Zusammenhang zwischen Risiko und geht Rendite verloren. Die Geldpolitik des unlimited spending trennt ebenso die Verbindung zwischen Risiko und Verlust. Milliarden der Gelder fließen in die Banken, die ihre verlorenen Investments ersetzt bekommen. Es ist kein Risiko, Staatsanleihen zu kaufen, der Zins verliert seine Bedeutung.[188] Gregor Gysi kritisiert die Zinsdifferenz zwischen der Geldvergabe der Zentralbank an deutsche Banken, die es den griechischen Finanzinstitutionen weiterreichen. Für diesen einen Schritt verlangten sie einen Aufschlag von zehn Prozentpunkten, so dass die Kreditinstitute Zentralbank-Geld für ein Prozent Zins erhielten und für elf wieder verliehen: „Die Europäische Zentralbank darf Griechenland keinen Kredit geben. Aber die Europäische Zentralbank darf der Deutschen Bank einen Kredit geben. Die Deutsche Bank holt sich dort eine Milliarde Euro und zahlt ein Prozent Zinsen. Dann geht die Deutsche

---

186   BT PlPr. 17/160, S. 19124.
187   BT PlPr. 17/44, S. 4496.
188   BT PlPr. 17/44, S. 4497.

Bank nach Griechenland und sagt: Ihr bekommt die Milliarde, aber ihr müsst leider elf Prozent Zinsen zahlen. Da verdient die Deutsche Bank für eine Überweisung zehn Prozent Zinsen."[189] Nüßlein[190] aber auch Kauder[191] konterten, es läge ein Risikoaufschlag vor, weil die Deutsche Bank das Ausfallrisiko für den eventuellen Verlust trüge. Doch der existiert realiter gar nicht, weil die Ausfälle Griechenlands durch den Kaufkraftverlust aller Geldbesitzer getragen werden. Als der Schuldenschnitt im März 2012 den griechischen Staat entlastete, flossen Teile der Hilfsprogramme in die Absicherung der Investments der Banken. Die Rendite, die sie aufgrund des riskanten Investments beanspruchten, erhielten sie völlig risikolos. Eigentlich hätten die Banken in einer Marktwirtschaft ihr Geld nicht zurückerhalten dürfen, denn keine Rendite ohne Risiko und das schließt den Ausfall der Investments ein. Dieses Beispiel der Debatte aus dem Bundestag kann einer gewissen Ironie nicht entbehren, denn Gregor Gysi – im Sozialismus aufgewachsen und sozialisiert – kritisiert eine marktwirtschaftsferne Praxis, während die CDU als politische Heimat der Sozialen Marktwirtschaft nun diesen Zustand verteidigt.

Diese Stützung der Geschäftsbanken durch die Zentralverwaltung hat zum Phänomen der Zombiebanken geführt. Zombiebanken[192] sind Kreditinstitute, die aufgrund der Werte in ihren Bilanzen insolvent wären, die jedoch aufgrund staatlicher Stützung weiter ihren Geschäften nachgehen. Wenn durch falsche Investitionen die Soll-Seite der Bilanz an Wert verliert, dann sind die Anlagen irgendwann weniger Wert als die Verbindlichkeiten der Haben-Seite. Die Bank könnte ihre Gläubiger nicht mehr bedienen und wäre insolvent, weil sie das ihr anvertraute Geld in faulen Krediten verloren hat. Der Staat kann diese Insolvenz verhindern, indem er Garantien ausspricht und Eigenkapital beisteuert. In Deutschland wurde mit dem Finanzmarktstabilisierungsfortentwicklungsgesetz (FMStFG) die Option eröffnet, Bad Banks zu gründen, in die die Geschäftsbanken ihre toxischen Wertpapiere auslagern können und für die der Staat haftet. Bad Banks sind eine Option, die Bilanz-Schwierigkeiten der Finanzinstitute zu beheben. Ganz allgemein verhindert die Politik mit den Maßnahmen der Zentralverwaltung eine Insolvenz der Banken, die zu Kettenreaktionen innerhalb des Finanzsystems führen würde. Zombiebanken sind quasi insolvente Finanzinstitute, die dadurch am Leben gehalten werden, dass sich der Staat bereit zeigt, beständig Kapital nachzuschießen. Die HRE in Deutschland konnte nur deswegen einigermaßen funktional im System erhalten werden, weil der Staat

---

189 Vgl. BT PlPr 17/84, S. 9358.
190 Vgl. ebenda.
191 Vgl. BT PlPr 17/99, S. 11264.
192 Yalman Onaran: Zombie-Banken. Wie Pleite-Banken und Schuldenstaaten die Weltwirtschaft lahmlegen, Weinheim 2012.

einwilligte, hohe Summen zur Verfügung zu stellen. Das Geld der Zombiebanken steckt in wertlosen Papieren, deren frühzeitige Liquidation die Verluste offenkundig machen würde. Entsprechend sitzen die Banken auf ihren Papieren und können ihrer Kernaufgabe, der Kreditbereitstellung und Geldversorgung, nicht mehr nachkommen. „Die Folge davon [sei] ein Heer von Zombie-Banken, die genau jene Dauerflaute hervorrufen, die es zu verhindern galt. Statt gesunde Geschäfte zu machen, zielen die Zombie-Banken darauf ab, ihre verrotteten Bilanzen nach und nach zu konsolidieren."[193]

Walter Eucken, einer der Väter der Sozialen Marktwirtschaft, sieht in fehlender Unternehmerhaftung die Gefahr der Tendenz einer Zentralverwaltungswirtschaft. Konzerne ohne direkten Eigentümer, die sich im Aktienstreubesitz befinden, werden von Managern wie Volkseigene Betriebe (VEB) behandelt.[194] Der Volkseigene Betrieb der DDR zeichnete sich durch einen Zustand allgemeiner Verantwortungslosigkeit aus, für dessen Ineffizienz die Gesellschaft zahlte. Die auf Adam Smiths Theorie beruhende Annahme, die Maximierung des Eigennutzes führe gleichzeitig zur gesamtgesellschaftlichen Wohlstandssteigerung, gilt nur, solange das individuelle Geschäftsgebaren einer vollen Haftung unterliegt. Die Ereignisse in den vorangegangenen Finanz- und Bankenkrisen haben noch einmal bekräftigt, dass ohne volle und unmittelbare Haftung bei Unternehmen, die die Größe gesellschaftlicher Konglomerate annehmen, schnell Missstände erwachsen können. Es ist unnötig, die prinzipielle Nutzenmaximierung des Eigentums in Frage zu stellen, wie es seit Beginn der Krisen wiederholt geschehen ist. Gauland behauptet – ebenso wie Ötsch – wirtschaftliche Leitplanken wie Eigentum und Markt wären Auswüchse einer Ideologie: „Eine Ordnung, die auf Eigennutz setzt, ist im Prinzip unchristlich und deshalb auch ungerecht. Adam Smith hat sich diese Amoralität schön geredet, indem er von der unsichtbaren Hand sprach, die aus dem Eigennutz von Millionen einen virtuellen Gesamtnutzen macht, ein geschicktes Konstrukt, um zugleich Christ und praktizierender Kapitalist zu sein. Diese unsichtbare Hand hat sich in der Finanzkrise als das entpuppt, was sie in Wahrheit ist – Ideologie. Der private Eigennutz [...] hat sich [...] zu einer Gesamtkatastrophe entwickelt."[195] Gauland übersieht, dass in der Subprime-Krise nie privates Eigentum zur Spekulation genutzt wurde. Weder von den Managern, die gar keine Eigentumsrechte besitzen, sondern Angestellte sind und denen es folglich egal sein kann, ob – um im christlichen Bilde zu bleiben – nach ihnen die Sint-

---

193 Daniel D. Eckert: Alles Gold der Welt: Die Alternative zu unserem maroden Geldsystem, München 2013, S. 87.
194 Vgl. Schweinsberg, in Depenheuer 2009, S. 52.
195 Vgl. Alexander Gauland: Die Ideologie der „unsichtbaren Hand" und ihre Folgen, in: Jürgen Rüttgers (Hrsg.): Wer zahlt die Zeche? Wege aus der Krise, Bonn 2009, S. 32f.

3. VEB Banken

flut folgt. Ebenso wenig von den Käufern der Immobilien in den USA, die durch weitgehenden Haftungsausschluss, etwa dem Senden eines Glöckchenbriefes, keinerlei Regress fürchten müssen. Wer immer mit seinem vollen Eigentum haftet, würde niemals solche Risiken eingehen, wie sie schließlich eingegangen wurden. Es schmerzt, aber die Aufhebung der Haftung erfolgt durch Gesetze der Politik und so zeichnet nicht allein der Markt für die derzeitige Misere verantwortlich.

Insoweit ist Ludwig von Mises zu widersprechen, der in seiner Abgrenzung von Marktwirtschaft zu Sozialismus annimmt, die materiellen Interessen der Großaktionäre würden die Unternehmen gedeihen lassen: „Bei den großen Aktiengesellschaften [...] nimmt nur ein Teil der Aktionäre – Großaktionäre – an der eigentlichen Leitung der Unternehmung teil. Diese haben in der Regel das gleiche Interesse an dem Gedeihen der Unternehmung wie jeder Eigentümer. Doch es kann geschehen, dass sie andere Interessen haben als die große Menge der kleinen Aktionäre, die, auch wenn sie die Mehrheit des Aktienkapitals besitzen, von der Leitung ausgeschlossen sind. Dann kann es zu schweren Kollisionen kommen, [...] Aber wie dem auch sei, klar ist es, dass die wirklichen Machthaber in den Gesellschaften die Geschäfte in ihrem eigenen Interesse führen, mag dies mit dem der Aktionäre zusammenfallen oder nicht. Für den soliden Verwalter einer Aktiengesellschaft, der nicht bloß einen vorübergehenden Gewinn machen will, wird es auf die Dauer im allgemeinen vorteilhaft sein, immer nur das Interesse der Aktionäre zu vertreten und Manipulationen, die sie schädigen können, zu unterlassen. Das gilt in erster Linie von den Banken und Finanzgruppen, die beim Publikum den Emissionskredit, den sie genießen, nicht aufs Spiel setzen wollen."[196]

Mises differenziert ungenügend, denn mit Aktienbesitz verbundenes materielles Interesse schützt nicht vor Wert- und Substanzverlusten fehlerhafter Unternehmensführung, die schließlich per zentralverwaltungswirtschaftlichem Befehl wieder ausgeglichen werden müssen. Für den moral hazard des Managements, das Risiken eingeht in der Gewissheit, der Staat werde eventuelle Verluste übernehmen, wurde in der Finanzkrise der einprägsame Slogan „too big to fail" geprägt. Es macht letztlich keinen Unterschied, ob die Bank verstaatlicht, oder ob einer privaten Bank mit Milliardenkrediten unter die Arme gegriffen wird. Schließlich ist es ebenso bedeutungslos, ob sich staatliche Landesbanken verzetteln. Der Staat und damit der Steuerzahler kommt für die Verluste auf, egal ob das Institut in privater oder öffentlicher Hand ist. Den einzigen Ausweg aus diesem ineffizienten Wirtschaften mit volkswirtschaftlichen Verlusten bietet die Anwendung des Marktprinzips mit der Folge der Bankeninsolvenz. Die Krisenpolitik

---

196 Vgl. Ludwig v. Mises: Die Wirtschaftsrechnung im sozialistischen Gemeinwesen, in: Archiv für Sozialwissenschaft und Sozialpolitik, H. 1, Jg. 47 (1920), S. 110.

hat bewiesen, dass die Eigentumsform als Kriterium für die Insolvenz irrelevant ist, weil sich das Schicksal der Unternehmung in der Verkehrssphäre entscheidet. Bereits in Marx' Analyse vor 130 Jahren deutete sich die Bedeutungslosigkeit der konkreten Eigentumsform an: „[Es] bietet der Kredit dem einzelnen Kapitalisten [...] eine innerhalb gewisser Schranken absolute Verfügung über fremdes Kapital und fremdes Eigentum und dadurch über fremde Arbeit. [...] Was der spekulierende Großhändler riskiert, ist gesellschaftliches, nicht sein Eigentum."[197] Es macht keinen Unterschied, ob die Produktionssphäre durch privates oder durch gesellschaftliches Eigentum geprägt ist, ob Kapitalismus oder die spezielle Form Sozialismus vorliegt. Wenn die Zentralverwaltung eingreift, wird das Ergebnis das gleiche sein. Wenn in der Verkehrssphäre keine Marktwirtschaft herrscht, wird der Manager das private Eigentum genauso verscherbeln wie der VEB-Direktor das gesellschaftliche.

Für die Anleger gelten die gleichen Maßstäbe: Die Kontoinhaber haben ebenso im Vertrauen auf den Staat in den Jahren der Finanzkrise keine Portfolioentscheidungen getroffen, um ihre Geld weg von Geldhäusern mit 25 Prozent Rendite hin zu konservativen Kreditinstituten umzuschichten. Ebenso wie die Führung der Banken vertrauen die Anleger auf den Staat und seine Schutzmechanismen, wodurch eine Auslese oder kritische Abwägung, bei welchem Institut das Geld angelegt wird, unterbleibt. Eine funktionale Marktwirtschaft würde diese Entscheidungshoheit und Informationspflicht der Anleger erzwingen. Bei voller Haftung der Geldhäuser aber auch der Anleger würde jede Fehlentscheidung und Fehlanlage bereinigt. Dann und nur dann würden die Anleger Finanzinstitute wählen, die sorgsamer investieren, weil sie wüssten, dass ihr Geld verloren wäre, wenn sie es Banken anvertrauen, die es in riskante Investments fließen lassen. Den Geldhäusern wiederum stünden kritische Anleger gegenüber, die bei riskanten Geschäftsfeldern mit den Füßen abstimmen würden. Erst dann wieder würden die Banken – wie es Mises annimmt – den Kredit, den sie beim Publikum genießen, nicht mehr aufs Spiel setzen.

Die Banken sind die finanzielle Verbindung der Staaten mit der Wirtschaft und in den Bilanzen der Banken stecken die Gelder, welche den künstlich aufgeblähten Wirtschaftsapparat finanzieren. Marktwirtschaftliche Prozesse, die hart und unverhohlen die Fehlinvestments der Banken begleichen und zu Verlusten des Eigenkapitals und der Einlagen der Banken führen, sind gar nicht gewollt. Die Politik kann diese nicht fordern, weil mit der Verschlankung der Bilanzen jene Gelder aus dem Wirtschaftskreislauf entzogen würden, welche die Wirtschaftskraft steigern. Die Bereinigung der Bankenbilanzen träfe aber ebenso die An-

---

[197] Marx 1983, S. 455.

3. VEB Banken 123

leger, deren Gelder in unrentable Investments gesteckt worden. Als die EU bei der Stützung des Bankensektors in Zypern die Beteiligung der Anleger forderte, erklang ein Aufschrei.[198] Es wäre aber gerade diese Bereinigung und Verkleinerung der Banken, die marktwirtschaftlichen Anpassungsprozessen entspräche.

Im Zuge des Krisenmanagements in Europa vermochten die Banken auf das Geld der EZB zuzugreifen, um sich gegen Ausfälle und Solvenzschwierigkeiten zu wappnen. Um Banken bei einem kurzfristigen Liquiditätsengpass zu unterstützen, gibt es in der Eurozone das System der Emergeny Liquidity Assistance (ELA). ELA steht für Liquiditätsnothilfe und ermöglicht es Notenbanken, in Zahlungsschwierigkeiten steckende Geschäftsbanken zu unterstützen. ELA sind schlicht und einfach Notkredite der Notenbanken im EZB-System. So kann eine Notenbank an die Geschäftsbank in ihrem Geltungsbereich Kredite vergeben, welche diese Geschäftsbank mit Staatsanleihen absichert. Am System der ELA lässt sich die Abschaltung der Marktwirtschaft verdeutlichen. Es zeigt sich außerdem, dass weder den Staaten noch den Banken die Gefahr der Insolvenz droht. Angenommen ein Staat hat Probleme mit der Anschlussfinanzierung und erhält vorübergehend kein Geld von den Finanzmärkten. Daraus resultiert die Gefahr einer Bankeninsolvenz, weil die Kreditinstitute ihre verliehenen Gelder vom Staat nicht zurückerhalten. Das Problem ist die fehlende Akzeptanz der Staatsanleihen auf den Finanzmärkten: Weil die Investoren die Staatsanleihen nicht entgegennehmen und aufgrund des schlechten Ratings auch die Zentralbank die Papiere nicht akzeptieren dürfte, hapert die marktwirtschaftliche Finanzierung des Staates. Indem der Staat seine permanent fälligen Schulden der revolvierenden Staatsfinanzierung nicht mit neuem Geld aus den Finanzmärkten bedienen kann, geraden die Geschäftsbanken ebenso in Schwierigkeiten. An dieser Stelle schaltet die Politik das Marktrisiko aus. Die nationale Notenbank kann der Geschäftsbank trotzdem Kredite gewähren, indem die Geschäftsbank die schlechten und vom Markt verschmähten Staatsanleihen bei ihr einlagert und dafür neues Geld erhält. Weil die Staatsanleihen aber Ramschstatus haben, dürften sie vom EZB-System nicht akzeptiert werden. Doch im Rahmen der ELA werden die nationalen Notenbanken von der EZB ermächtigt, den Geschäftsbanken gegen schlechte Papiere trotzdem Geld zu verleihen. Dieser als Notkredit titulierte Mechanismus unterläuft die Restriktionen, mit denen die Staaten den Regeln des Marktes unterworfen werden sollten. Gleichzeitig subventioniert er die Geschäftsbanken begleitend mit den Staaten. Der „Zwang" der Marktfinanzierung der Staaten und das Verbot der Zentralbank, Staaten zu finanzieren, zielte auf Gleichgewichtsprozesse, die zu einer Anpassung der Verschuldung führen sollten. Wenn der Markt

---

198 Vgl. Der Sündenfall, in: Handelsblatt vom 19.03.2013.

die Staatspapiere verschmäht und der Zins als Steuerungsinstrument wirkt, sollten die Regierungen gezwungen werden, ihre Ansprüche und Ausgaben zu reduzieren. Mit dem Einsatz der Notenbanken und ihren Notkrediten verhindern sie diesen Mechanismus, denn anstatt den weiteren Verkauf von Staatsanleihen und die Geldmengenausdehnung zu verhindern, ermöglichen sie eine fortgesetzte Verschuldung der Staaten. Die Finanzinstitute können daraus Vorteile ziehen, denn indem die Notenbanken für die Kreditvergabe an die Geschäftsbanken die schlechten Staatsanleihen weiterhin akzeptieren, verhindern sie eine Bereinigung der Bilanzen der Geldhäuser. Für die Banken ist es irrelevant, ob sie Papiere mit schlechter Qualität erstehen, da sie diese auf jeden Fall wieder einlösen können. Indem die Notenbanken Papiere mit schlechter Qualität als notenbankfähig deklarieren, ermöglichen sie es nicht nur den Staaten, sondern ebenso ihren finanzwirtschaftlichen Trabanten den Gesetzen des Marktes zu widerstehen. An dieser Stelle schließt sich der Kreis zu den Zombiebanken. Die Finanzinstitute stecken ihr Geld in Anleihen von klammen Staaten oder Unternehmen, die auf dem Markt keinen Wert mehr besitzen. Um die Bilanz auszugleichen, erhalten sie von den Notenbanken zinsgünstige ELA-Notkredite, um die Gläubiger zu bedienen. Ein Beispiel hierfür bietet die Laiki-Bank in Zypern.[199] Notkredite im Rahmen der ELA des EZB-Systems wurden nicht nur von Banken Griechenlands und Irlands genutzt, um der drohenden Insolvenz zu entgehen.[200] Deutsche Banken mussten sich während des Höhepunktes der Bankenkrise ebenfalls unter den Schutzschirm der Zentralverwaltung begeben. In der Finanzkrise wurden der HRE und der Commerzbank und weiteren Banken über ELA insgesamt 25,5 Mrd. Euro zur Verfügung gestellt.[201]

Die linksorientierte Kritik an den Finanzmärkten und den Spekulationswellen der Finanzakteure greift aufgrund des wechselseitigen Finanzverbundes von Staaten und Banken ins Leere. Elsner führt aus, der Staat „verschont [die Spekulationsindustrie] zugleich systematisch, schirmt sie von jedem Risiko ab, entbindet sie von jeder Verantwortung für ihre Spekulationsorgien, versorgt und mästet sie, breitet die kollektive Vollkasko-Versicherung [...] über sie aus"[202]. Allein aufgrund der Immunisierung der Staaten vor den Gesetzen der Marktwirtschaft resultiert bereits der Schutz der Finanzindustrie. Die bemängelte Vollkasko-Versicherung für die Finanzindustrie ist ein Element des Sicherungssystems, das die Politik für die Staaten geschaffen hat. Der Schutz der Finanzbranche als Anhäng-

---

199 Vgl. Fluch der Zombiebanken, in: FAZ vom 24.06.2013.
200 Vgl. Sinn 2012, S. 154.
201 Vgl. Illing 2013, S. 157.
202 Vgl. Elsner 2012, S. 17f.

sel der Staatsfinanzierung gehört zur neuen Vollkasko-Ökonomie, mit der sich die Regierungen gegen die eigens von ihnen erlassenen Regeln des Marktes stemmen. An dem Ausgleich, den die EZB für den Ausfall von privatem Kapital vornimmt, zeigt sich ebenso der staatliche Charakter des Schutzsystems. Die EZB ersetzt private Anleger. Anstatt des Kaufs von Bankanleihen durch die private Nachfrage, bietet die EZB ihr Zentralbankgeld an. Während sich die private Nachfrage verringert und der Umlauf von Bankanleihen seit 2009 um 400 Mrd. Euro abnahm, kompensierte die Zentralbank diesen Ausfall und erhöhte ihre Ausleihungen an die Banken um 500 Mrd. Euro.[203]

Wie ließe sich der „moral hazard" umgehen, der aus der volkswirtschaftlichen Bedeutung der Kreditinstitute resultiert, durch die die Banken weitgehend folgenlos spekulieren können? Es ließen sich Ausführungen über Managerhaftung und Insolvenzordnung machen, die allesamt in den Rahmen der Marktwirtschaft fallen. Selbst die häufig kritisierten, auf kurzfristigem Erfolg basierenden Manager-Boni wären kein Problem. Wenn die Manager für einen Zeitraum – bspw. bis zum Ende der Rückabwicklungsfrist jener Geldanlagen, die unter ihrer Ägide verkauft werden – mit ihrem gesamten Vermögen haften würden, käme keiner von ihnen auf die Idee, übermäßige Risiken einzugehen. Es stellt sich die Frage, inwiefern diese Ausführungen zweckmäßig wären. Solang die Politik und das Finanzsystem eine enge Verflechtung ausweisen, die durch die Strukturen der Staatsfinanzierung notwendigerweise und systemisch gegeben sind, erscheinen solche Überlegungen überflüssig. Wollte sich die Politik von dieser Verflechtung emanzipieren, so bliebe ihr nichts weiter übrig, als einen Systemwechsel zu provozieren.

4. Umverteilung der Lasten durch Kaufkraftverlust / Inflation

Element der Vollkasko-Ökonomie ist die Umverteilung der Güter durch die verteilungspolitischen Effekte der Inflation. Indem die Zentralverwaltung die Geldmenge ausdehnt, schöpft sie Kaufkraft der Geldbesitzer ab und nutzt sie für die Alimentierung ineffizienter Wirtschaftsstrukturen. Das Neue ist weniger die Inflationsrate als vielmehr historisch niedrige Zinsen, wodurch selbst geringe Inflationsraten den Vermögensbestand aufzehren. Alle Rettungsmaßnahmen enden in der Kaufkraftentwertung der Vollkasko-Ökonomie. Zwar ist mit den unterschiedlichen Konzepten wie den von Gabriel geforderten Eurobonds, dem von der Zentralbank umgesetzten und schließlich von der Kanzlerin Merkel geduldetem Ankauf von Staatsanleihen oder den Rettungsschirmen wie EFSF und ESM

---

203 Vgl. Europas Banken erhalten günstigere Kredite, in: FAZ vom 12.10.2012.

kurzfristig eine unterschiedliche Lastenverteilung zwischen Zentralbank und den Ländern der Eurozone verbunden. Die angebliche Insolvenz von Staaten und die Bereitschaft von Zentralbank und Regierungen, diese Insolvenz abzuwehren, haben jedoch verdeutlicht, dass es nicht an Geld fehlt, um das finanzielle Fortbestehen der Staaten zu gewährleisten. Die Politik ist prinzipiell bereit, unbegrenzte Geldmengen zur Verfügung zu stellen, um die Zahlungsunfähigkeit zu vermeiden. Alle diskutierten und schließlich umgesetzten oder abgelehnten Maßnahmen erhöhen die Verschuldung und die Geldmenge. Es ist egal ob diese Schulden real bei den Staaten auflaufen oder fiktiv auf Konten der Zentralbank liegen – solange die Politik nicht bereit ist, die Schulden zurückzuzahlen und also die Geldmenge zu verkleinern, wird stets neue Liquidität in den Kreislauf geschleust. Ein Staat, der seine Schulden in eigener Währung zurückzahlt, geht nicht Pleite. Aber seine Bürger werden an Kaufkraft und damit insgesamt ärmer, wenn er beständig bereit ist, die Geldmenge auszudehnen. Die Politik kann sich um diese Entwertung nicht drücken. Sie traut sich nämlich nicht, den Bürgern die Wahrheit zu sagen und die Steuern zu erhöhen, um die Schulden zurückzuzahlen. Dabei ist die Politik längst in einem Dilemma, dem Schuldendilemma: Sie kann die Schulden abtragen – das kostet die Bürger Wohlstand. Sie kann die Schuldenpolitik ebenso fortführen – doch auch das kostet die Bürger über den Kaufkraftverlust Wohlstand.

Inflation dient als Instrument zur Abschöpfung der Kaufkraft von den Bürgern. Das Wesen des Geldes ist jenes eines Tauschmittels. In ihm ist ein gewisser Wert erfasst, der es erlaubt, Waren zu kaufen, deren Preis diesem Wert entspricht. Diesem Wesen als Tauschmittel kann sich die Politik nicht entziehen, selbst, wenn sie Geld druckt. Sie kann den Wert, den das Geld eigentlich beinhaltet, nicht vermehren. Indem sie Geld druckt, eignet sie sich nur vorhandenen Wert an und senkt ihn entsprechend an anderer Stelle. Der Politik stehen für die Schuldenaufnahme zwei Möglichkeiten zur Verfügung. Sie kann das Geld aus Ersparnissen erhalten oder sie kann es per Notenpresse drucken. Wenn sich die die Staaten bei den Bürgern verschulden, greifen sie auf deren Ersparnisse und damit den Warenverzicht der Gläubiger zu. Indem die Käufer von Staatsanleihen auf Konsum verzichten, stellen sie ihre Konsumansprüche dem Staat zur Verfügung: Das Geld transferiert bei dieser Art der Staatsverschuldung vom Einzelnen nicht in Anspruch genommene Güter und überträgt sie dem Staat. Eine zweite Option bietet die Zentralbank. Wenn die Zentralbank Staatsanleihen kauft, um der Regierung Geld zur Verfügung zu stellen, verzichtet sie selbst zwar nicht auf Konsum. Doch auch die EZB kann sich dem Wesen des Geldes nicht entledigen. Indem die EZB die Staatsanleihen mit neu gedrucktem Geld kauft, schleust sie beständig mehr Finanzmittel in die Zirkulation. Die Ausweitung der Geldmenge

4. Umverteilung der Lasten durch Kaufkraftverlust / Inflation

und der inflationäre Preisauftrieb wirken dem Wesen des Geldes entsprechend wie ein Transfermechanismus: Per Inflation und sinkender Kaufkraft schöpft der Staat Konsumansprüche der Bürger ab und nimmt sie für sich in Anspruch. Nicht das Geld ist knapp, sondern der Wert oder das Anrecht auf Güter, denen das Geld als „Speicher" dient. Je mehr Geld produziert wird, auf desto weniger Anrecht auf Wert und folglich weniger Anrecht auf Güter verfügen die Geldbesitzer. Indem der Staat Geld in die Wirtschaft einbringt, das er nur druckt, erhält er Anrecht auf Güter, ohne einen Gegenwert zu leisten. Er kann sich auf Kosten der Geldbesitzer bereichern. Für diesen Vorgang wurde der treffende Begriff „Zwangssparen"[204] geprägt: Indem Güter durch die Ausdehnung der Geldmenge inflationär teurer werden, können sich die Menschen weniger von diesen Gütern leisten. Sie sind gezwungen, auf die Güter zu verzichten. Diese Güter, welche sie sich nicht mehr leisten können, stehen dann jenen zur Verfügung, die per Ausdehnung der Geldmenge über das zusätzliche geschaffene Geld verfügen können. Dabei ist diese neue und durch die Zentralverwaltung induzierte Verteilung des volkswirtschaftlichen Güterangebots nicht allein auf bestehende Güter beschränkt, sondern sie stellt einen Prozess dar, in dem je nach dem wohin die Kaufkraft verteilt wird, andere Wirtschaftszweige gestärkt werden als jene, welche die ursprünglich marktwirtschaftliche Kaufkraftverteilung bedacht hätte.

Der Wertverlust des Geldes, den die Geldbesitzer hinnehmen müssen, weil die Zentralbank die Geldmenge über das marktwirtschaftliche Niveau ausweitet, ist inhärentes Element der Vollkasko-Ökonomie und einer ihrer Wirkungsmechanismen. Durch das Abschöpfen der Kaufkraft wird die Ineffizienz der Ökonomie, welche aus dem Abschalten der Marktwirtschaft resultiert, durch alle Teilnehmer der Volkswirtschaft bezahlt. Das Abschöpfen der Kaufkraft entspricht den Verlusten, welche eine Volkswirtschaft hinnehmen muss, weil sie nicht mehr durch das Kriterium der marktwirtschaftlichen Effizienz gesteuert wird. Die Vollkasko-Ökonomie ist ein gedankliches Bild und stützt sich auf die bekannte Problematik der Vollkasko-Mentalität: Indem die Vollkasko-Versicherten hohe Schäden provozieren, kommt es zu einem Anstieg der Beiträge für alle Teilnehmer. Die Inflation und das Zwangssparen sind jene Elemente, die in der Versicherungstheorie dem Anstieg der Beiträge aller Versicherten entsprechen. Indem alle Geldbesitzer weniger im Portemonnaie haben, zahlen sie für die Ineffizienz anderer Wirtschaftssubjekte und der gesamten Wirtschaftsstrukturen.

Die Entwertungsmechanismen sind jedoch nicht auf den Einsatz der Zentralbank beschränkt. Wie im zweiten Kapitel dargelegt, ist die Ausdehnung der Geldmenge über ein marktwirtschaftliches Niveau hinaus unabhängig von der

---

204 Vgl. Hayek 1980, S. 130ff.

Eigentumsform der Kreditinstitute. Bei Sicherungssystemen der Zentralverwaltung ist es egal, ob private Geldhäuser oder Zentralbanken die Geldmenge ausdehnen – in beiden Fällen wird sie über jenes Maß hinaus ausgedehnt, welches einem marktwirtschaftlichen entspräche. Die Umverteilung der Vollkasko-Ökonomie ist differenzierter als das Gelddrucken der Zentralbank allein. Indem für die Geldhäuser die marktwirtschaftlichen Restriktionen aufgehoben werden, weiten auch Privatbanken die Geldmenge übermäßig aus. Die Kanäle, in die die Kaufkraft abfließt und durch die sie umverteilt wird, sind mannigfaltig. Die Zentralverwaltung öffnet sie auf verschiedene Wege, je nachdem, wer von der Marktordnung ausgenommen wird.

Vor diesem Hintergrund ist Inflation nicht allein ein Wertverlust, sondern sie ist gleichzeitig eine Umverteilung. „Der inflationsbedingte Verlust an Realwert des Außengeldes ist vergleichbar dem einer Steuer auf das bestehende Vermögen, die man durch Abgabe von Vermögensteilen bezahlt. Wenn die Privaten diesen Vermögensverlust ausgleichen wollen, d. h. den realen Wert ihrer Vermögenswerte wieder auf den Stand vor der Inflation bringen wollen, dann müssen sie zusätzlich sparen (auf Konsum in der Gegenwart verzichten)."[205] Gleichzeitig führt die inflationäre Verteuerung der Waren zu einem realen Vermögensverlust, der zu einer Verringerung der Kaufkraft führt und ebenso in einem verminderten Konsum resultiert. Inflation führt zu einem kleineren Anspruch auf Güter: Es findet eine Umverteilung auf Kosten aller Geldbesitzer statt. Indem die Staaten durch die Notenpresse der EZB von den Bürgern Kaufkraft abschöpfen und sie für ihre Zwecke nutzen, können sie im gesamten Währungsraum eine Umverteilung initiieren.

Die abgeschöpfte Kaufkraft verschwindet nicht, sondern sie fließt in die Kanäle der Zentralverwaltung, die es anderweitig verteilt. Es findet an dieser Stelle keine dezidierte behördliche Entscheidung statt, sondern die Verteilung erfolgt nur in einer Art und Weise, die nicht mehr den marktwirtschaftlichen Kriterien entspricht. An die Stelle der Marktwirtschaft in der Verkehrssphäre und damit der marktwirtschaftlichen Verteilung tritt jene der Zentralverwaltung. Was geschieht mit der Kaufkraft? Die Antworten darauf sind gekoppelt an die verschiedenen Ursachen der Vollkasko-Ökonomie aus dem vorangegangenen Kapitel: Die Kaufkraft fließt in ineffiziente Wirtschaftsunternehmen, marode Banken ebenso wie in die Ausgaben von Staaten, die dieses Geld nicht mehr über den Finanzmarkt erhalten.

---

205 Nikolaus K.A. Läufer: „Inflationssteuer, Eigentumsgarantie und Europäische Währungsunion". Eine ökonomisch-juristische Analyse, in: DstZ, H. 20, Jg. 87 (1999), 764-782.

4. Umverteilung der Lasten durch Kaufkraftverlust / Inflation

Da der Staat für die Finanzierung seiner vielfältigen Aufgaben und die systemische Stützung der Wirtschaft per Haftungsausschluss die EZB einsetzt, weitet er die Geldmenge aus, was einen Anstieg der Preise und den Verlust der Kaufkraft mit sich führt. Weil der Staat durch die Ansprüche an ihn mit seiner Finanzkraft überfordert ist und für die weitere Finanzierung über das EZB-System neues Geld erhält, heizt er die Inflation an und schöpft die Kaufkraft der Bürger ab. Die Inflation ist Ausdruck des überforderten Staates. Indem der Staat die Kaufkraft der Bürger schwächt, stärkt er seine Finanzkraft. Solange der Staat das Geld über die Finanzmärkte von den Bürgern als Investment in Anleihen erhielt, erfolgte der Einkommenstransfer auf freiwilliger Basis. Seit sich der Finanzmarkt und damit die Bürger nicht mehr willig zeigen, selbst zu investieren, fließen die Einkommensanteile zwangsverordnet zum Staat. Ein Indikator für diese erzwungene Umverteilung ist die Inflationsrate. Mises betont, dass eine Regierung sich immer dann genötigt sieht, zu inflationistischen Maßnahmen zu greifen, „wenn sie den Weg der Anleihebegebung nicht zu betreten vermag und den der Besteuerung nicht zu betreten wagt, weil sie fürchten muss, die Zustimmung zu dem von ihr befolgten Systems zu verlieren, wenn sich seine finanziellen und allgemein wirtschaftlichen Folgen allzu schnell klar enthüllen".[206]

Läge das Geldmengenwachstum mit dem realwirtschaftlichen Wachstum auf demselben Niveau, würde die Ausdehnung der Geldmenge dem erhöhten Güterausstoß und den Anstieg der volkswirtschaftlichen Produktion entsprechen. Bei einem durchschnittlichen Wirtschaftswachstum von ca. drei Prozent muss für die These der inflationsbedingten Umverteilung eine Inflationsrate von mehr als drei Prozent vorliegen. Läge das Geldmengenwachstum auf dem Niveau der Güterproduktion gäbe es keine inflationsbedingte Umverteilung. Mit Blick auf die statistischen Berichte über die Inflationsrate könnte die Kritik lauten, es läge kein übermäßiges Geldmengenwachstum vor, welches auf die Verteilung der Güter und die Kaufkraft Einfluss hätte. Ein berechtigter Einwand wäre, dass die Inflationsrate viel zu gering ist, um eine Umverteilung zu initiieren. Allerdings wird sich zeigen, dass diese Annahme auf traditionellen Prämissen beruht. Nicht die angeblich geringe Inflation sollte in den Mittelpunkt rücken, sondern die noch geringeren Zinssätze. Aufgrund des Einsatzes der Zentralbank sind diese gesunken. Die Inflationsrate ist relativ und bekommt ihre Bedeutung erst im Vergleich zum Zins. Selbst kleine Inflationsraten erlangen Bedeutung für den Wertverlust, wenn die Zinsen noch niedriger sind.

---

206 Ludwig v. Mises: Die geldtheoretische Seite des Stabilisierungsproblems, Schriften des Vereins für Sozialpolitik, Bd. 184, München und Leipzig 1923, S. 32.

Es stellt sich die Frage, ob die Methode der EZB und der Bundesbank das Wesen der Inflation und ihren Einfluss auf den Verlust der Kaufkraft korrekt erfassen. Die Bundesbank nutzt ein Verbraucherpreisindex, um die Teuerung der Güter zu errechnen. Problematisch erscheint die Definition einer allgemeinen Inflationsrate. Ein Mangel an der Inflationsbestimmung über einen Warenkorb ist die Beschränkung der Messung auf Preissteigerungen ausgewählter Güter. Wenn bestimmte Güter eine stärkere Verteuerung aufweisen als die im Warenkorb enthaltenen, dann wird die Inflationsrate verzerrt. Gleiches gilt entsprechend für Güter, die eine geringere Preissteigerung aufweisen. Nahrungsmittel, die in den Jahren von 2007-2013 hohe Preissteigerungen aufweisen, und die an den Gesamtausgaben unterer und mittlerer Einkommensschichten einen hohen Anteil aufweisen, mögen ein Grund sein, warum die gefühlte Inflation höher ausfällt als die offiziellen Raten. Letztendlich ist Inflation eine mikroökonomische und individuelle Erfahrung.[207] Sowenig wie Regierung weiß, welche Konsumentscheidungen die Wirtschaftssubjekte treffen oder die Zentralbank wissen kann, wie viel Geld die Wirtschaft zur marktwirtschaftlichen Arbeitsweise benötigt, weiß die Statistik nicht, wie hoch die individuelle Inflationsrate ist. Dementsprechend gestaltet sich die jeweilige Kaufkraft der Konsumenten, die in einem Land unterschiedlich ausfallen kann.[208] Die Wirkungszusammenhänge zwischen inflationären Preissteigerungen aufgrund der Ausdehnung der Geldmenge oder Teuerungen durch regionale Unterschiede in der Preisstruktur lasen sich somit nicht leicht feststellen.

„Es ist gar nicht selten, dass beispielsweise die Regierung von drei Prozent, die Opposition von sechs Prozent, die Gewerkschaften von neun Prozent, die Sozialpolitiker von zwölf Prozent und die Meinungsforscher gar von 20 Prozent Inflation sprechen."[209] Das Statistische Bundesamt errechnet für die Zeit von April 2010 bis April 2013 eine Inflationsrate von 5,1 Prozent. Nahrungsmittel und alkoholfreie Getränke weisen im gleichen Zeitraum eine Inflationsrate von knapp zehn Prozent auf. Diese korrespondiert mit den Berechnungen von Hans Wolfgang Brachinger, der die Inflationsrate im Juni 2008 im Vergleich zum Ergebnis des Bundesamtes von 3,3 Prozent mit 11,5 angibt. Die Ergebnisse zwischen Bundesamt und Brachinger divergieren, weil letzterer die Inflationsrate des Waren-

---

207 Anton Burghardt: Soziologie des Geldes und der Inflation, Köln 1977, S. 65.
208 Siegfried Guckes: Die Messung der Kaufkraft der privaten Verbraucher und die Berechnung von Kaufkraftparitäten im Statistischen Bundesamt, in: Gerhard Fuerst (Hrsg): Die Messung der Kaufkraft des Geldes, Sonderhefte zum Allgemeinen Statistischen Archiv, H. 10, Göttingen 1976, S. 38.
209 Gerhard Merk: Begriff und Messung der Inflation, in: Gerhard Merk (Hrsg.): Acta Monetaria, Jahrbuch für Geldordnung und Geldpolitik, Bd. 3 (1979), S. 27-42.

4. Umverteilung der Lasten durch Kaufkraftverlust / Inflation 131

korbs aus der Kaufhäufigkeit der Güter und nicht aus dem Anteil an den Ausgaben errechnet. Die individuelle Inflationsrate ergibt sich aus den verschiedenen Warenkörben: Je mehr der sich verteuernden oder verbilligten Güter im Vergleich zum unterstellten Durchschnitt in diesem Warenkorb liegen, desto mehr weicht die individuelle Inflationsrate von der gesamtwirtschaftlichen ab. Weitere Effekte verzerren die Berechnungen, etwa so profane wie schrumpfende Packungsgrößen. Aus schrumpfenden Packungsgrößen, welche die Hersteller unter anderem mit steigenden Rohstoffpreisen begründen, ergeben sich bereits ohne Preissteigerungen Teuerungsraten von bis zu 20 Prozent.[210]

Eine objektive, potenzielle volkswirtschaftliche Inflationsrate könnte sein, die geschöpfte Geldmenge in Relation zu den produzierten Gütern zu setzen. Eine alternative Methode dazu bietet die Analyse der Geldmenge in Relation zu den vorhandenen Gütern, denn wenn die Geldmenge überproportional die Gütermenge übersteigt, kann Inflation eintreten. Die Geldmenge M3 der Eurozone wuchs vom Jahre 2000 mit 4.800 Mrd. Euro bis Januar 2013 auf knapp 10.000 Mrd. Euro.[211] Einem Geldmengenwachstum von 100 Prozent steht ein Produktionszuwachs von 4,8 Prozent gegenüber. Allerdings ist zu beachten, dass diese Liquidität nur dem Finanzmarkt als Schmiermittel dient: „Bei den Liquiditätsspritzen der EZB handelt es sich um Finanzmarktliquidität, die an den Finanzmärkten verbleiben dürfte und nicht inflationstreibend in der Realwirtschaft wirkt", erklärte Deutschland-Chefvolkswirt der Unicredit, Andreas Rees."[212] Nicht unbegründet stellen Kritiker die Inflationsprognosen in Frage, da sie davon ausgehen, dass das Geld nie in der Realwirtschaft ankommt. „Das Geld landet nicht bei Handwerkern, Lehrern oder Büroangestellten, sondern hauptsächlich bei Banken und in den Kassen von Unternehmen."[213] Bei dieser Interpretation stellt sich die Frage, wofür diese Liquidität Einsatz findet. Die Banken müssen eine Zinsdifferenz erwirtschaften und folglich das Geld anlegen. Irgendwann muss das Geld aus der Finanzsphäre in die Realwirtschaft treten, um den Gewinn zu erwirtschaften. In der ersten Stufe treibt das Zentralbankgeld die Preise der Anlage- und Investitionsgüter in die Höhe. Ganz allgemein führt eine Ausweitung der Geldmenge immer zuerst an den Finanzmärkten zu Reaktionen.[214] Der Preis für Gold stieg seit 2007 um 176

---

210 Verbraucherzentrale Hamburg (Hrsg): Weniger drin, Preis gleich, Hamburg 2013.
211 Vgl. Zeitreihe BBK01.TUS303 der Bundesbank.
212 Vgl. Inflation in Deutschland 2012 bei 2,0 Prozent, in: FAZ vom 02.01.2013.
213 Wo bleibt sie denn, die Inflation?, in: Zeitonline vom 26.06.2013.
214 Vgl. Tim Congdon: Money in a Free Society. Keynes, Friedman and the new Crisis in Capitalism, New York 2011, S. XIV.

Prozent.[215] Anlagegüter, Immobilien und Rohstoffe stiegen seit 2011 um 15 bis 20 Prozent.[216] Irgendwann aber wird das Geld die Finanzsphäre wieder verlassen. Der schleichenden Umlenkung der Kaufkraft in die von der Zentralverwaltung vorgegebenen Zielfelder können sich daher nur jene gesellschaftlichen Gruppen entziehen, die über entsprechende Mechanismen zum Ausgleich verfügen. „Jede Änderung des Geldwertes durch allgemeine Preisschwankungen hat schwerwiegende wirtschaftliche und soziale Folgen. Bei Preissteigerungen, um die es hier geht, wird derjenige, dessen Geldeinkommen nicht proportional oder überproportional mitsteigt, seinen bisherigen Lebensstandard nicht halten können. Er wird sozial deklassiert. Das führt bei allen, die ein vertraglich bestimmtes Einkommen (wie z. B. Lohn, Gehalt, Rente, Miete, Pachten, Zinsen) beziehen, zu wachsender Unzufriedenheit. Harte Lohnkämpfe, bei denen die Arbeitnehmer versuchen, mindestens den Kaufkraftverlust ihrer Einkommen auszugleichen, sind die unausbleibliche Folge. Gleichzeitig stellen die Sozialrentner ihre Forderungen. Die Sparbereitschaft der Bevölkerung wird angesichts der sinkenden Realverzinsung erschüttert. Die Unternehmer profitieren solange an steigenden Absatzpreisen, wie erhöhte Bezugspreise die Produktionskosten nicht schneller erhöhen als die Verkaufserlöse."[217]

Rentner haben in diesem Prozess in den letzten Jahren sukzessive verloren. Seit 2000 stieg der Verbraucherpreisindex um 21 Prozent, allerdings haben die Renten nicht in dem Maße Schritt gehalten, sodass ein entsprechender prozentualer Kaufkraftverlust eingetreten ist.[218] Die Arbeitnehmer scheinen aufgrund der Lohnverhandlungen nicht derart vom Verlust des Realwertes ihres Einkommens betroffen. Bei einer Inflationsrate von 1,5 Prozent im Juni 2013 im Euroraum und einer durchschnittlichen Lohnsteigerung von 1,4 Prozent ergäbe sich ein statistischer Kaufkraftverlust von 0,1 Prozent.[219] Diese Daten beziehen sich auf die Durchschnittswerte. Allerdings gestaltet sich die individuelle Inflationsrate unterschiedlich, sodass geringere Einkommen aufgrund hoher Teuerungsraten für den Bedarf des täglichen Lebens und der Lebensmittel einen höheren Kaufkraftverlust erleiden.

Selbst wenn der individuelle Verlust bei nur rund drei Prozent liegt, minimiert er das reale Einkommen nach zehn Jahren um ein Viertel. Die Besitzer von

---

215   Vgl. Kalte Enteignung, in: Der Spiegel 41/2012.
216   Vgl. Prinzip Harakiri, in: Der Spiegel 5/2013.
217   Friedrich-Wilhelm Dörge: Schleichende Inflation. Das Problem der Preisentwicklung in der Marktwirtschaft, in: H.-D. Ortlieb und F.-W. Dörge (Hrsg.): Wirtschafts- und Sozialpolitik, Modellanalysen politischer Probleme, Opladen 1967, S. 271.
218   Vgl. Renten sind deutlich weniger Wert: Die Welt vom 17.07.2013.
219   Vgl. Inflation frisst Lohnerhöhungen, in: Die Welt vom 05.07.2013.

4. Umverteilung der Lasten durch Kaufkraftverlust / Inflation

Geldvermögen sind besonders von den Umverteilungsmechanismen der Vollkasko-Ökonomie betroffen, weil die Zinsen für langfristige und sichere Vermögensanleihen wie die Staatsanleihen unter der Inflationsrate liegen. Aufgrund der niedrigen Zinsen muss die Inflationsrate nicht hoch sein, um die Kaufkraft der Geldbesitzer zu schmälern. Zwar ist die individuelle Inflationsrate stets mit Abweichungen zur statistisch-allgemeinen Teuerungsrate behaftet und die gefühlte Inflation gestaltet sich bei anderer Gewichtung einzelner Güter mit höherer oder geringerer Teuerungsrate stärker oder schwächer. Es muss jedoch nicht mit Inflationsraten von fünf Prozent gerechnet werden, um den Wert der Vermögen zu verringern. Bei 3,5 Prozent Inflation ist ein Vermögen nach 20 Jahren nur noch die Hälfte Wert. Bei nur 1,5 Prozent Inflation verliert ein Vermögen nach 15 Jahren ein Fünftel an Wert. Das neue an den Umverteilungsmechanismen der Vollkasko-Ökonomie ist der dauerhaft niedrige Zins, der die Vermögen entwertet. Negative Realzinsen sind per se ein Instrument zur Umverteilung weg von Geldbesitzern und stellen in der kapitalistischen Marktwirtschaft ein systemfremdes Element dar. Der Zins erhält durch kein gängiges Erklärungsmuster mehr eine Berechtigung: Weder dient er als Ausgleich für einen Konsumverzicht, noch finanziert er die Prämie für ein Risiko. Ebenso ist er nicht mehr Ausdruck eines wachsenden Kapitals. Mit der voranschreitenden Renditeschwäche von Staatsanleihen verringert der Staat seine Schulden auf Kosten der Bürger. Der Nachfragesog selbst führt zu einem Anstieg der Preise. Weil die Geldbesitzer aufgrund der geringen Zinsen in den Konsum getrieben werden, fällt das retardierende Moment des Sparens weg und treibt die Preise weiter.

Die Energiepreise aber auch Lebensmittelpreise in Deutschland können als Indikator für die Ausweitung der Kredite in der Volkswirtschaft dienen, da die Investitionen in erneuerbare Energien im Rahmen der Energiewende mit garantierter Rendite eine bevorzugte Anlage für zinsgünstiges Geld darstellt. An einer Steigerung von 12,4 Prozent für Strom[220] zeigt sich die Transformation der Kredite in Investments und die Überwälzung auf die Verbraucher.

Mit dem Begriff Realzinsfalle verbindet sich die Entwertung von Sparguthaben, weil die Inflation sukzessive den Realwert von Geldvermögen aufzehrt. Indem die EZB mit der Ausdehnung der Geldmenge den Zins senkt und die Inflation erhöht, entwertet sie die Geldvermögen. Der Wertverlust ist bei Bargeld und Sichtguthaben mit keinem oder einem sehr geringen Zinssatz höher als bei Wertpapieren wie Pfandbriefen oder Aktien. Bei der konservativen Schätzung einer Inflation von 1,6 Prozent und derzeit noch bestehenden in der Vergangenheit vereinbarten Zinsbindungen läge im Jahr 2013 – und damit in der Anfangs-

---

220 Vgl. Statistisches Bundesamt: Pressemitteilung Nr. 161 vom 14.05.2013.

phase der Vollkasko-Ökonomie – in Deutschland ein Wertverlust von ungefähr zehn Mrd. Euro vor.[221] Wenn dieses System jedoch etabliert wird und Zinsbindungen auslaufen und durch neue nahe null ersetzt werden, nimmt der Wertverlust schrittweise zu. In zehn Jahren läge der durchschnittliche Verlust der Kaufkraft der Deutschen bei knapp 60 Mrd. Euro im Jahr.

Die derzeit in den Finanzmärkten aufgestaute Inflation ist eine Konsequenz jener Ursachen, die für die Eurokrise verantwortlich zeichnen. Die inflationsbedingte Verringerung der Einkommen ist direkter Ausdruck des überforderten Staates. Mit der inflationsbedingten Aufblähung der Geldmenge schöpft der Staat Kaufkraft von den Bürgern ab, um seinen vielfältigen Aufgaben nachzukommen. Diese Kaufkraft fließt in Banken, Staaten und die Volkswirtschaft der Peripherie.

5. Neue Blasen

Das neue Geld findet nicht nur Verwendung zum Kauf vorhandener Waren, sondern schafft neue Güter. Dies mag ein Grund sein, weshalb die in den Finanzmärkten auftretenden Preissteigerungen keine korrespondierende Entwicklung in der Realwirtschaft findet. Warum neue Blasen? Es stellt sich die Frage, ob diese neuen Güter überhaupt produziert würden, wenn der durch das unlimited spending gedrückte Zinssatz nicht so niedrig wäre. Die Österreichische Schule – und daran angelehnt Frank Schäffler – sieht die Gefahr eines volkswirtschaftlichen Wachstums, das nur deswegen auftritt, weil der Zins durch die Ausdehnung der Geldmenge so gering sei. Würde die Zentralverwaltung aber den geldpolitischen Eingriff beenden und durch die marktwirtschaftliche Kreditvergabe der Zins steigen, wären diese Investments nicht mehr rentabel und die neuen Strukturen würden wieder zusammenbrechen. Schäffler bezeichnet deswegen das gesamte auf unlimited spending basierende Wachstum als „Blasen-Wirtschaft": „Kurzfristig können durch diese Zinspolitik der Zentralbanken zwar durchaus befristet Arbeitsplätze geschaffen oder erhalten werden. [...] Die Arbeitslosigkeit wird aufgrund der vorab unterlassenen Anpassungsmaßnahmen, die der natürliche Zins erzwungen hätte, die aber aufgrund des künstlich niedrigen Zinses unterblieben sind, in noch größerem Maße ansteigen."[222] Indem die Zentralbanken Geld für negative Zinsen zur Verfügung stellen, ermöglichen sie Wirtschaftswachstum, welches unter marktwirtschaftlichen Bedingungen gar nicht möglich wäre. „Dass solche Geldemissionen gleichzeitig den Steuerungsmechanismus des Marktes zer-

---

221 Niedrige Zinsen: Die große Enteignung der Sparer hat begonnen, in: Deutsche Wirtschaftsnachrichten vom 25.05.2013.
222 Schäffler/Tofall, in Altmiks 2010, S. 139.

stören, ist nicht so leicht zu sehen. Angebote solcher Fonds für zusätzliche Güterkäufe bewirken jedoch eine Verzerrung der Strukturen der relativen Preise, was Produktionsfaktoren in Verwendung zieht, die auf Dauer nicht aufrechterhalten werden können."[223]

Aufgrund der geringen Zinsen verfügen die Banken über umfangreiche Mittel, die in Investitionen fließen können. Eine Rückkehr zu einem marktwirtschaftlichen Zinsniveau ist kaum möglich, denn jede Rückkehr zu durchschnittlichen Zinsen senkt die Kreditvergabe. Als Draghi im Juli 2013 den Zinssatz auf dem niedrigen Niveau von 0,5 Prozent fixierte, hielt er ihn auf einem historischem Tief, denn die Investoren fürchteten einen Anstieg: „Denn wenn Notenbanken weniger Geld in die Finanzwelt pumpen, stecken Investoren auch weniger Geld in Staats- und Unternehmensanleihen."[224] Aufgrund des Einsatzes der Notenbanken wurde die Zinsstruktur bereits so verändert, dass sich die Geldpolitik nicht zu einer Rückkehr zur Normalität traut. Würde sie diesen Weg beschreiten und den Zinssatz erhöhen, bestünde die Gefahr, dass der Geldfluss an Staaten und Wirtschaft versiegt. Draghi scheint gefangen im Zinsdilemma und wagt die „Zins-Wende" nicht mehr. Notenbanker Bernanke kann den Pfad des billigen Geldes ebenso wenig verlassen wie sein Pendant der Eurozone. Obwohl er wiederholt ein Ende der Ära des geringen Zinses und des billigen Geldes ankündigte, schob er die Frist letztlich immer wieder hinaus. Als er am 17. Juli 2013 im US-amerikanischen Repräsentantenhaus seine Geldpolitik darlegte, betonte der Chef der Fed, eine sehr lockere Geldpolitik bliebe geeignet für die absehbare Zukunft.[225] Die Zentralbanken können die Zinswende nicht einleiten, weil die Märkte mit Aufruhr reagieren.[226]

Diese „Blasen-Wirtschaft" ist eine Produkt des unlimited spendings der Vollkasko-Ökonomie und wie bei all ihren anderen Deformationen zahlt die Allgemeinheit auch für diese durch die Zentralverwaltung provozierten Misswüchse. Aus dem Zinsdilemma können die Notenbanken nicht entfliehen, wollen sie die neuen Strukturen der Blasen-Ökonomie nicht wieder einreißen. Indem sie die Zinsen aber auf dem niedrigen Niveau belassen, verlieren die Sparguthaben sukzessive an Wert. Die in den letzten Jahren angesparte Kaufkraft wird abgeschöpft und in den Erhalt der neuen Strukturen gesteckt. Es findet eine zwangsverordnete intertemporale Umverteilung statt. Wie in den anderen Beispielen dargelegt, fließt die Kaufkraft gegen den Willen der Besitzer in die Wirtschaft.

---

223 Friedrich A. v. Hayek: Entnationalisierung des Geldes, Tübingen 2011, S. 224.
224 Vgl. Konflikt um Zinsentscheid, in: Der Spiegel 28/2013.
225 Vgl. Ben S. Bernanke: Semiannual Monetary Policy Report to the Congress Before the Committee on Financial Services, U.S. House of Representatives, Washington, D.C., July 17, 2013.
226 Vgl. Ein Schritt ins Dunkle, in: Handelsblatt vom 4. Juli 2013.

6. Vom Markt abgekoppelte und subventionierte Staaten

Das Verbot der Staatsfinanzierung durch die Zentralbank und die Möglichkeit der Anleiheplatzierung durch die Staaten an den Finanzmärkten birgt zwei marktwirtschaftliche Aspekte. Die Staaten müssen das Geld von privaten Quellen erschließen, wodurch sie sich wie jeder andere Schuldner dem Votum der Investoren stellen müssen. Um in den komplexen Strukturen den Überblick zu erhalten, übernehmen die Ratingagenturen mit ihrer Expertise die Aufgabe, die Potenziale von Staaten und ihren Volkswirtschaften zu prüfen. Sinkt die Leistungsfähigkeit und steigen die Zinsen, sind die Staaten angehalten, ihre Verschuldung zu senken. Sie müssen ihre Ausgaben dann drosseln, Strukturreformen vornehmen und wieder Wettbewerbsfähigkeit erzielen, wodurch die Zinsen sinken und die Verschuldung wieder zunehmen kann. Die Staatsfinanzierung am Finanzmarkt ermöglicht über die marktwirtschaftlichen Preissignale Anpassungsprozesse, die eine übermäßige Verschuldung verhindern können. Der Stachel des Marktes steckt im Fleisch der Staaten – sie sind angehalten, die volkswirtschaftliche Dynamik zu erhalten und sich selbst nicht zu stark zu verschulden.

Die marktwirtschaftlichen Prinzipien muss der Staat, wie im zweiten Kapitel dargelegt, garantieren und sichern. Es steht der Zentralverwaltung frei, sich über die marktwirtschaftlichen Strukturmerkmale hinwegzusetzen. Zu einem gewissen Grad hat sie dies bereits mit der Staatsfinanzierung getan. Es mag der EZB verboten sein, Staatsanleihen zu kaufen. Trotzdem besteht für die Staaten durch den Verkauf der Staatsanleihen an die Banken die Möglichkeit, unbegrenzt Geld und Kredit zu schaffen. Die Banken können die gekauften Staatsanleihen im Sicherheitenpool bei der Zentralbank hinterlegen, um sich dafür neues Geld zu leihen. Wenn die Staatsanleihen fällig werden, dann tauscht der Staat die zurückkommenden Staatsanleihen gegen neue, wodurch er mit neuem Kredit den alten ablöst. Mit dieser revolvierenden Finanzierung lässt sich problemlos die Geldzirkulation vergrößern, um die Wirtschaft zu manipulieren. Der Ausweitung der Geldmenge sind keine Grenzen gesetzt, weil die Banken für Staatsanleihen kein Eigenkapital vorhalten müssen. Außerdem können sie bei der EZB so viele Staatsanleihen gegen Geld tauschen, wie sie wollen.

Das Prinzip kann übrigens von jedem Bürger mit einer Kreditkarte kopiert werden. Angenommen, man kauft ein Auto und bezahlt die 45.000 Euro mit einer Kreditkarte – obwohl man das Geld nicht hat – so kann man stets, wenn am ersten des Monats die 45.000 Euro fällig werden und das Konto tief ins Minus rutscht, mit der Kreditkarte die 45.000 wieder ausgleichen. Das gleiche Prinzip nutzen die Staaten, die künstlich die Wirtschaftsgröße hochhalten, indem sie das einmal in die Zirkulation geworfene Geld stets ersetzen. Dieses Finanzierungs-

6. Vom Markt abgekoppelte und subventionierte Staaten 137

system ermöglichte über Jahre das artificial spending. Trotzdem findet sich ein marktwirtschaftliches Element in diesem Finanzierungsmechanismus, denn die Zentralbank darf nur jene Staatsanleihen als Sicherheit akzeptieren, deren Bonitätsurteil gut genug ist, wodurch sie die Anleihen am Markt wieder zu Geld machen kann. Die Zentralbank nimmt keine Anleihen mit schlechter Qualität entgegen. Indem sie also nur Staatsanleihen entgegennimmt, die die Banken auch selbst halten oder handeln würden, kopiert sie marktwirtschaftliche Prinzipien. Solang eine Staatsanleihe von einer Geschäftsbank an eine andere gegen Geld verpfändet werden kann, macht es keinen Unterschied, ob die Zentral- oder eine Geschäftsbank die Staatsanleihe kauft.

In der Vollkasko-Ökonomie werden die marktwirtschaftlichen Elemente nun beseitigt, weil es für den Staat mit zu vielen Reformanstrengungen verbunden ist, sich dem Votum des Marktes zu stellen. Den Forderungen der Investoren – etwa nach höheren Zinsen – tritt er entgegen, indem er sich der marktwirtschaftlichen Restriktionen entledigt. Der Staat platziert die Anleihen nicht am Markt, wobei die Investoren eventuelle strukturelle Anforderungen an ihn mit höheren Zinsen quittieren, sondern er nutzt die Zentralbank, um seine Kosten zu senken. Dafür bieten sich zwei Optionen. Einerseits die Absenkung der Sicherheiten. Statt also nur Anleihen zu akzeptieren, die eine hohe Bonität aufweisen, nimmt die Zentralbank Anleihen mit schlechter Qualität entgegen. Ein Beispiel bietet Griechenland, dessen minderwertigen und vom Ausfall bedrohten Staatsanleihen nur aufgrund eines ausdrücklichen EZB-Beschluss weiterhin gehandelt wurden. Die Absenkung der Qualitätsansprüche führt zu zwei Konsequenzen. Die Staaten brauchen erstens keine Strukturreformen umzusetzen, denn es besteht für ihn kein Risiko, dass die Banken die Staatsanleihen nicht kaufen. Weil die Geschäftsbank die Anleihen notfalls immer bei der EZB in ihrem Sicherheitenpool hinterlegen und gegen neues Geld tauschen kann, schaltet die Notenbank das Marktrisiko aus. Selbst wenn die Wirtschaftskraft sinkt oder fehlende strukturelle Reformen das Rating des Landes verschlechtern, haben die Regierungen kein Problem, die Anleihen zu platzieren. Egal wie schlecht die Qualität der Anleihen ist, die Banken werden sie immer entgegennehmen, denn es besteht kein Risiko auf ihnen sitzen zu bleiben.

Allgemeiner tritt aber eine weitere Veränderung im Wirtschaftssystem auf. Die Zentralbank zerstört mit dieser Anleihepolitik die vorhandenen marktwirtschaftlichen Strukturen des Finanzproduktes Anleihe am gesamten Finanzmarkt und ändert die Geschäftsbeziehungen der Banken untereinander. Nicht nur die Regierungen profitieren innerhalb der Finanzbeziehung Staat-Zentralbank vom Ausschalten des Marktrisikos. Es ist vielmehr so, dass die Zentralbank eine neue Struktur schafft. Weil die Zentralbank die minderwertigen Papiere handelt, schafft sie einen Markt für alle weiteren Finanzinstitute. Alle Banken werden daraufhin diese minderwertigen Papiere handeln, und die Staaten können sie an alle Geldhäuser verkaufen. Mit der Absenkung der Sicherheiten geht nicht allein die Option einher, dass die Zentralbank die Staatsanleihen entgegennimmt. Vielmehr werden durch die Kreditbedingungen der Zentralbank auch die Geschäftsbedingungen aller anderen Banken beeinflusst. Nicht nur die Zentralbank kauft die schlechten Anleihen, sondern vielmehr entwickeln sie sich zum gängigen Marktprodukt, trotz ihrer minderwertigen Qualität. Keine Geschäftsbank unterliegt dem Risiko eines staatlichen Zahlungsausfalls oder der Gefahr, dass sie sie nicht weiter veräußern kann. Es gibt gar keine Trennung mehr zwischen dem Privat- und dem Zentralbankgeldsystem. Die Finanzinstitute wirken wie die Kanäle, durch die die Politik das Zentralbankgeld in die Realwirtschaft leitet. Der Anleihehandel ist eine staatliche Veranstaltung der Zentralverwaltung.

Eine zweite Möglichkeit der Staatsfinanzierung wäre der direkte Kauf der Staatsanleihen am Sekundärmarkt. Vom direkten Kauf am Primärmarkt unterscheidet sich diese Option kaum. Wenn die Zentralbank die Staatsanleihen am Sekundärmarkt von den Banken kauft, händigt sie dem Staat das Geld nicht unmittelbar aus, sondern die Staatsanleihen gehen den Umweg über die Banken. Die Geldhäuser kaufen sie den Staaten ab und reichen sie dann an die Zentralbank weiter. Angenommen es läge nur ein Zeitabschnitt von wenigen Sekunden zwischen dem Erwerb der Staatsanleihen durch die Geschäftsbanken und dem daran anschließenden Weiterverkauf an die EZB, so zeigt sich, dass der Erwerb der Staatsanleihen am Sekundärmarkt zum direkten Aufkauf am Primärmarkt kaum zu unterscheiden ist. Der Unterschied zu vorherrschenden Finanzierung über die Weitergabe der Anleihen in den Sicherheitenpool der Zentralbank findet sich nur beim Abschluss der Geschäfte. Während bei der Einlagerung in den Sicherheitenpool die Staatsanleihen über die Geschäftsbank an den Staat zurück wandern, verbleiben sie beim direkten Kauf bis zur Fälligkeit bei der EZB. Weil sich der Staat aber revolvierend finanziert, besteht in der Konsequenz kein Unterschied zwischen den beiden Finanzierungsformen.

Die häufig von Deutschland kritisierte direkte Finanzierung der Staaten über den direkten Ankauf von Staatsanleihen ist eine Chimäre: Sie ist irreal und irrelevant. Auf diesen Umstand hat die linke Kritik wiederholt hingewiesen. Ihr Vorbehalt deutete auf den Unterschied, der gegenüber der direkten Staatsfinanzierung vorliegt. Der findet sich in dem Zinsgewinn, den die Banken durch die Weitergabe realisieren. An dieser Stelle erlangen die Rettungsinstanzen ESM und EFSF erneut Bedeutung, denn diese helfen den Staaten, die keinerlei Reformprogramme anstreben brauchen, weil sie vor eventueller Insolvenz gerettet werden.

6. Vom Markt abgekoppelte und subventionierte Staaten

Unlimited spending ermöglicht gegenseitiges Kofinanzieren von Schulden in der EU, ohne dass ein Bail-Out-Verbot, wie es in Art. 125 AEUV festgeschrieben ist, greifen würde. Erneut zeichnet die Politik verantwortlich für einen Haftungsausschluss der Staaten, der in garantierte Renditen der Privatwirtschaft mündet. Die SPD kritisiert in diesem Zusammenhang die Übernahme der von den Geschäftsbanken gehaltenen Staatsanleihen durch die Hilfskredite der Kriseninstitutionen. Indem Griechenland Steuergeld erhält und es an die Banken transferiert, tragen die Steuerzahler die Verluste, welche die Banken eigentlich durch den Bankrott Griechenlands erlitten hätten.[227]

Diese geldpolitische Strategie im Rahmen des Krisenmanagements entledigt sich marktwirtschaftlicher Kriterien und deutet tendenziell auf eine Abkehr vom marktwirtschaftlichen Ordnungsmodell, denn sie „schirmt den Problemstaat gegen die Außensteuerung durch den Markt ab"[228] In der deutschen Politik ist dieses Problem erkannt, innerhalb des Bundestages stellt die Ablehnung der von marktwirtschaftlichen Vorgaben befreiten Staaten jedoch eine Minderheitsmeinung dar. Einzig in den Verlautbarungen zu den abweichenden Abstimmungsverhalten finden sie sich wieder: „In dem Moment, in dem Staatsinsolvenz und Währungsaustritt immer wieder zum Tabu erklärt werden, besteht keinerlei Anreiz für Griechenland, seine Verhältnisse im Sinne von funktionierender staatlicher Verwaltung, Strukturreform, Steuerpolitik, Wirtschaftswachstum in absehbarer Zeit zu ordnen."[229]

Der Zins zeigt nicht mehr das Ausfallrisiko der Staatsanleihen an, da die Zentralbank diese künstlich niedrig hält.[230] Erneut stecken die Notenbanker im Zinsdilemma, denn sie können die Zinsen nicht erhöhen, ohne die Schuldenlast steigen zu lassen. Die Vollkasko-Ökonomie senkt die Zinsen der Staatsanleihen und ermöglicht dem Staat eine fortgesetzte Verschuldung aufrechtzuerhalten. Mit den niedrigen Zinsen zu Senkung der Schuldenlast büßen aber auch die Käufer der Staatsanleihen ihr investiertes Geld ein. Zahlreiche Argumente werden von der Linken für die Verschuldung der Staaten aufgeführt.[231] Die Erträge der Staatsanleihen kämen den Bürgern zugute, etwa in Form von Spareinlagen oder kapitalgedeckten Rentenversicherungen. Vor dem Hintergrund der Wirkungsmechanismen der Vollkasko-Ökonomie verlieren diese Argumente an Gewicht. Die Staatsanleihen werden zwar von den Bürgern gekauft und von den Banken als

---

227 BT PlPr. 17/160, S. 19083.
228 Horn 2011.
229 BT PlPr. 17/160, S. 19114
230 Schnabl, Gunther: Regieren die Märkte? – Die neuen Aufgaben des Staates in Boom und Krisen, Vortrag gehalten am 14./15. Juni 2012 an der Universität Leipzig, S. 5.
231 Vgl. Axel Troost: Hintergrund. Staatsverschuldung in Deutschland, in: Nachdenkseiten.de.

Elemente ihrer Finanzprodukte wie Lebensversicherungen und Rentenfonds weiter gereicht. Bei negativen Realzinsen entschuldet sich der Staat aber auf Kosten der Bürger, die keine Rendite mehr für ihre Ersparnisse erwarten brauchen. Die Lebensversicherungen verlieren an Wert. Der Einwand, ohne Schulden gäbe es keine Ersparnisse, ist zwar richtig, aber nur in einer Wirtschaftsform, in der die klassischen Marktgesetze gelten. Die Finanzierung staatlicher Schulden macht individuell und betriebswirtschaftlich nur Sinn, wenn der Konsumverzicht mit entsprechendem Einkommenszuwachs verbunden ist, wenn also positive Zinsen vorliegen. In der Vollkasko-Ökonomie ist dieser Marktmechanismus aufgehoben, weshalb die Aussage, Verschuldung habe auch für die Gläubiger positive Effekte, nicht mehr stimmt. Die Staaten inflationieren ihre Schulden weg.

Unlimited spending ermöglicht es den Staaten, die durch das artificial spending hervorgerufene Steigerung der Wirtschaftskraft aufrechtzuerhalten. Um ihre Wirtschaftskraft zu steigern, hatten die Staaten in den vergangenen Jahrzehnten Schuldenstände angehäuft. Diese Schulden sind das buchhalterische Spiegelbild der Steigerung des Wohlstands, die über die reguläre Wirtschaftstätigkeit hinausgeht. Sie sind damit Ausdruck jener Wirtschaftsstrukturen, die erhalten werden, weil der Staat die Geldmenge über das der Volkswirtschaft inhärente Potenzial ausdehnt. Diese künstliche Steigerung der Wirtschaftskraft über das artificial spending wurde bisher auf marktwirtschaftskonforme Weise praktiziert. Das unlimited spending der Vollkasko-Ökonomie dient als Instrument, um die Last erhöhter Staatsschulden zu senken. Ein geringes Zinsniveau macht es für die Staaten überflüssig, den Schuldenberg abzutragen. Sind die Zinsen gleich Null, wächst ein Schuldenberg nicht an und der Anteil am Bruttoinlandsprodukt bleibt gleich. Sinkt der Zins in den negativen Bereich, reduziert der Staat die Schuldenlast ohne jegliche Anstrengungen. Je höher die Schulden sind, desto eher geraten die Zentralbanken in die Pflicht, die Zinsen niedrig zu halten.

Die Refinanzierungsprobleme der Staaten des Euroraums endeten deshalb an dem Tag, als Draghi verkündete, notfalls unbegrenzt Staatsanleihen aufzukaufen. Die Zentralbank weicht das marktwirtschaftliche Ordnungsmodell durch diese Kreditvergabe auf Grundlage schlechter Sicherheiten sukzessive auf, denn eigentlich dürfte sie nur solche Papiere entgegennehmen, die sie bei Ausfall der Rückzahlung als Sicherheit auf den Geldmärkten wieder gegen Geld tauschen kann. Solange die Zentralbank die gleichen Kriterien für die Kreditvergabe anwendet, imitiert sie das marktwirtschaftliche Modell. Wenn sie aber Staatsanleihen aufkauft, die keine private Geschäftsbank mehr erstehen würde, entfernt sie sich immer weiter vom Prinzip der Marktwirtschaft. Die mit der rein privaten und marktwirtschaftlichen Finanzierung verbundene Gefahr des fehlenden Geldzuflusses zum Staat schaltete Draghi aus. Indem er versprach, alle Staatsanleihen aufzukaufen, brauchten die Geschäftsbanken nicht mehr befürchten auf den Staatspapieren sitzen zu bleiben – notfalls steht nun ganz am Ende der Kreditkette die EZB, welche die Papiere in Geld tauscht. Damit einher geht das Ausschalten des Geschäftsrisikos für den Umgang mit Staatsanleihen: Draghi schaltete den Markt aus, denn die Staatsanleihen müssen sich nicht mehr allein im Markt behaupten, sondern können notfalls bei der Zentralverwaltung gegen Geld getauscht werden. Mit dem Einsatz der Notenbank endete das Experiment einer marktwirtschaftlichen Staatsfinanzierung, um sie effizienter zu gestalten.

7. Target im Lichte der Vollkasko-Ökonomie, oder: Warum Target nur zu Inflation führt

Am Beispiel der Target-Forderungen Deutschlands gegen den Euroraum lässt sich darstellen, dass mit dem jetzigen System der Staatsfinanzierung keine realen Verluste einhergehen. Die einzig substantielle Änderung ist das Ausschalten des Marktes durch eine übermäßige Geldvermehrung und den dadurch hervorgerufenen Systemverwerfungen. Die Target-Salden sind bereits Ausdruck dieser neuen Entwicklung, bei der das Geld der Zentralbank marktwirtschaftliche Anpassungsprozesse ausschaltet. Echte Verluste, etwa in traditionell-marktwirtschaftlichen Art verloren gegangener Gelder, entstehen hingegen nicht. Das gleiche System, welches auf nationalstaatlicher Ebene die Regierungen mit dem Verkauf von Staatsanleihen befähigt, beliebig Geld zu produzieren, funktioniert analog auf europäischer Ebene. Nicht die nationalen Notenbanken geben Geld im Tausch für Staatsanleihen heraus, sondern im Euroraum zeichnet die EZB dafür verantwortlich.[232] Es ist offensichtlich, dass ein Prinzip, das auf Ebene das Nationalstaates nicht zu echten Verlusten führt, auch auf Euro-Ebene keine realen Verluste hervorruft. Auf nationaler Ebene verschuldet sich der Staat bei der Geschäftsbank und die wiederum bei der Notenbank, die Geld druckt. Wenn der Kreditvertrag zwischen Notenbank und Geschäftsbank abgelaufen ist, fordert die Notenbank ihr Geld von der Geschäftsbank zurück. Diese wiederum holt es vom Staat – warum sollte der Staat es nicht zurückzahlen können? Es steht ihm jederzeit frei, neue Staatsanleihen zu verkaufen und so dieses Geld zu beschaffen. Die Gefahr, dass der Staat diese neuen Staatsanleihen nicht verkaufen kann, bestände nur, wenn der Markt nicht bereit wäre, diese zu kaufen. Da die Geschäfts-

---

232 Genauer liegt hier eine Identität vor, weil die nationalen Notenbanken Bestandteile des EZB-Systems sind. Die Differenzierung dient der Veranschaulichung.

banken aber die Staatsanleihen jederzeit bei der Notenbank gegen frisches Geld tauschen können, existiert dieses Risiko nicht.

In der Target-Problematik kehrt jenes Prinzip wieder, allerdings ist es diesmal auf europäischer Ebene angesiedelt. Hinzu tritt, dass in diesem Falle die nationalen Notenbanken in die Hoheitsbereiche anderer Länder wirken – das Ergebnis aber ist dasselbe: Es können sich keine monetären Verluste einstellen. Die Target-Debatte fand bisher unter der falschen Prämisse statt. Hans-Werner Sinn hat die Target-Debatte eröffnet, als ihn Helmut Schlesinger auf ungewöhnliche Posten in der Bilanz des EZB-Systems hingewiesen hat. Nachdem es erst ein Randthema war, trat es spätestens mit dem Brief Weidmanns an Draghi in die Öffentlichkeit.[233] Der später demonstrativ einbehaltene Bundesbankgewinn, der eigentlich Schäubles Finanzministerium zugestanden hätte, schärfte das Bewusstsein für diese Problematik weiter. Weidmann reduzierte die Gewinnausschüttung auf ein Minimum, weil er Rückstellungen für Ausfälle aus der Kreditvergabe des Euro-Systems vornahm. Seitdem ist die Thematik im Bundestag ein Thema. In der Debatte wird weitgehend Sinns These gefolgt, der ein potenzielles Ausfallvolumen von mehreren Hundert Milliarden Euro für Deutschland prognostiziert. Der SPD-Haushaltspolitiker Carsten Schneider folgt ebenfalls dem traditionellen marktwirtschaftlichen Schema von Verlust und Risiko, als er im März im Bundestag ausführt, der Zentralbank gingen im Falle der Staatsinsolvenz Zyperns die geborgten Gelder verloren.[234]

Die gesamte Target-Problematik beruht auf einer Eigenheit des EZB-Systems, durch die sich nationale Notenbanken bei der EZB beliebig verschulden können. Fahrholz/Freytag nutzen einen überaus treffenden Vergleich: „Der Kardinalfehler [...] besteht darin, dass die Ausgestaltung des Eurosystems es den Mitgliedern quasi erlaubt, sich selbst einen ‚Dispo' für die Finanzierung von Leistungsbilanzsalden einzuräumen."[235] Im Target-System findet die gleiche Geldmehrung statt, mit der auch die Staaten seit Jahren über die Herausgabe von Staatsanleihen Geld in die Zirkulation schleusen, um ihre Bedürfnisse zu befriedigen. Staaten können die Geldmenge beliebig ausweiten, indem sie Staatsanleihen an die Banken verkaufen. Diese können die Staatsanleihen an die Zentralbank weitergeben, welche sie entgegennimmt und den Banken dafür Geld zur Verfügung stellt. Zwar leiht die Zentralbank technisch den Banken das Geld, doch realiter fließt die Liquidität an den Geschäftsbanken vorbei zu den Staaten. Die Banken erhalten dafür die Zinsdifferenz. Finanzinstitute und Staaten vermögen durch diese Art des Fi-

---

233 Vgl. Die Bundesbank fordert von der EZB bessere Sicherheiten, in: FAZ vom 29.02.2012.
234 Vgl. BT PlPr. 17/231, S. 28833.
235 Vgl. Fahrholz/Freytag 2011, S. 13.

7. Target im Lichte der Vollkasko-Ökonomie

nanzverbundes die Kreditsumme beliebig ausdehnen, denn es gibt keine Grenze für die Kredite der Zentralbank an die Geschäftsbanken. Die Geldhäuser können beliebig viele Staatsanleihen an die Zentralbank weiterreichen und erhalten dafür im Austausch Geld. Sie müssen unter bankenrechtlichen Vorschriften kein Eigenkapital für Staatsanleihen vorhalten, weswegen sich auch an dieser Stelle keine Restriktionen ergeben. Die Banken können denselben Prozess für die Zwecke der Wirtschaft initiieren und es steht ihnen selbst frei, die Geldmenge weiter zu vergrößern. Sie können unbesicherte oder staatlich gesicherte Bankanleihen begeben oder Aktiva verkaufen und erhalten ebenso Liquidität von der Notenbank.

Die Besonderheit von Target erlaubt es nationalen Notenbanken, sich im gesamten EZB-System zu verschulden, wodurch fiktive Kosten bei anderen Notenbanken – etwa der deutschen – entstehen. Der einzige Unterschied zur nationalstaatlichen Geldmehrung liegt darin, dass im EZB-System alle Staaten in einem Boot sitzen und die Verschuldung einzelner Länder von allen Notenbanken und nicht nur der eigenen getragen wird. Target-Salden bringen zum Ausdruck, dass ein nationalstaatliches Geldsystem einer Notenbank insgesamt mehr Geld erschafft, als es über realwirtschaftlichen Export von Waren oder als Kredit von Geschäftsbanken verfügen dürfte. Dieses überschüssige Geld holt sich die Notenbank als Kredit aus dem System der Europäischen Zentralbanken. Je mehr Geld die nationale Notenbank aus dem EZB-System zieht, desto größer wird der Forderungsposten des EZB-Systems gegen diese Notenbank. Parallel zur steigenden Forderung der einzelnen Notenbanken gegen ihre Staaten spielt sich das gleiche nun auf europäischer Ebene ab. Sinn hat die Debatte eröffnet, indem er ausführte, diese angesammelten Kreditposten könnten bei Insolvenz der Südländer zu Verlusten der EZB und damit anteilig zu Verlusten der nationalen Notenbanken führen. Zwei Argumente stehen dem entgegen. Erstens ist das Geld, welches die EZB den Notenbanken zur Verfügung stellt geschöpftes: Es ist Fiat-Money, das der Manipulation der Wirtschaft dient. Die Notenbanken haben es gedruckt und es wurde den Unternehmen der Kernländer ausgehändigt. Zweitens sorgt die EZB selbst durch Absenkung der Sicherheiten in ihren Geldgeschäften dafür, dass Staaten und Wirtschaft stets Geld zur Verfügung haben. Einen von Sinn unterstellten Zahlungsausfall schließt die EZB aus.

Die nationalen Notenbanken führen als autonome Institute die Geldgeschäfte durch und nutzen als Transfersystem Target2. Innerhalb dieser Tätigkeit schafft das Target-System als Verrechnungsstelle kein neues Geld. Diese Liquidität wird – unter Entgegennahme von Sicherheiten – von den Notenbanken zur Verfügung gestellt. Die Frage lautet, wie die konkrete deutsche Forderung über knapp 700

Mrd. € entsteht[236], wenn von der Import-Notenbank an die Export-Notenbank Geld fließt. Notenbanken der Importländer schaffen gegen Sicherheiten Geld: Sie stellen den Geschäftsbanken Liquidität zur Verfügung, indem sie Staats- und Bankenanleihen oder auch minderwertige Kredite gegen Zentralbankgeld tauschen. Das Geld drucken die Notenbanken selbst und verbuchen es im System der europäischen Notenbanken.

Für ein besseres Verständnis ist zu beachten, dass die Target-Schulden nicht wie im Güterverkehr der Realwirtschaft zustande kommen, indem jemand etwas nicht bezahlt. Mikroökonomisch-privatwirtschaftlich entstehen Forderungen, wenn kein Geld fließt und der Käufer anschreibt. Im EZB-System stellt sich der Sachverhalt anders dar: Hier entstehen Forderungen, obwohl Gelder fließen. Das liegt daran, dass die Gelder, die von der Peripherie an die Exportstaaten Kerneuropas transferiert werden, nur gedrucktes Geld der EZB sind. Bereits dieser kuriose Umstand deutet auf die Verzerrung traditioneller Kreditbeziehungen und Tauschvorgänge. Wenn in der Target-Debatte von 700 Mrd. Euro gesprochen wird, die Deutschland noch erhält, dann ist es nicht so, dass dieses Geld noch ausstehen würde. Niemand hat die Zeche geprellt, sondern alle Waren, die ins Ausland geliefert worden, wurden bezahlt: „Sicher, die privaten Verkäufer von Exportgütern erhalten Geld und werden insofern zufrieden gestellt."[237] Sie wurden mit Geld bezahlt, welches die EZB den Import-Ländern der Peripherie zur Verfügung gestellt hat. Ganz einfach ausgedrückt: Die Notenbanken des EZB-Systems drucken Geld, geben es den Ländern bzw. der Realwirtschaft und dort wird damit bezahlt. Fehlende Liquidität wurde über die Notenpresse zur Verfügung gestellt. Die Kredite der EZB an die Krisenländer stiegen von 80 Mrd. Euro im Jahr 2007 auf über 800 Mrd. Euro im Jahr 2012.[238] Für dieses gedruckte Geld haben die Importländer der EZB Sicherheiten zur Verfügung gestellt. Das wesentliche Element in diesem Prozess der Geldschöpfung und der Kreditausweitung im Euroraum ist die Entgegennahme von Sicherheiten durch die EZB und die damit ermöglichte Produktion von Geld. Die EZB nimmt hochwertige aber auch minderwertige Papiere entgegen, um die Geldmenge auszudehnen. Je minderwertiger die Sicherheiten werden, desto mehr nimmt die Geldmenge zu.

Der Kredit, den die Importländer erhalten haben, würde beglichen, indem die Notenbanken der Importstaaten die Sicherheiten zurücknehmen und die EZB ihr gedrucktes Geld wieder einzieht. Der den Importländern gewährte Kredit würde so aus dem EZB-System entfernt. Das Geld zur Abwicklung der realwirtschaftlichen

---

236 Vgl. Sinn 2012, S. 205.
237 Vgl. Sinn 2012, S. 180.
238 Vgl. Sinn 2012, S. 182ff.

7. Target im Lichte der Vollkasko-Ökonomie

Geschäfte wurde von der EZB bereits gedruckt und ist bei den Firmen eingegangen. Die Target-Schuld besteht zwar noch, aber nur in den Konten der EZB. Das Geldgeschäft würde endgültig abgeschlossen, wenn die Import-Notenbank, die sich einen bestimmten Betrag aus dem EZB-System geliehen hat, diesen Betrag zurück gibt. Die Importnotenbank müsste die dem EZB-System überlassenen Sicherheiten wie Staats- oder Bankenanleihen zurückkaufen. Die Importnotenbank würde dann die geborgte Geldmenge der EZB zurückzahlen und die EZB würde diese Geldmenge aus der Zirkulation nehmen. Jetzt müsste der Konsumverzicht eintreten, der jedem Kredit und jeder auf Pump finanzierten Transaktion zugrunde liegt. An dieser Stelle würde das marktwirtschaftliche Element Anwendung finden: In den Ländern, die übermäßig gedrucktes Geld nutzen, müssten Waren verkauft werden, wodurch sie Geld verdienen, welches sie dafür nutzen, um die Kredite zurückzuzahlen. Diese Rückzahlung wäre ein spiegelbildlicher Prozess, der das Geld im Nichts verschwinden lässt, ebenso wie das Borgen dazu führte, dass das Geld aus dem Nichts kam.

Angenommen die Importnotenbank schließt das Geldgeschäft nicht ab und kauft ihre dem EZB-System zur Verfügung gestellten Sicherheiten nicht zurück. Die EZB bliebe auf der Forderung sitzen. Wie bereits an anderer Stelle gezeigt, führt das nicht zu Problemen, weil die EZB kein Geld anderer Banken verleiht, sondern dieses Geld schöpft: „Die Zentralbanken verleihen untereinander kein Geld [...]. Sie schaff[en] es vielmehr selbst. [...] Die Kreditschöpfung aus dem Nichts ist ja nun mal gerade das konstitutive Element einer Zentralbank."[239] Die Bundesbank hat im EZB-System Eigenkapital von zehn Mrd. Euro. Vor dem Hintergrund der 700 Mrd. Euro an potenziellen Verlusten verdeutlicht sich die künstliche Ausdehnung der Geldmenge. Weil das Geld aber schon gedruckt wurde und weil es bereits für die Abwicklung der Transaktion Einsatz fand, passiert gar nichts mehr.

Eigentlich müssten die 700 Mrd. Euro wieder aus dem Kreditkreislauf gezogen werden, um die Kreditverträge zu beenden. Die Gefahr besteht nur in einem Ausfall der Sicherheiten. Weil aber kein echtes, aus dem Wirtschaftskreislauf geronnenes Geld genutzt wurde, tut es niemandem weh, wenn die Importländer der Peripherie ihr geborgtes Geld nicht zurückzahlen. Es ist, als würde der Bankkaufmann der Sparkasse bei der Kreditvergabe nicht auf die Einlagen der anderen Kunden zugreifen, sondern neues Geld drucken. Niemanden stört es, wenn er es nicht wieder bekommt. Es ist nur unfair, dass es innerhalb des Euro-Systems die Möglichkeit gibt, zu konsumieren ohne zu produzieren. Der gegenwertslose Kon-

---

239 Hans-Werner Sinn: Die Target-Kredite der Deutschen Bundesbank, in: ifo Schnelldienst Sonderausgabe vom 21. März 2012, S. 15.

sum ist wiederum Element der Aufhebung der Marktwirtschaft. Was hier eigentlich leidet, ist das Preissystem und die Marktwirtschaft. Als die Target-Debatte eröffnet wurde, entstand der Eindruck, Deutschland könnte daraus Schaden erwachsen. Das ist aber nicht der Fall. Einerseits liegt das daran, dass es gedrucktes Geld ist. Andererseits lässt die EZB einen Ausfall der bei ihr hinterlegten Sicherheiten nicht zu. Solange die Staatsanleihen beständig von den Banken gekauft werden und die Staaten ihre Staatsschuld weiterhin refinanzieren können, verlieren die Sicherheiten nicht an Wert und können stets weiter verwertet werden.

Geschöpftes – d. h. gedrucktes – Geld der Zentralbank, welches in die Ökonomie eingeleitet wird, besitzt einen marktwidrigen Charakter. Dieses Geld ist aus dem nichts entstanden: Es gründet nicht auf Ersparnissen oder auf einer zukünftigen Güterproduktion mit entsprechendem Warenwert – es ist künstliches Geld. Es ist nicht so, wie in der Zeit geschrieben: „Die Bundesbank haftet anteilig für jeden Euro, den die EZB verleiht. Damit ist das Risiko für die deutschen Steuerzahler vollständig erfasst, es gibt keinen zusätzlichen Geldkreislauf, keine geheime Umverteilungsmaschinerie."[240] Es gibt auch keinen zusätzlichen Geldkreislauf, aber es gibt eine Unmenge zusätzlicher Kredite, die aus dem Nichts entstehen und in die Wirtschaft fließen. Eine Umverteilung findet zwar statt, aber diese ist nicht mit zusätzlichen Steuerlasten zu definieren, sondern mit dem inflatorischen Kaufkraftverlust, den alle Geldbesitzer hinnehmen müssen. Der Steuerzahler muss nicht für Verluste der Notenbank aufkommen, weil der Staat für Verluste der Notenbanken nicht haftet. Aber das viele Geld, das die Notenbanken in die Wirtschaft schleusen, bleibt nicht folgenlos. Natürlich findet eine Umverteilung statt, weil Exportstaaten mit ihrem Kaufkraftverlust die Gelddruckerei von Importstaaten finanzieren. Hier finden sich die Elemente der Vollkasko-Ökonomie wieder. Es gibt Profiteure des Vollkasko-Systems: Das sind analog der Versicherungsproblematik jene Wirtschaftseinheiten – Staaten oder einzelne Volkswirtschaften im Währungsraum – die durch die monetären Sicherungssysteme vor Schaden und Insolvenz geschützt werden. Es gibt auf der anderen Seite jene, die in der Vollkasko-Ökonomie belastet werden. In diesem Falle sind das alle Geldbesitzer, deren Zwangssparen die Umverteilung der Güter ermöglicht.

---

240 Vertuschung, Nix da, in: Die Zeit vom 15.3.2012.

VI. Abgrenzungen – eine kurze theoretische Debatte

1. Das Verhältnis von Vollkasko-Ökonomie zu Sozialismus

In der Vollkasko-Ökonomie findet die Trennung von traditionell verbundenen Produktions- und Verkehrsformen statt. Der Kapitalismus findet in der Marktwirtschaft keine Partnerin mehr. Die konstitutiven Elemente des Kapitalismus – Mehrwert, Akkumulation und Eigentum – bleiben für die Produktionssphäre weiterhin bestimmend. In der Verkehrssphäre hingegen verlieren die Charakteristika der Marktwirtschaft ihre Bedeutung. An der Auflösung der ehemaligen Verknüpfung von kapitalistischer Produktionssphäre und marktwirtschaftlicher Verkehrssphäre kristallisieren sich die Merkmale des neuen Ordnungsmodells. Die Vollkasko-Ökonomie stellt eine historisch neue Wirtschaftsform dar. Als verwandte Form rückt der Sozialismus in den Blick, der scheinbar über ähnliche Eigenschaften verfügt. Vom Sozialismus ist die Vollkasko-Ökonomie jedoch zu trennen, denn in ihr liegt weiterhin die kapitalistische Produktionsform vor. Die Produktionsmittel sind an das private Eigentum gebunden und Privateigentümer verfügen über die Produktionsstätten. In der Vollkasko-Ökonomie verweilen die Produktionsmittel grundsätzlich in privater Hand. Im Sozialismus hingegen verfügt das politische System über die Produktionsmittel. In Abgrenzung zum Sozialismus liegt in der Vollkasko-Ökonomie weiterhin die für den Kapitalismus typische Trennung von politischem und Wirtschaftssystem vor. Welche Waren produziert werden, fällt in der Vollkasko-Ökonomie nicht in den Entscheidungsrahmen der Politik. Diese Distinktion stellt einen wesentlichen Unterschied zum Sozialismus dar, in dem die Politik über Produktionspläne und Output-Matrizen das Warenangebot aufgrund politischer Präferenzen definiert. Die Verteilung der Waren durch Einfluss auf das Preissystem jedoch stellt die Parallelität der Vollkasko-Ökonomie zum Sozialismus dar, ohne dass daraus eine Identität erwüchse: In der Vollkasko-Ökonomie bestimmt der Produzent eigenverantwortlich die Güter, auf die Verkehrssphäre hingegen nimmt die Politik Einfluss. Die Vollkasko-Ökonomie präsentiert sich als Schimäre, in der Elemente verschiedener Wirtschaftsordnungen einfließen.

Sozialismus und Vollkasko-Ökonomie unterscheiden sich in der Produktionssphäre. Im Sozialismus befinden sich die Produktionsmittel als gesellschaftliches Eigentum in der Hoheit des politischen Systems, während in der Vollkasko-Ökonomie das traditionelle Privateigentum vorherrscht. In der Verkehrssphäre hingegen vereint beide, dass die Marktwirtschaft durch die Zentralverwaltungswirtschaft ersetzt wird. Warum ergeben sich trotz der Parallelität solch gravierende Unterschiede im Wohlfahrtsniveau beider Systeme? Die Vollkasko-Ökonomie verfügt aber über wesentlich mehr Reichtum, als sozialistische Gesellschaften. Es wurde zu Beginn der Analyse behauptet, dass es belanglos sei, ob sich die Unternehmung in gesellschaftlichem oder privatem Eigentum befinde. Die Frage, wie ein Betrieb haushaltet und ob er insolvent geht, ist unabhängig von der Produktionssphäre. Staatliche Unternehmen werden privatisiert, Privatfirmen werden verstaatlicht – ob sie hingegen wettbewerbsfähig wirtschaften, entscheidet sich in der Verkehrssphäre.

Die Frage nach dem Wohlfahrtsniveau lässt sich unter dieser Prämisse nicht mit dem kapitalistischen oder gesellschaftlichen Eigentum erklären, sondern die Antwort ist in der Verkehrssphäre und der jeweiligen Form des Warentauschs zu finden. Ob ein Unternehmen dauerhaft Gewinne erwirtschaftet, hängt davon an, ob es sich in der Verkehrssphäre zu behaupten weiß und inwiefern es sich an die Bedürfnisse der Konsumenten und der allgemeinen Nachfrage anzupassen versteht. Ob diese Anpassung in einem gesellschaftlich oder vom privaten Inhaber geführten Betrieb erfolgt, ist gar nicht relevant. Relevant ist, dass die Entscheidungen über die Preisbildung autonom getroffene werden können und dass die am Markt stattfindenden Preisbildungsprozesse für die Unternehmen volle Gültigkeit erlangen.

Der Sozialismus stellt eine Form der auf gesellschaftlichem Eigentum basierenden Zentralverwaltungswirtschaft dar. Der Unterschied zu jener Form der auf Staatseigentum basierenden Zentralverwaltungswirtschaft wie sie heute noch in den Staatsbetrieben Deutschlands vorzufinden ist, liegt in der Struktur des politischen Systems. Die Diktatur des politischen Systems der DDR war es, die den Menschen vorschrieb, was sie zu konsumieren hatten, und die bestimmte, was die Betriebe herstellten. In demokratischen Systemen gibt es keinen Konsumzwang und nach der Wahl und Regierungsneubildung können weniger kompetente Betriebsleiter abgesetzt werden. Die maßlose Ineffizienz und Verschwendung des Sozialismus entstammt primär nicht aus dem gesellschaftlichen Eigentum, sondern aus den autoritären und totalitären Befehlsmustern des politischen Systems.

Diese These lautet, dass es für die Effizienz eines Systems unbedeutend ist, ob sich die Unternehmen in kapitalistischen Privatbesitz oder gesellschaftlichen

1. Das Verhältnis von Vollkasko-Ökonomie zu Sozialismus

Eigentum befinden. Daraus folgt eine Relativierung der sakrosankt erscheinenden Erklärungsmodelle, welche die Wohlfahrt an die Eigentumsform und somit an die Produktionssphäre koppeln. Die Wohlfahrt ist aber wesentlich von der Marktwirtschaft abhängig. Angenommen ein Unternehmen ist hocheffizient, produziert preisgünstige Güter und erwirtschaftet aufgrund hoher Nachfrage Überschüsse. Sobald der Staat eingreift, in die Angebots- und Nachfrageprozesse am Markt interveniert und dem Unternehmen die Preise diktiert, treten für das Unternehmen und die Gesellschaft Verluste ein. Andersherum muss ein privates Unternehmen, das ineffizient arbeitet und dessen Produkte niemand nachfragt, nicht unbedingt insolvent gehen, wenn es durch staatliche Stützung erhalten wird. Die gesamte deutsche Steinkohleindustrie und ihre Konzentration in der Ruhrkohle AG bietet ein Beispiel für die ineffiziente Stützung einer privaten Unternehmung durch die Zentralverwaltungswirtschaft. Chinesische Staatsbetriebe, die sich in einer Marktwirtschaft behaupten, besitzen teilweise eine höhere Effizienz als westlich-kapitalistische Privatunternehmen, die im Schutze der Zentralverwaltung wirtschaften.

Diese Zusammenhänge gelten nicht nur für die Unternehmen und die Angebotsseite, sondern ebenso für die privaten Haushalte. Ein Privathaushalt mag über ein hohes Einkommen verfügen, doch wenn die Güter, welche er nachfragt, eine verzerrte Preisstruktur aufweisen, weil die Zentralverwaltungswirtschaft Vorgaben macht, sinkt sein Kaufkraft und er wird ärmer. Ein Beispiel hierfür bietet erneut die deutsche Energieversorgung, die mit garantierten Preisen im Rahmen des Erneuerbaren-Energien-Gesetzes hohe Kosten verursacht, ohne den Haushalten durch den Wechsel der Anbieter eine Möglichkeit zum Sparen zu eröffnen. Natürlich kann eine Verzerrung der Preisstruktur auch durch private Kapitalstärke, Monopole, Kartelle oder Oligopole hervorgerufen werden. Dagegen muss der Staat als Hüter der Wettbewerbsordnung Vorkehrungen treffen.

In der Vollkasko-Ökonomie nimmt die Zentralverwaltung Einfluss auf das Preissystem, indem die Kaufkraft aller Geldbesitzer abgeschöpft wird, um sie auf andere Wirtschaftsteilnehmer umzuverteilen. Diese Art des Eingriffs der Zentralverwaltung besitzt einen monetären Charakter – doch er soll nicht darüber hinwegtäuschen, dass er das Markt- und Preissystem umgestaltet. Auf die Entscheidungen der Unternehmen und Haushalte, was sie konsumieren und produzieren nimmt die Zentralverwaltung hingegen keinen Einfluss. Dies ist mit dem freiheitlichen demokratischen System zu begründen, das es sich nicht anmaßt, in die Entscheidungshoheit einzugreifen. Ein autoritärer oder totalitärer Staat könnte sich allerdings genötigt sehen, auch jene Entscheidungen der Wirtschaftssubjekte zu beeinflussen. Ein Beispiel hierfür bietet das Wirtschaftssystem des Nationalsozialismus, in dem zwar kapitalistische Produktionsstrukturen vorlagen, aber in dem die Zentralverwaltung vorschrieb, was die Leute zu kaufen haben. Es ist egal, ob die Menschen ihr Geld in einer Privatwirtschaft verdienen, weil sie dafür aufgrund der Zuteilung durch die Zentralveraltung keine Güter erhalten. Obwohl die Wirtschaft auf privates Engagement ausgelegt war, hatte der nationalsozialistische Staat per aufgestauter Inflation massiv die Verkehrssphäre und Konsumentscheidungen beeinflusst. Die Vollkasko-Ökonomie hingegen ist eine Zentralverwaltung, die auf einer demokratischen Regierungsform fußt, weshalb sie den Leuten nicht vorschreibt, was sie zu kaufen haben. Aber sie nimmt Einfluss darauf, über wie viel Kaufkraft die Geldbesitzer verfügen. Dabei wurde klar, dass diese Kaufkraft geringer ist, als wenn ein marktwirtschaftliches Geldsystem bestehen würde und intakt wäre. Die von der Zentralverwaltung abgeschöpfte Kaufkraft fließt an die Empfänger, welche die Zentralbank und die Staats- und Regierungschefs mit ihren geldpolitischen Entscheidungen und dem Krisenmanagement privilegieren.

Es soll an dieser Stelle noch kurz das Verhältnis von sozialistischer Planwirtschaft und Marxismus kritisiert werden. Planwirtschaft hat nichts mit Marxismus zu tun, sondern Planwirtschaft ist die politische Komponente der Zentralverwaltungswirtschaft. Marx hatte nie dafür plädiert, der Wirtschaft Produktionspläne zu diktieren. Marx' ökonomische Theorie zielt auf die Produktionssphäre und die Frage, wie die Güter produziert werden und wem die Produktionsmittel gehören, nicht aber die Frage, wie sie getauscht werden. Bei Marx tauschen sich die Güter entsprechend der darin erfassten Arbeitsmengen und Produktionspreise und nicht über die Plananweisung einer Behörde. Die sparsamen Hinweise, die sich bei Marx über die neue kommunistische Gesellschaftsform finden, deuten auf die Produktionssphäre, so sind ihm die Aktiengesellschaften die Vorstufe zu den assoziierten Genossenschaften.[241] Im Kommunismus sind die Arbeiter zukünftig selbst die Aktieninhaber der als kooperative Assoziationen bezeichneten Gesellschaften. In diesen Ausführungen findet sich keine Andeutung auf die Ausschaltung des Marktmechanismus, der in die Verkehrssphäre gehört – und den Marx mit seinen Ausführungen über die Eigentumsform, die in die Produktionssphäre gehören, gar nicht meinen kann. So findet sich auch ganz konkret der Bezug zur Produktionssphäre: „Die Kooperativfabriken der Arbeiter selbst sind, innerhalb der alten Form, das erste Durchbrechen der alten Form [...] der Gegensatz zwischen Kapital und Arbeit ist innerhalb derselben aufgehoben, wenn auch zuerst nur in der Form, dass die Arbeiter als Assoziation ihr eigener Kapitalist sind [...] sie zeigen, wie, [...] aus einer Produktionsweise sich eine neue Produktionswei-

---

241 Vgl. Karl Marx: Das Kapital, Bd. 3, Berlin 1975, S. 453.

1. Das Verhältnis von Vollkasko-Ökonomie zu Sozialismus

se entwickelt und herausbildet."[242] Bei Marx jedoch wird deutlich, dass ihm die Idee des Plans fremd war. Der Plan als Instrument zur Entwicklung der Volkswirtschaft, aus der die Politik die Planwirtschaft als Gegensatz zur Marktwirtschaft ableitet und mit einem Zwangseingriff des Staates versieht, findet sich in Marx' Ideen nicht. Die Marxsche Planmäßigkeit ergäbe sich, wenn es keine gesellschaftliche Trennung in Kapital und Arbeiter gäbe und wenn die Einkommensverteilung so gestaltet wäre, dass die Produzenten alle Waren selbst kaufen könnten. Dann würde die zyklische Wiederkehr der kapitalistischen Krisen, der die bürgerliche Ökonomie – wie Marx ausführt – ohne Planmäßigkeit und ohne Einsicht gegenübersteht, von ganz allein aufhören. Eine zweckfremde, politisch instruierte Verteilung der gesellschaftlichen Ressourcen findet sich im Marxismus indes nicht, im Gegenteil: „Ebenso muss die Gesellschaft ihre Zeit zweckmäßig einteilen, um eine ihren Gesamtbedürfnissen gemäße Produktion zu erzielen; wie der Einzelne seine Zeit richtig einteilen muss, um sich Kenntnisse in angemessenen Proportionen zu erwerben oder um den verschiedenen Anforderungen an seine Tätigkeit Genüge zu leisten. Ökonomie der Zeit, sowohl wie planmäßige Verteilung der Arbeitszeit auf die verschiedenen Zweige der Produktion, bleibt also erstes ökonomisches Gesetz auf Grundlage der gemeinschaftlichen Produktion." Das heißt nichts anderes, als dass die Waren zur Bedürfnisbefriedigung wie eh und je produziert werden müssen. Effizienz bleibt das Kriterium der Produktion. Zeit ist Arbeitszeit, wodurch ökonomische Zeiteinteilung der Arbeitseffizienz gleichkommt. Es ist also nicht beabsichtigt, die Arbeitszeit frei für individuelle Belange zu investieren. Der Unterschied zum Kapitalismus findet sich aber in der Verteilung der Güter, denn die Produzenten bzw. Arbeiter produzieren im Sozialismus für sich und nicht mehr für die Kapitalisten.

Marx unterstreicht diese Ansicht in einem Brief an Kugelmann[243], in dem er ausführt, die Gesellschaft komme nicht umhin, weiterhin jene Güter zu produzieren, die sie für ihre Reproduktion benötige und dass sich diese nach dem Werte tauschen: „Dass jede Nation verrecken würde, die, ich will nicht sagen für ein Jahr, sondern für ein paar Wochen die Arbeit einstellte, weiß jedes Kind. Ebenso weiß es, dass die den verschiedenen Bedürfnismassen entsprechenden Massen von Produkten verschiedene und quantitativ bestimmte Massen der gesellschaftlichen Gesamtarbeit erheischen. Dass diese Notwendigkeit der Verteilung der gesellschaftlichen Arbeit in bestimmten Proportionen durchaus nicht durch die bestimmte Form der gesellschaftlichen Produktion aufgehoben, sondern nur ihre Erscheinungsweise ändern kann, ist self-evident. Naturgesetze können über-

---
242 Ebenda, S. 456.
243 Marx' Brief an Kugelmann vom 11.7.1868, in: Marx-Engels-Werke, Bd. 32, S. 552.

haupt nicht aufgehoben werden. Was sich in historisch verschiedenen Zuständen ändern kann, ist nur die Form, worin jene Gesetze sich durchsetzen."

2. Staatsmonopolistischer und „organisierter" Kapitalismus

Aufgrund der durch den Staat induzierten Umverteilung der Kaufkraft auf zentralverwaltungswirtschaftlich präferierte Empfänger rückt die Vollkasko-Ökonomie in die Nähe des ebenfalls maßgeblich durch staatliche Entscheidungen geprägten staatsmonopolistischen Kapitalismus. „Der ‚staatsmonopolistische Kapitalismus' wurde von den marxistischen Politökonomen und Wirtschaftshistorikern zunehmend dahingehend interpretiert, dass die Produktions- und Produktivkräfteentwicklung seit 1900, insbesondere der ‚neuen' natur- und technikwissenschaftlichen fundierten Industrien, angesichts der Kartellbildung als entscheidender Grundlage des gesamten Wirtschaftslebens nur als komplexe Einheit von Wirtschafts- und Wissenschaftsentwicklung unter Einbeziehung und Nutzung staatlicher Ressourcen, Mechanismen und Entscheidungsprozesse zu betrachten und zu verstehen sei."[244] Mit Blick auf die Verkehrs- und Produktionssphäre sind sich beide Wirtschaftsordnungen sehr ähnlich. Bei kapitalistischer Produktionsform nimmt der Staat in beiden Systemen durch Eingriffe auf die Verkehrssphäre Einfluss auf das Preissystem. Es kann unterstellt werden, dass in beiden Systemen ohne den staatlichen Eingriff bestimmte Sektoren der Volkswirtschaft nicht anwachsen oder stärker schrumpfen würden. Der staatliche Dirigismus führt zu einer Veränderung der Wertschöpfung, wodurch ein anderer Output entsteht, als wenn die Verkehrssphäre marktwirtschaftlich geprägt wäre. Für die wissenschaftliche Denkfigur des staatsmonopolistischen Kapitalismus ließe sich das an energiepolitischen Entscheidungen der Bundesrepublik darlegen. Durch die gezielte Förderung der atomaren Energiegewinnung und einer umfangreichen finanziellen Bezuschussungen konnte sie sich neben der Stein- und Braunkohle sowie dem Erdöl Ende der 1960er Jahre allmählich als Konkurrenz entwickeln. Mit Blick auf die vielfältigen unternehmerischen Risiken, den möglichen Verlusten für die Energiefirmen und daraus resultierender Skepsis, hätte die realistische Chance bestanden, dass die atomare Energieproduktion nie als Ergebnis des Marktes entstanden wäre. Aufgrund der Förderprogramme in den Industriestaaten ist es wahrscheinlich, anzunehmen, dass die Wirtschaft weiterhin auf die

---

244 Günter Wendel: Forschungen zur Geschichte der Kaiser-Wilhelm-/ Max-Plack-Gesellschaft in der DDR – Persönliche Erfahrungen, in: Bernhard v. Brocke/Hubert Laitko (Hrsg.): Die Kaiser-Wilhelm-/Max-Planck-Gesellschaft und ihre Institute. Das Harnack-Prinzip, Berlin 1996, S. 80.

2. Staatsmonopolistischer und „organisierter" Kapitalismus 153

traditionellen fossilen Energieträger gesetzt hätte. Zu einer ähnliche Verzerrung des Marktergebnisses führt die Vollkasko-Ökonomie. Der Unterschied zwischen ihr und dem staatsmonopolistischen Kapitalismus ist in der Umsetzung des staatlichen Eingriffs zu suchen. Der staatsmonopolistische Kapitalismus nimmt den Eingriff per Fiskalpolitik vor, indem er Steuergelder verteilt oder sich verschuldet. Die Konkurrenz im Markt wird ausgeschaltet, weil alle potenziellen Unternehmen über die Verteilung der Staatsaufträge in den Genuss der Subventionen gelangen. Aufgrund dieser Eigenschaft bietet der staatsmonopolistische Kapitalismus ein Abbild der zwischenzeitlich längst etablierten Wirtschaftspolitik des artificial spending: Der Staat stellt die Finanzen bereit, um die Sektoren der Volkswirtschaft wachsen zu lassen. Die Vollkasko-Ökonomie hingegen greift nicht auf die Fiskalpolitik zurück, sondern setzt auf geldpolitische Mechanismen. Mit der Vollkasko-Ökonomie geht der Staat einen Schritt weiter und schafft ein Instrumentarium, um bereits bestehende Schulden und fiskalpolitische Notwendigkeiten – wie bspw. eine gewisse „notwendige Verschuldung" – gegen das eventuell negative Rating der Märkte abzusichern. In gewisser Weise lässt sich der Unterschied zwischen beiden Wirtschaftsordnungen philosophisch beschreiben. Artificial spending finden Anwendung, um das ökonomische System wachsen zu lassen. Die Vollkasko-Ökonomie und ihr unlimited spending wird genutzt, um bestehende Strukturen zu konservieren.

Eine dritte Spielart, die Einfluss auf die Verkehrssphäre nimmt, findet sich im organisierten Kapitalismus. In der Produktions- und Verkehrssphäre sind sich organisierter Kapitalismus und Vollkasko-Ökonomie ähnlich. In beiden liegt eine kapitalistische Eigentumsordnung vor. Organisierter Kapitalismus schaltet ebenso wie die Vollkasko-Ökonomie die Marktwirtschaft aus. Im organisierten Kapitalismus erfolgt der Eingriff in die marktwirtschaftlichen Strukturen aber nicht derart subtil wie in der Vollkasko-Ökonomie, welche die Marktwirtschaft über die Kaufkraft der Geldbesitzer fast heimlich ausschaltet. Der organisierte Kapitalismus nimmt recht plump auf die Konsumentscheidungen der Wirtschaftssubjekte Einfluss. Als Beispiel können konzertierte Aktionen gelten, in denen die Spitzenverbände für den nachgelagerten Raum Preisabsprachen treffen.

VII. Fazit: Die Wirtschaft und der Systemkonstrukteur Mensch

Wie die Entwicklung zeigt, ist der Mensch fähig, seine Produktionsapparate durch Verschuldung stärker auszulasten als ohne den Einsatz des Geldes. Indem die Staaten Einfluss auf das Geldsystem nehmen, können sie die Wirtschaftskraft steigern. Es scheint, als könne er mit dem Geld seine Produktionsapparate beliebig wachsen lassen. In dem Sinne haben sich die Menschen bereits von der reinen Marktverteilung entfernt und die Ökonomie umgebaut. Mit dem Zugriff auf das virtuelle Geldsystem lässt sich die Realwirtschaft manipulieren. Vor dem Hintergrund der derzeitigen Probleme stellt sich die Frage, wie der Mensch mit seiner Allmacht in der Ökonomie umgeht. Lässt er ab von den Hebeln des Geldsystems und nimmt die Härten des Marktsystems in Kauf oder schwächt er eventuelle Verwerfungen ab und zahlt dafür genauso einen Preis? Bereits zu Beginn der Analyse wurde das Dilemma der Politik angerissen. Sie kann die Marktwirtschaft nicht als Ordnungsmodell anwenden, wenn sie die Bürger und Konsumenten nicht die Härte des Systems spüren lassen will. Sie kann aber ebenso wenig einen Systemmix fabrizieren, in dem sie die erwünschten Elemente verschiedener Wirtschaftssysteme filtert und symbiotisch vereint. Bisher übte die Politik diesen Spagat und übertünchte die daraus resultierende Dysfunktionalität mit Schulden. Vermag sie es also doch? Im unlimited spending hat sie schließlich ein Instrument gefunden, mit den Schuldenbergen umzugehen.

Die Vollkasko-Ökonomie garantiert, dass die Staaten nicht insolvent gehen. Die Politik hat auch nicht vor, die in die Wirtschaft eingeschleuste Liquidität wieder aus dem System zu ziehen. Mit anderen Worten: Die Politik hat nicht vor, die Schulden zurückzuzahlen. Durch die vermehrt zur Verfügung gestellten Gelder hebt sie jedoch die Marktgesetze auf. Egal wie stark der Staat in die Wirtschaft interveniert, die daraus entstehenden Schäden heilt er, indem er sich die notwendige Kaufkraft bei seinen Bürgern nimmt. Das ist die Quintessenz der Vollkasko-Ökonomie: Es gibt Akteure, die mit ihrem Verhalten die Kosten der Allgemeinheit erhöhen. So wie wir alle für die Schäden der Vollkasko-Versicherten Aufkommen, weil wir in einer Versicherung sind, so kommen wir für das Engagement des Staates auf, weil er Zugriff auf das Geld hat. Parallele Währungen und andere Konzepte erweisen sich alle als dysfunktional, der individuelle Wohlstand ließe sich nur durch die konsequente Anwendung der Marktgesetze sichern. Darin eingeschlossen ist ein konsequentes Regime der individuellen Haftung, das die Überwälzung der Kosten ökonomischen Fehlverhaltens auf die Gesamtheit der Wirtschaftsteilnehmer ausschließt. Die gegenwärtige Krise ist Ausdruck eines weitgehenden Haftungsausschlusses.

Es liegt keine „Enthemmung der Märkte" vor. Vielmehr verhindert die Zentralverwaltung, dass der Markt unrentable Strukturen einer Bereinigung zuführt. Mag dies innerhalb Kerneuropas nicht leicht zu erkennen sein, so ist es doch offensichtlich in der Peripherie. Es gelingt ihr allerdings nicht allein, nur den Staat vom Marktsystem zu trennen. Vielmehr verändert sie mit ihren Interventionen die Marktwirtschaft: Indem die Politik dem Staat Privilegien verschafft, beeinflusst sie die Strukturmerkmale des Gesamtsystems. Der Wohlstand geht mit beiden Methoden verloren. Die Politik könnte sich zurückziehen, dann würde der Markt die Strukturen unter Arbeitslosigkeit und Wohlstandsverlusten irgendwie straffen. Wie das aussähe – das muss ehrlich gesagt werden – weiß keiner. Andererseits leidet die Gesellschaft mit den Mechanismen der Vollkasko-Ökonomie ebenso an Wohlfahrtsverlusten. Das derzeitige System steht erst am Beginn seiner Entwicklung. Wie es in wenigen Jahren aussieht, kann ebenso niemand vorhersagen.

An diesem Punkt angekommen, zeigt sich, dass eine „Wertleere" die Probleme, vor denen die Menschen, Regierungen und Staaten stehen, nicht lösen kann. Philosophische Strömungen versuchten, die Ergebnisse menschlicher Interaktion durch den Markt einer möglichst hohen Effizienz zuzuführen, indem sie die Annahme zu Grunde legten, der Markt brächte das beste Ergebnis zu Tage, welches allen anderen überlegen sei. Diese Annahme beruht auf der objektiven Enthaltung eines Systemkonstrukteurs, der sich nicht anmaßen möchte, zu wissen, was richtig und was erwünscht sei. Der Systemkonstrukteur weiß schlichtweg nicht, was die Präferenzen der Gesellschaft sind. Er akzeptiert diese Wertleere und ergo gestaltet er das System mit einer Problemlösungskompetenz, die es den Menschen über Märkte erlaubt, das System selbst zu steuern.

Doch schon an dieser Stelle verfällt der Systemkonstrukteur dem Trugschluss, zu unterstellen, dass die Märkte ein optimales Ergebnis hervorbringen. Statt in diktatorischer Manier dem Menschen vorzuschreiben, was er konsumiert und wie er es produziert, kann der Mensch über den Marktmechanismus diese Fragen selbst beantworten. Hier aber lauert die Unwägbarkeit: Woher weiß der Konstrukteur, dass die von ihm gewählte Problemlösungskompetenz über Märkte Ergebnisse hervorbringt, welche die Menschen wünschen? Ist das nicht ebenso eine Anmaßung von Wissen? Der Markt ist eine Institution, die entsprechend

VII. Fazit: Die Wirtschaft und der Systemkonstruktuer Mensch

den Präferenzen der Menschen ein optimales Ergebnis hervorbringt, das allerdings nur innerhalb der Marktlogik optimal ist und sein kann. So wie der Markt als Entdeckungsverfahren verschiedene Opportunitäten abwägt steht diese Art der Problemlösungskompetenz selbst in Konkurrenz mit anderen Formen der Problemlösungskompetenz. Der Wettbewerb der Problemlösungskompetenzen ist die Geschichte. Zu fordern, der Markt dürfte die einzige Form sein, mit der der Mensch seine Bedürfnisse befriedigen könne, wäre naiver Zwang – die Geschichte wird zeigen, welche Form menschlicher Interaktion jene Ergebnisse hervorbringt, die der Mensch wünscht und die seiner Natur entsprechen.

Der Markt selbst ist eine installierte Form menschlicher Interaktion. Mögen seine optimalen, effizienten Ergebnisse im Sinne der unsichtbaren Hand Smiths auf ungewollte Art und Weise entstehen, die den Eigennutz des Menschen in ein für die Gesellschaft nutzbringendes Ergebnis einbetten. So sehr sich der Systemkonstrukteur auch aus der Entscheidungsfindung der Individuen herausnimmt, um sie selbst entscheiden zu lassen, so ist doch die Funktionsweise des Marktes noch immer ein Ergebnis der bewussten Anordnung des Systemkonstrukteurs. Er setzt die Regeln, nach denen der Wettbewerb auf den Märkten funktioniert. In der Tat bringt der Markt nur dann wohlfahrtsfördernde Elemente, wenn der Staat negative externe Effekte wie Umweltzerstörung, Monopolbildung und Markteintrittsbarrieren ausschaltet. Der Staat bleibt die omnipotente Entität, mit der der Mensch der westlichen Gesellschaft seine Lebenswelt formt. Er ist imstande seine Lebenswelt als Markt zu konstruieren. Er vermag das Habitat aber auch anders gestalten.

Es obliegt dem Menschen, über die Wirtschaftsform zu entscheiden, die ihn mit den Gütern versorgt, die er benötigt. Dabei kann er zwischen vielfältigen Kombinationen von Produktions- und Verkehrsform wählen. Der Markt in der Verkehrssphäre ist die Antwort auf die wirtschaftlichen Probleme der im Merkantilismus vorgefundenen staatlichen Vorrechte und Gängeleien. Er ist nicht die einzige Form der Interaktion der Menschen. Es stellt sich die Frage, ob der Mensch genügend Mut besitzt, neue Systeme zu erdenken und praktikabel umzusetzen. Falls er es kann, sollte der Wandel der Marktwirtschaft kein Problem darstellen. Halten wir an lieb gewonnenen Kategorien fest oder trauen wir uns, neue Wege zu gehen?

VIII. Bibliographie

1. Primärliteratur

Altmiks, Peter (Hrsg.): Im Schatten der Finanzkrise. Muss das staatliche Zentralbankwesen abgeschafft werden?, München 2010.
Baader, Roland: Geldsozialismus. Die wirklichen Ursachen der neuen globalen Depression, Zürich 2010.
Behrens, Walter G.: Das Geldschöpfungsproblem, Paderborn 2011.
Binswanger, Hans Christoph: Geld und Magie. Eine ökonomische Deutung von Goethes Faust, Hamburg 2010.
Boltanski, Luc/Ève Chiapello: Der neue Geist des Kapitalismus, Konstanz 2003.
Brocke, Bernhard v./Hubert Laitko (Hrsg.): Die Kaiser-Wilhelm-/Max-Planck-Gesellschaft und ihre Institute. Das Harnack-Prinzip, Berlin 1996.
BMF (Hrsg.): Der Wissenschaftliche Beirat beim Bundesministerium der Finanzen. Gutachten und Stellungnahmen 1974 – 1987, Tübingen 1988.
Burghardt, Anton: Soziologie des Geldes und der Inflation, Köln 1977.
Congdon, Tim: Money in a Free Society. Keynes, Friedman and the new Crisis in Capitalism, New York 2011.
Depenheuer, Otto: Eigentumsverfassung und Finanzkrise, Berlin 2009.
H.-D. Ortlieb und F.-W. *Dörge* (Hrsg.): Wirtschafts- und Sozialpolitik, Modellanalysen politischer Probleme, Opladen 1967.
Eckert, Daniel D.: Alles Gold der Welt: Die Alternative zu unserem maroden Geldsystem, München 2013.
Elsner, Wolfram: „Neoliberaler" Kapitalismus versus Demokratie. Finanzkrise, Systemkrise – und warum der degenerierte Finanzkapitalismus selbst mit formaler Vertretungsdemokratie unverträglich geworden ist, Bergkamen 2012.
Enzensberger, Hans Magnus: Politische Brosamen, Frankfurt am Main 1982.
Felber, Christian: Retten wir den Euro, Bonn 2012.
Fisher, Irving: Die Kaufkraft des Geldes. Ihre Bestimmung und ihre Beziehung zu Kredit, Zins und Krisen, Berlin 1916.
Fuerst, Gerhard (Hrsg): Die Messung der Kaufkraft des Geldes, Sonderhefte zum Allgemeinen Statistischen Archiv, H. 10, Göttingen 1976.
Görgens, Egon/Karlheinz Ruckriegel: Makroökonomik, Stuttgart 2007.
Hayek, Friedrich A. v.: Prices and Production, New York 1935.
Ders.: Freiburger Studien, Tübingen 1969.
Ders.: Geldtheorie und Konjunkturtheorie, Salzburg 1976.
Ders.: Entnationalisierung des Geldes, Tübingen 1977.
Hennies, Manfred O. E.: Allgemeine Volkswirtschaftslehre für Betriebswirte, Bd. 3. Geld, Konjunktur, Berlin 2003.
Hennis, Wilhelm/Peter Graf Kielmansegg/Ulrich Matz: Regierbarkeit. Studien zu ihrer Problematisierung, Stuttgart 1977.
Hofmann, Werner: Abschied vom Bürgertum, Frankfurt am Main 1970.
Illing, Falk: Die Euro-Krise. Analyse der europäischen Strukturkrise, Wiesbaden 2013.

Issing, Otmar: Zukunftsprobleme der Sozialen Marktwirtschaft. Verhandlungen auf der Jahrestagung des Vereins für Socialpolitik Gesellschaft für Wirtschafts- und Sozialwissenschaften 1980, Berlin 1981.
Junkernheinrich, Martin/Stefan Korioth/Thomas Lenk/Henrik Scheller/Matthias Woisin (Hrsg.): Jahrbuch für öffentliche Finanzen, Baden-Baden 2012.
Lehnich, Oswald: Die Wettbewerbsbeschränkung. Eine Grundlegung, Köln 1956
Marx, Karl: Das Kapital. Bd. 3, Berlin 1983.
Mises, Ludwig v.: Theorie des Geldes und der Umlaufmittel, Auburn 2007.
Ders.: Die geldtheoretische Seite des Stabilisierungsproblems, Schriften des Vereins für Sozialpolitik, Bd. 184, München und Leipzig 1923.
Münchau, Jürgen: Kernschmelze im Finanzsystem, München 2009.
Müller, Richard/Werner Röck: Konjunktur- und Stabilisierungspolitik. Theoretische Grundlagen und wirtschaftspolitische Konzepte, Stuttgart 1985
Naschold, Frieder/Werner Väth: Politische Planungssysteme, Opladen 1973.
Ohr, Renate: Budgetpolitik in offenen Volkswirtschaften. Eine modelltheoretische Analyse ihrer binnen- und außenwirtschaftlichen Wirkungen, Berlin 1987.
O.V.: Chrestomathie zur Politischen Ökonomie, Berlin 1964.
Petersen, Jens: Wilhelm von Humboldts Rechtsphilosophie, Berlin 2007.
Rahmann, Bernd: Grundlagen konjunkturbeeinflussender Haushaltspolitik. Ein Beitrag zu einer Theorie der Budgetwirkung, Berlin 1972.
Ricardo, David, hrsg. von Piero Sraffa: The Works and Correspondence of David Ricardo, Bd. 9, Cambridge 1973.
Richter, Rudolf, Geldtheorie: Vorlesung auf der Grundlage der allgemeinen Gleichgewichtstheorie und der Institutionenökonomik, Berlin 1990.
Rifkin, Jeremy: Access. Das Verschwinden des Eigentums, Warum wir weniger besitzen und mehr ausgeben werden, Frankfurt a. M. 2007.
Rüttgers, Jürgen (Hrsg.): Wer zahlt die Zeche? Wege aus der Krise, Bonn 2009.
Sarrazin, Thilo: Europa braucht den Euro nicht. Wie uns politisches Wunschdenken in die Krise geführt hat, München 2012.
Schiller, Karl: Neuere Entwicklungen in der Theorie der Wirtschaftspolitik, Tübingen 1958.
Ders.: Konjunkturpolitik auf dem Wege zu einer Affluent Society, Kiel 1968.
Schmölders, Günter: Konjunkturen und Krisen, Hamburg 1955.
Schumpeter, Joseph A.: Konjunkturzyklen. Eine theoretische, historische und statistische Analyse des kapitalistischen Prozesses. Bd. I, Göttingen 1961, S. 112.
Schumpeter, Alois: Theorie der wirtschaftlichen Entwicklung, a. a. O., S. 100 f.
Schneider, Hans K./Waldemar Wittmann/Hans Würgler (Hrsg.): Stabilisierungspolitik in der Marktwirtschaft, Berlin 1975.
Sinn, Hans-Werner: Die Target-Falle. Gefahren für unser Geld und unsere Kinder, München 2012.
Simmert, Diethard/Kurt Dieter Wagner (Hrsg.): Staatsverschuldung kontrovers, Köln 1981.
Smith, Adam: An Inquiry into the Nature and Causes of the Wealth of Nations, Glasgow o. J.
Stachels, Elmar: Das Stabilitätsgesetz im System des Regierungshandelns, Berlin 1970.
Stern, Klaus: Grundfragen der globalen Wirtschaftssteuerung, Vortrag gehalten vor der Berliner Juristischen Gesellschaft am 10. Januar 1969, Berlin 1969.
Tanzi, Vito: Government vs Markets. The Changing Economic Role of the State, Cambridge 2011.
Terhalle, Fritz: Die Finanzwirtschaft des Staates und der Gemeinden, Berlin 1948.
Timm, Herbert/Heinz Haller (Hrsg.): Beiträge zur Theorie der öffentlichen Ausgaben, Berlin 1967.

VIII. Bibliographie 161

Terres, Paul: Die Logik einer wettbewerblichen Geldordnung, Tübingen 1999 S. 3.
Volkmann, Rainer: Beschäftigungspolitik, Opladen 2001.
Wagenknecht, Sahra: Wahnsinn mit Methode. Finanzcrash und Weltwirtschaft, Berlin 2009, S. 95.
Wienert, Helmut: Grundzüge der Volkswirtschaftslehre. Makroökonomie, Stuttgart 2008.
Witsch, Franz: Die Politisierung des Bürgers, 2. Teil: Mehrwert und Moral, Norderstedt 2012.
Wirtschaftsrat der CDU/CSU (Hrsg.): Die Freiheit erhalten!, Protokolle, Wirtschaftstag der CDU/CSU Bonn 1969, Frankfurt am Main 1969.

2. Sekundärliteratur

Eucken, Walter: Die Politik der Wettbewerbsordnung – Die konstituierenden Prinzipien, in: Depenheuer 2009, S. 57-70.
Biehl, Dieter: Budgetkonzepte als Ziel- und Messgrößen für die finanzpolitische Konjunktursteuerung. Der konjunkturneutrale und der konjunkturgerechte Haushalt, in: Hans K. Schneider/Waldemar Wittmann/Hans Würgler (Hrsg.): Stabilisierungspolitik in der Marktwirtschaft, Berlin 1975, S. 854-906.
Dohm, Robert: Staatsverschuldung mit Verdrängungseffekt?, in: Diethard Simmert/Kurt Dieter Wagner (Hrsg.): Staatsverschuldung kontrovers, Köln 1981, S. 381ff.
Dörge, Friedrich-Wilhelm: Schleichende Inflation. Das Problem der Preisentwicklung in der Marktwirtschaft, in: Wirtschafts- und Sozialpolitik, Modellanalysen politischer Probleme, Opladen 1967, S. 261-284.
Fabio, Udo di: Europa in der Krise, in: ZSE, H. 4, Jg. 9 (2009), S. 459-464.
Gauland, Alexander: Die Ideologie der „unsichtbaren Hand" und ihre Folgen, in: Jürgen Rüttgers (Hrsg.): Wer zahlt die Zeche? Wege aus der Krise, Bonn 2009, S. 29-33.
Guckes, Siegfried: Die Messung der Kaufkraft der privaten Verbraucher und die Berechnung von Kaufkraftparitäten im Statistischen Bundesamt, in: Gerhard Fuerst (Hrsg): Die Messung der Kaufkraft des Geldes, Sonderhefte zum Allgemeinen Statistischen Archiv, H. 10, Göttingen 1976, S. 23-48.
Hayek, Friedrich A.: Der Wettbewerb als Entdeckungsverfahren, in: Kieler Vorträge, Nr. 56 / 1968.
Heitger, Bernhard: Wachstumswirkung von Steuern und Staatsausgaben, Kieler Diskussionspapiere (1989), Bd. 148.
Hickel, Rudolf: Pathologisches Lernen. Zypern als Exempel, in Blätter H. 5, Jg. 58 (2013), S. 5-8.
Horn, Norbert: Die Reform der Europäischen Währungsunion und die Zukunft des Euro, in: NJW, H. 20, Jg. 64 (2011), S. 1398-1404.
Huffschmid, Jörg: Die Politik des Kapitals. Konzentration und Wirtschaftspolitik in der Bundesrepublik, in: Frieder Naschold/Werner Väth: Politische Planungssysteme, Opladen 1973, S. 112.
Hummel, Jeffrey Rogers: Problems with Austrian Business Cycle Theory, Reason Papers, H. 5, Jg. (1979), S. 41-53.
Ilgmann, Cordelius/Ulrich van Suntum: Marktwirtschaft in der Kritik? Die Finanzkrise in historischer Perspektive, in: Die politische Meinung, Nr. 471 (Februar 2009), S. 35-41.
Jahndorf, Christian: Grundlagen der Staatsfinanzierung durch Kredite und alternative Finanzierungsformen im Finanzverfassungs- und Europarecht, Heidelberg 2003.
Kirchhof, Paul: Stabilität von Recht und Geldwert in der Europäischen Union, in: NJW H.1-2, Jg. 66 (2013), S. 1-6
Körner, Heiko: Schumpeter und die Krise, in: Wirtschaftsdienst, Jg. 8 (2009), S. S. 519-525.
Läufer, Nikolaus K.A.: „Inflationssteuer, Eigentumsgarantie und Europäische Währungsunion". Eine ökonomisch-juristische Analyse, in: DstZ, H. 20, Jg. 87 (1999), 764-782.

Merk, Gerhard: Begriff und Messung der Inflation, in: Gerhard Merk (Hrsg.): Acta Monetaria, Jahrbuch für Geldordnung und Geldpolitik, Bd. 3 (1979), S. 27-42.
Mises, Ludwig v.: Die Wirtschaftsrechnung im sozialistischen Gemeinwesen, in: Archiv für Sozialwissenschaft und Sozialpolitik, H. 1, Jg. 47 (1920), S. 86-121.
Offe, Claus: Europa in der Falle, in: Blätter, H. 1, Jg. 58 (2013), S. 67-80.
O.V.: Wie ist die neue Offenmarktpolitik der Europäischen Zentralbank zu bewerten?, in ifo Schnelldienst, H. 21, Jg. 63 (2010), S. 3-10.
Pfaller, Alfred: Die „Eurokrise": Wenn Wirtschaften über ihre Verhältnisse wachsen, in: Neue Gesellschaft/ Frankfurter Hefte, H. 6, Jg. 68 (2013), S. 15-19.
Rix, Ulf Meyer: Die Krise im Euro-Raum. Viel mehr als nur ein Problem zu hoher Staatsschulden, in: Martin Junkernheinrich/Stefan Korioth/Thomas Lenk/Henrik Scheller/Matthias Woisin (Hrsg.): Jahrbuch für öffentliche Finanzen, Baden-Baden 2012, S. 301-326.
Schäffler, Frank/Norbert F. Tofall: Währungswettbewerb als Evolutionsverfahren, in: Altmiks 2010, S. 135-155.
Streeck, Wolfgang: Auf den Ruinen der Alten Welt. Von der Demokratie zur Marktgesellschaft, in: Blätter, H. 12, Jg. 57 (2012), S. 61-72.
Streeck, Wolfgang: Was nun, Europa? Kapitalismus ohne Demokratie oder Demokratie ohne Kapitalismus, in: Blätter, H. 4, Jg. 58 (2013), S. 57-68.
Schäuble, Wolfgang: Staatsfinanzen in der Eurozone. Ansätze zur Bewältigung der aktuellen Herausforderungen, in: ZSE, H. 3, Jg. 9 (2011), S. 301-304.
Siekmann, Helmut: Die Verwendung des Gewinns der Europäischen Zentralbank und der Bundesbank, Institute for Law and Finance, Working Paper Series, Nr. 8, Jg. 2 (2005).
Schlecht, Otto: Die Genesis des Konzepts der Sozialen Marktwirtschaft, in: Otmar Issing: Zukunftsprobleme der Sozialen Marktwirtschaft. Verhandlungen auf der Jahrestagung des Vereins für Socialpolitik Gesellschaft für Wirtschafts- und Sozialwissenschaften 1980, Berlin 1981, S. 9-33.
Schmidt, Kurt: Zur ordnungspolitischen Problematik wachsender Staatsausgaben, in: Herbert Timm/ Heinz Haller (Hrsg.): Beiträge zur Theorie der öffentlichen Ausgaben, Berlin 1967, S. 126-173.
Schnabl, Gunther: Regieren die Märkte? – Die neuen Aufgaben des Staates in Boom und Krisen, Vortrag gehalten am 14./15. Juni 2012 an der Universität Leipzig.
Ders.: Die schleichende Verstaatlichung durch die Geldpolitik, Leipzig, o. J.
Schweinsberg, Klaus: Alle rufen nach einem starken Staat. Was wir wirklich brauchen: Sarke Eigentümer, in: Otto Depenheuer: Eigentumsverfassung und Finanzkrise, Berlin 2009, S. 51-56.
Selgin, George: Zentralbanken als Ursache finanzieller Instabilität, in: Peter Altmiks (Hrsg.): Im Schatten der Finanzkrise. Muss das staatliche Zentralbankwesen abgeschafft werden, München 2010, S. 83-102.
SVR: Den Aufschwung sichern – Arbeitsplätze schaffen. Jahresgutachten 1994/95 des Sachverständigenrats zur Begutachtung der gesamtwirtschaftlichen Entwicklung, in: BT Drs. 13/26.
Watrin, Christian: Stabilitätsgesetz, Illusion oder Realität?, in: Wirtschaftsrat der CDU/CSU (Hrsg.): Die Freiheit erhalten!, Protokolle, Wirtschaftstag der CDU/CSU Bonn 1969, Frankfurt am Main 1969.
Wendel, Günter: Forschungen zur Geschichte der Kaiser-Wilhelm-/ Max-Plack-Gesellschaft in der DDR – Persönliche Erfahrungen, in: Bernhard von Brocke/Hubert Laitko (Hrsg.): Die Kaiser-Wilhelm-/Max-Planck-Gesellschaft und ihre Institute,. Das Harnack-Prinzip, Berlin 1996, S. 61-126.
Wicksell, Knut: Das Valuta-Problem in den skandinavischen Ländern, in: Friedrich v. Hayek (Hrsg.): Beiträge zur Geldtheorie, Berlin 2007, S. S. 489-507.

IX. Register

A

Abe, Shinzō 85
ABS 96, 108
Akkumulation 20
Arbeitslosigkeit 65
Armack, Alfred Müller 47

B

Bad Bank 119
Bail-Out 139
Bankanleihen 125
Bankenkrise 12, 15
Bastard-Ökonomie 12
Bernanke, Ben 77, 135
Blasen 77
Blasen-Wirtschaft 134
Brachinger, Hans Wolfgang 130
Braudel, Fernand 21
Bretton-Woods- 28
Buchgeld 30
Bundesamt, statistisches 130
Bundesbank 15, 60, 93, 108
Bundesregierung 16, 64, 98, 104
Bundestag 85, 104, 111, 139, 142

C

Cassel, Gustav 35
CDO 97
CDU 119
China 61
Coeure, Benoit 117
crowding out 61

D

DDR 148
deficit spending 54
Deutsche Bank 118
Deutschland 16, 59, 61, 84, 88

Di Fabio, Udo 92
Diktatur 148
Draghi, Mario 108, 135, 142

E

EFSF 111, 113, 114, 118, 125
Eichenberger, Bernd 92
Einkommensmultiplikator 54
ELA 123
Engels, Friedrich 20
England 104
Enzensberger, Hans Magnus 53
Erhard, Ludwig 55, 109
Ernst, Klaus 90
ESM 77, 111, 113, 114, 118, 125
EU 100
Eucken, Walter 21, 30, 38, 47, 120
Eurobonds 125
Europa 69
Eurozone 105, 126
EZB 15, 93, 101, 114, 133
-Rat 104
-System 123

F

FDP 11, 33
Fed 86, 96
Federal Reserve 77
Fiat-Money 105
Finanzkrise 23
Fiskalpakt 84
Fiskalpolitik 58, 104
Flassbeck, Heiner 33
FMStFG 119
Frankreich 16
Friedman, Milton 63

G

Gabriel, Sigmar 125
Geld
  -besitzer 90
  -menge 29, 36, 90
  -wert 35
Geldpolitik 81, 108, 135
Geldschöpfung ... 25, 27, 29, 30, 32, 35, 60, 69, 77, 101, 144
Geldsystem 27
Geschäftsbank 40
Globalsteuerung 56
Gold 28, 101
Goldstandard 33
Grenznutzen 31
Griechenland 63, 84, 100, 110, 139
  Schuldenschnitt 119
Gysi, Gregor 90, 118, 119

H

Habermas, Jürgen 87
Haftung 109
Hayek, Friedrich A. v. 31, 32, 38, 49
Hickel, Rudolf 87
Hilfspaket
  für Griechenland 112
HRE 24, 119

I

Inflation 16, 25, 29, 60, 65, 125, 133
Insolvenz 123
Irland 110
Italien 16, 110
IWF 13

J

Japan 69, 84, 104, 111

K

Kapital 30, 133
Kapitalismus 24, 35
Kauder, Volker 119
Kaufkraft 31, 128
Keynes, John Maynard 54

Kommunismus 150
Konjunkturpolitik 64
Konkurrenz 38
Kornmodell 50
Kreditschöpfung
  siehe Geldschöpfung 145

L

Laiki-Bank 124
Landesbank
  Baden-Württemberg 24
  Sächsische 23
Lehman Brothers 96, 98, 109, 112
Linke, die 90, 118, 139

M

Malthus, Thomas 50
Managerhaftung 125
Marktgesellschaft 88
Marktversagen 108
Marktwirtschaft
  Soziale 119
Marx, Karl 20, 28, 52, 150, 151
Menger, Carl 29
Merkantilismus 48
Merkel, Angela 98, 125
Metall 34
Mill, John Stuart 49
Mindestreserve 30
Mises, Ludwig v. 38, 121, 129
Monetarismus 60
Monopol 21, 29, 149
moral hazard 22, 121, 125

N

Notenbank 123
Notenbankfähigkeit 110
Nüßlein, Georg 119

O

OECD 62
Offe, Claus 62
Ordoliberalismus 47

P

Papiergeld 33
Planwirtschaft 151
Portugal 110
Preis 32, 38, 50
Preisniveau 85
Primärmarkt 138
Produktionssphäre 53, 150
Profitrate 52

R

Ratingagentur 40, 117, 136
Realzinsfalle 133
Rendite 11, 30
Renten 132
Rezession 33, 38, 53, 57, 63, 78
Ricardo, David 50
Risiko 11, 30, 37, 118
Rogoff, Kenneth 96
Röpke, Wilhelm 47

S

Sachverständigenrat 104
Sandel, Michael 88
Sarrazin, Thilo 81
Say, Jean Baptiste 78
Schäffler, Frank 11, 33, 75, 118, 134
Schäuble, Wolfgang 15, 73, 95
Schiller, Karl 54, 64
Schlesinger, Helmut 142
Schmalenbach, Eugen 93
Schmidt, Helmut 65
Schneider, Carsten 142
Schulden 31
Schuldenbremse 84
Schuldnerstaat 62
Schumpeter, Joseph Alois 31, 33
Schweiz 61
Sekundärmarkt 138
Shirakawa, Masaaki 85
Sicherheiten 36, 68
Sicherheitenpool 72, 136, 137
Sinn, Hans-Werner 15, 108, 142
Smith, Adam 48, 49, 120
Solms, Hermann Otto 111

Sozialismus 15, 24, 121, 148
Spanien 110
SPD 90, 139, 142
SPV 97
Staatsanleihen 40
Steinbrück, Peer 15, 88, 89, 98
Steuerstaat 62
Streeck, Wolfgang 87
Stützel, Wolfgang 65
Subprime-Krise 78, 96, 99, 120

T

Target 15
   Schulden 145
   System 111
„too big to fail" 121
Turner, Adair 86

U

USA 28, 69, 77, 78, 91, 97, 104

V

VEB 120, 122
Verkehrssphäre 40, 122

W

Wagenknecht, Sahra 11, 12
Weidmann, Jens 11, 15, 64, 93, 108, 142
Weltbank 13
Wirtschaftskrise 12

Y

Yen 85

Z

Zentralbank 13, 26, 29, 36, 40, 42, 60, 69, 101, 116
   -Geld 69
Zins 30, 41, 80, 112, 133
Zirkulation 38, 103
Zombiebank 111, 119, 124
Zwangssparen 127
Zypern 123, 124, 142

MIX
Papier aus verantwortungsvollen Quellen
Paper from responsible sources
FSC® C105338

If you have any concerns about our products,
you can contact us on
ProductSafety@springernature.com

In case Publisher is established outside the EU,
the EU authorized representative is:
Springer Nature Customer Service Center GmbH
Europaplatz 3, 69115 Heidelberg, Germany

Printed by Libri Plureos GmbH
in Hamburg, Germany